操盘大智慧系列丛书
伍朝辉精准系列

起涨点
新编彩图版

伍朝辉◎著

廣東省出版集團
广东经济出版社

图书在版编目（CIP）数据

起涨点. 新编彩图版 / 伍朝辉著. —广州：广东经济出版社，2012. 12
（操盘大智慧系列丛书. 伍朝辉精准系列）
ISBN 978-7-5454-1694-7

Ⅰ. ①起… Ⅱ. ①伍… Ⅲ. ①股票交易—基本知识 Ⅳ. ①F830. 91

中国版本图书馆CIP数据核字（2012）第289709号

出版发行	广东经济出版社（广州市环市东路水荫路11号11～12楼）
经销	全国新华书店
印刷	广州市岭美彩印有限公司 （广州市荔湾区芳村花地大道南，海南工商贸易区A幢）
开本	787毫米×1092毫米 1/16
印张	12 2插页
字数	138 000字
版次	2012年12月第1版
印次	2012年12月第1次
印数	1~10 000册
书号	ISBN 978-7-5454-1694-7
定价	68.00元

如发现印装质量问题，影响阅读，请与承印厂联系调换。
发行部地址：广州市环市东路水荫路11号11楼
电话：（020）38306055 38306107 邮政编码：510075
邮购地址：广州市环市路水荫路11号11楼
电话：（020）37601950 营销网址：**http：// www. gebook. com**
广东经济出版社新浪官方微博：**http：// e. weibo. com / gebook**
广东经济出版社常年法律顾问：何剑桥律师

前言　关于起涨点

《起涨点》这部作品的第一版相信已经有许多朋友都看了，有很多人利用这个起涨点技术赚了钱，也有很多人没有赚到钱，反而还有所亏损。当然，还有一大批人并没有弄清楚什么是起涨点。这也很正常，如果所有的人都懂了，那才不正常呢。

上周，有个读者发来邮件讲了他自己学习起涨点的过程。

这位读者很年轻，前年大学毕业没有去找工作，而是由父母给了他 15 万元让他去炒股。结果呢，这个 15 万元的本钱在不到一年的时间内就亏损了将近 70%，他自己也非常痛苦。就在他最迷惘最痛苦的时候，他在新书书店里看到了《起涨点》，于是赶紧买了回来，夜以继日地进行深入细致的研究。

一个人如果学习上有刻苦钻研精神，只要树立了信心，正确地看待技术，并领会了技术的精髓，那么他的成功就是必然的。相反，如果一个人对技术抱有审视批判的态度，不能正确地站在技术创立者的角度与出发点去研究技术的要义，那么他的失败也是必然的。

我讲与技术是否有缘，就是这个意思。

好在这位年轻的读者充分领会了《起涨点》的大部分技术精义，他在 2010 年中旬起至今，剩余的资金总收益实现了 280% 的光辉成就。

现在，他对未来充满了信心。

这两年来，很多人对起涨点信心不足，也缺乏理解。

譬如，一些人以为，起涨点是一种买了就立马会涨的技术。

事实上，这种认识大大地错误。

相当一部分主力的操盘习惯，在起涨点出来之后，并不会马上就涨，相反，主力可能还会借机展开挖坑性动作，这种行为，我们称之为挖坑埋人。

那么，这种情况下，起涨点当天就会套牢许多天真单纯的投资者。

有一个学生他告诉我，他最喜欢做有主力挖坑的起涨点。

那么他是怎么做的呢?

起涨点出来之后，他会先观察几天，看主力挖不挖这个坑，如果主力果然挖坑，他就会在主力挖坑的第四天或第八天进场。这个时候，买进的价格是相对较低的。同时，也是最安全的。他老人家舒服地躺在坑里，静静地等待这个傻瓜式的主力来拉升。

这个学生专买“坑”的理由是什么呢?

他说，很简单，起涨点已经暴露了主力的操盘计划，挖坑代表着是一种主升前的洗盘行为。因此，在主力洗盘诱空的“坑”里才是最安全最稳妥的一种交易策略。

对于他的这种说法，我也表示赞同。

可是，事实上也有不足之处。不足之处是什么呢?就是经常有许多起涨点并不会展开挖坑性诱空动作，而是直接展开上涨。这种情况一出现，他就要踏空了。

还有一种情况就是，他把起涨点看错了。主力搞了个假的起涨点，然后就往下打，直接出货走人。这样，股价的下跌就不是挖坑了，而是“挖洞”，挖的是一个无底洞。

如果碰到这样的事，就惨了。

碰到这种情况，他怎么办呢?

风险控制的第一法则，当你做错了，就应该马上改正错误，而不是一直错下去。

改正错误的最佳手段就是“斩仓”，割肉走人。

于是，选股就很重要了。

起涨点在这个问题上，都有非常明确的分析。

譬如用了许多参数来进行界定，像阳线实体的涨幅、换手、量峰、价格阶段位置、整体形态、热点、题材等参数，可谓十分严格。

股市投资一道就是这样，你往往有时不需要学习太多的交易技术。

通常一个有用的技术，可以保证你这一辈子大富大贵。
而那些学了千招万式者，往往是这个市场真正的买单族群。

学习《起涨点》，在实际交易过程中，有许多招。
买在起涨点当天是一种招，买在起涨点之后三天也是一种招。
而买在起涨之后的坑里更是种高明的招。
如果你，你用了哪一招？
或者说，学习起涨点，你拥有多少招？

伍朝辉
2012 年 12 月 28 日

职业操盘手实训日记模版

________年________月________ 日 星期________ 实训操盘手：________

今日实训要点（请各位参加实训的交易员把当天的实训计划记录在下边，录以备忘）：

上午实训计划：

（一）____

（二）____

上午实训小结：

下午实训计划：

（一）____

（二）____

下午实训小结：

________年________月________ 日 星期________ 实训操盘手：________

今日实训复盘：

（一）今日市场热点：________________________________

（二）今日交易异动：________________________________

（三）今日操作过程：________________________________

（四）今日操作总结：________________________________

（五）明日交易计划：________________________________

目　录

第一章
名词解释：什么是起涨点

本章学习要点

一、了解和掌握起涨点的基本含义。

二、了解和掌握起涨点的实战优势。

三、了解和掌握起涨点的技术特征。

第一节　关于起涨点的基本含义

一、什么是起涨点

所谓起涨点，就是指大盘或者个股在历史性或者阶段性的空间位置低位经过充分的调整整理之后，于当天正式放量展开上涨，这个上涨的起点，就称为起涨点。

图例 001、002 就是起涨点。

在这里需要深刻领会几组关键词：

第一组：大盘、个股。

第二组：历史性空间位置低位、阶段性空间位置低位。

第三组：经过充分的调整、整理之后。

第四组：当天正式放量、上涨。

上边这几组关键词，是理解起涨点的关键词，要多加体会。

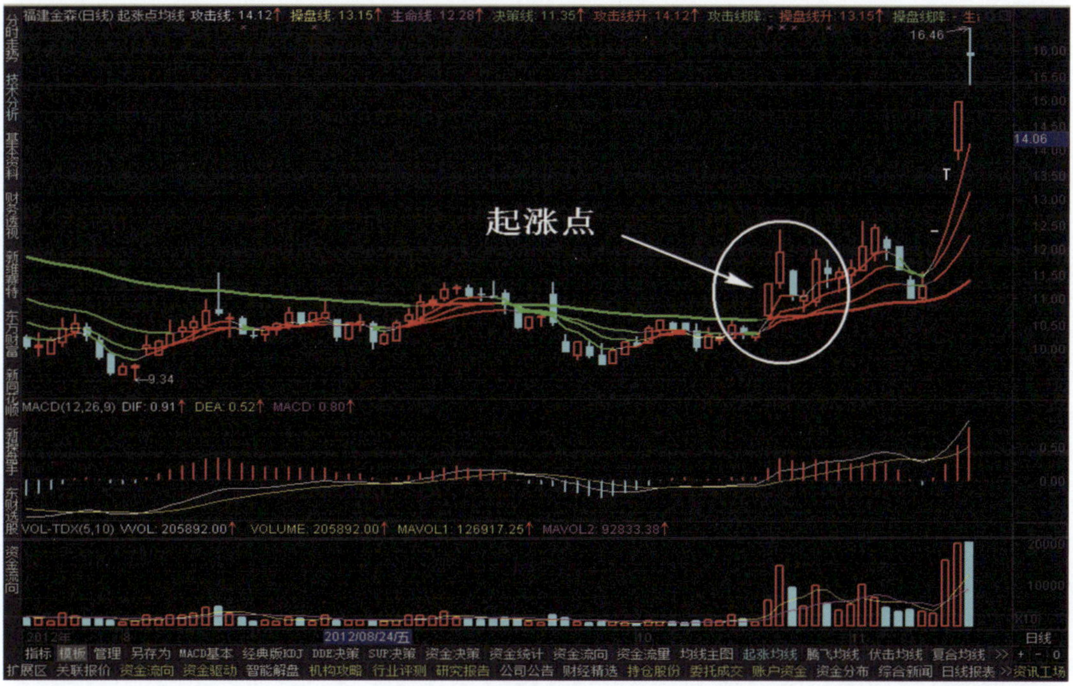

图例 001

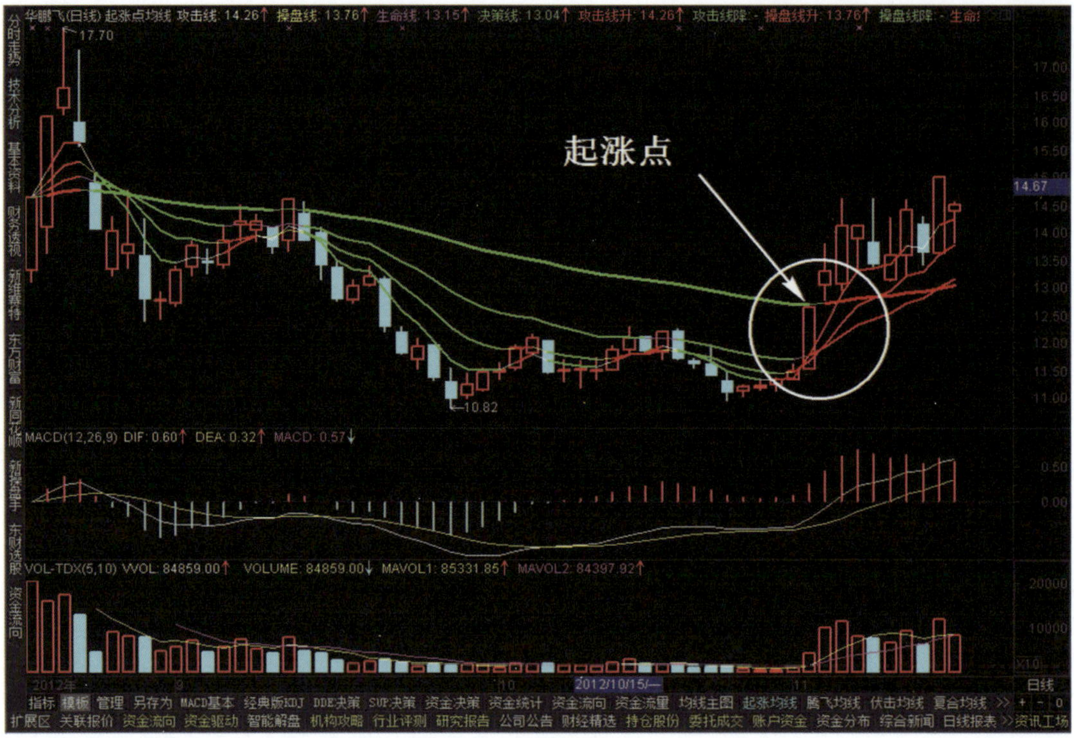

图例 002

二、起涨点形成当天三线的根本特点

起涨点形成的当天，主图的均线系统形成金叉，构成典型的多头趋势形态。附图的操盘经典指标金叉向上，均量线金叉向上，三线同时金叉向上，构成强力的多头系统。

图例 003、004 就是典型的强力多头系统。

在这里要注意这几组关键词，注意深刻领会。

第一组：均线系统、形成金叉。

第二组：经典操盘指标、金叉向上。

第三组：均量线、金叉向上。

第四组：三线同时金叉、强力多头系统。

也就是说，大盘或者个股上涨当天，主图的均线系统形成金叉，构成典型的多头趋势形态。附图的经典操盘指标 MACD 或者 KDJ 的指标线金叉向上，附图的均量线也是金叉向上，这三者组成的三线都是向上金叉运行的。这是多头强悍的典型特征。

关于三线开花的操盘技术，我会在另一本书里详细讲解。

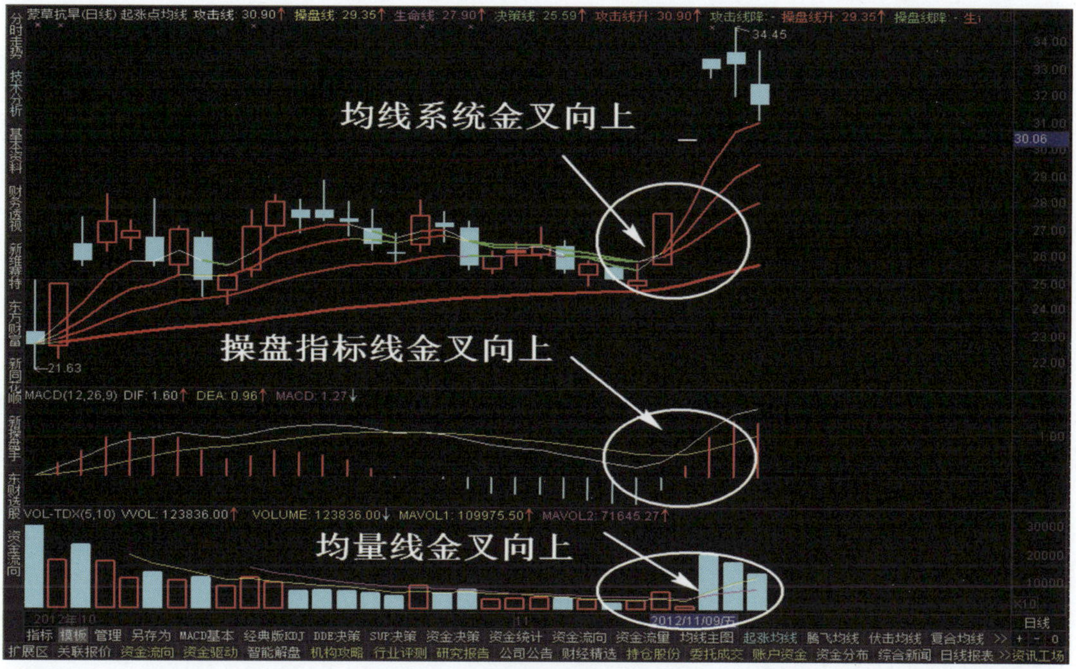

图例 003

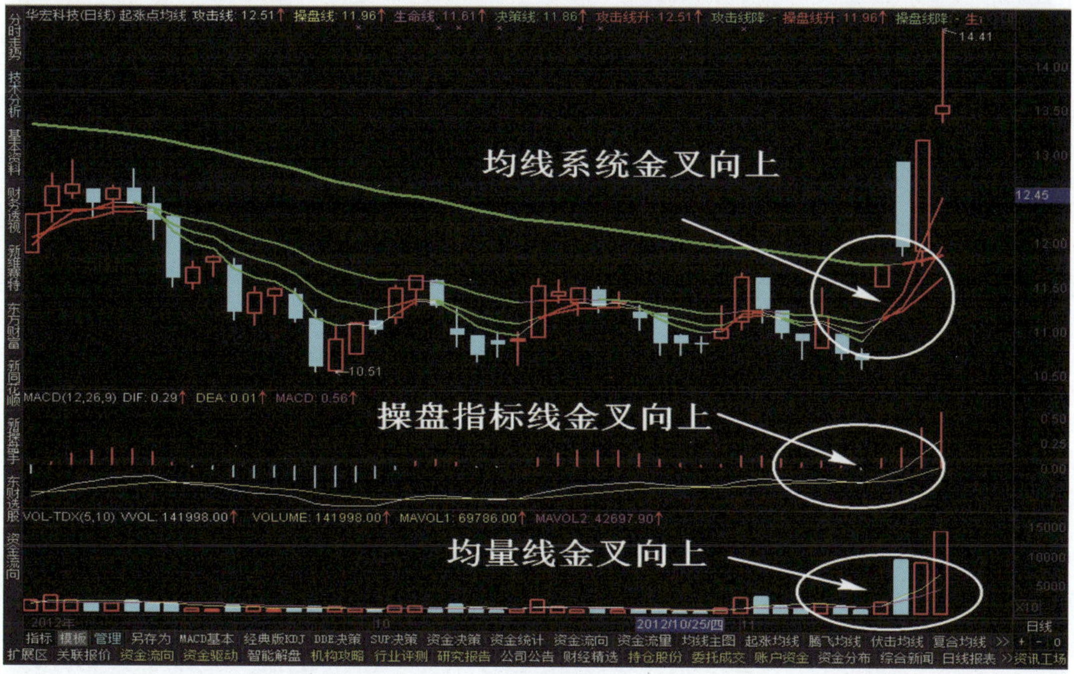

图例 004

三、起涨点形成当天的 K 线形态特征

起涨点形成的当天，大盘或者个股的 K 线形态以阳 K 线或者黑太阳 K 线特征报收，而不能是其他类型的 K 线。阳 K 线可以是小型的 K 线，也可以是中型的 K 线或者是大型的 K 线。这一根 K 线是上涨行情的启动点，故当天上涨即为波段行情的正式起涨点。

图例 005、006 就是典型的起涨 K 线。

在这里需要特别注意几组关键词，要反复熟悉，深刻领会。

第一组：阳 K 线、黑太阳 K 线。

第二组：上涨行情、启动点。

第三组：波段行情、正式起涨点。

也就是说，起涨点形成的当天，K 线结构必须是多头占据上风的。

即使是阴线，也必须是假阴线，即黑太阳 K 线。

不能是真阴线（包括各种类型的阴线，黑太阳 K 线除外）。

不能是十字线，和各类星线。

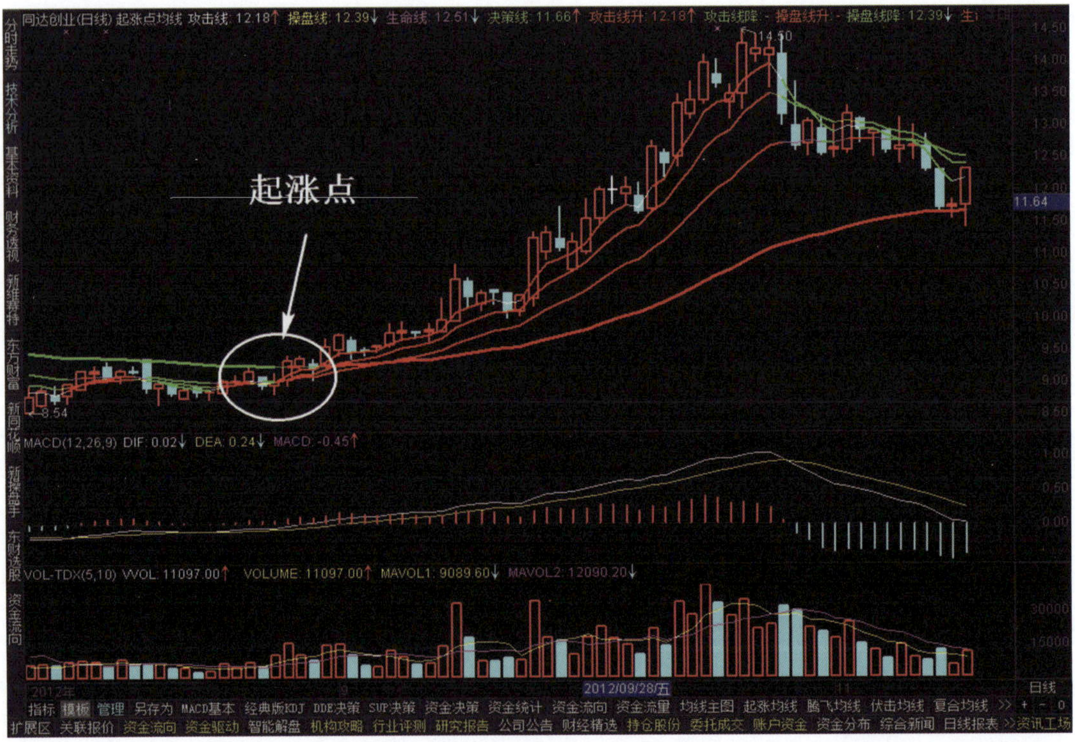

图例 005

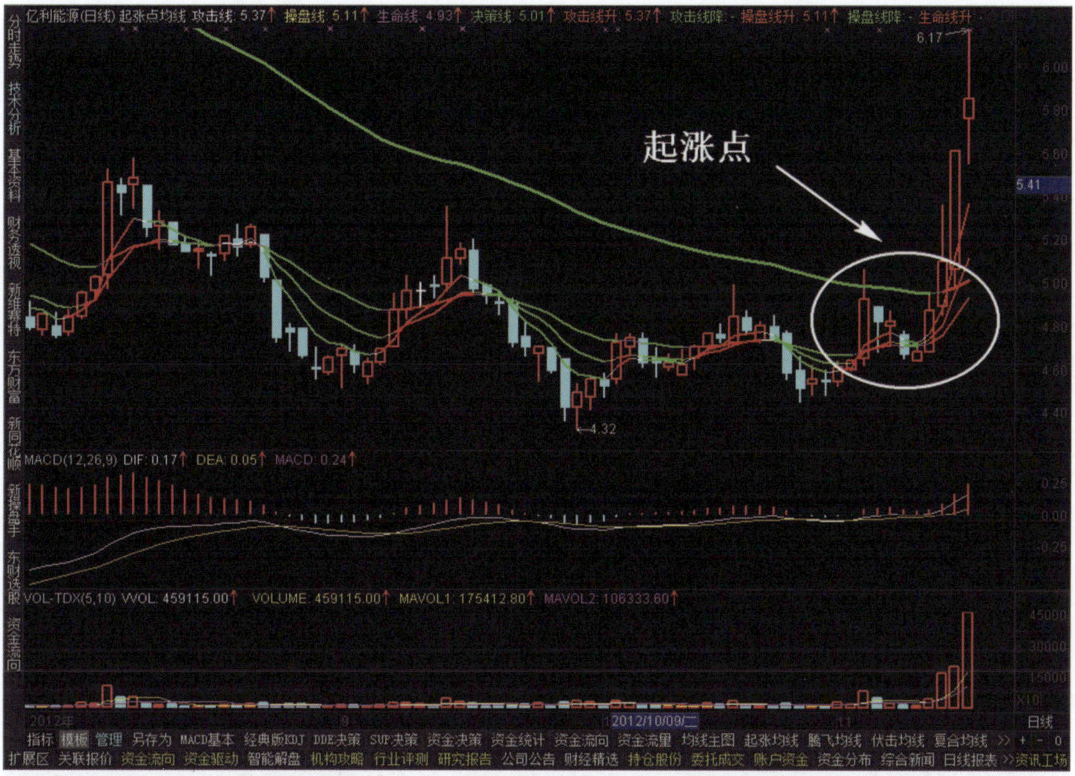

图例 006

第二节　起涨点在实战中的操盘优势

一、及时发现主力的操盘动向

起涨点技术能够从多方面监控主力的操盘动向，从盘口的波形结构、量峰结构等方面入手，及时判断主力的操盘意图。如果主力要做多，就必然会在盘口表现出来。

比如图例 007，就是从起涨点出现的情况看出主力的攻击意图。

起涨点实训思考题：

（一）为什么说起涨点是发现主力的好技术？

（二）怎样从开盘量发现主力的操盘动向？

（三）怎样从开盘价发现主力的操盘动向？

（四）怎样从盘口的波形结构发现主力的操盘动向？

（五）怎样从盘口的量峰结构发现主力的操盘动向？

（六）怎样从以上几个方面综合分析主力的操盘意图？

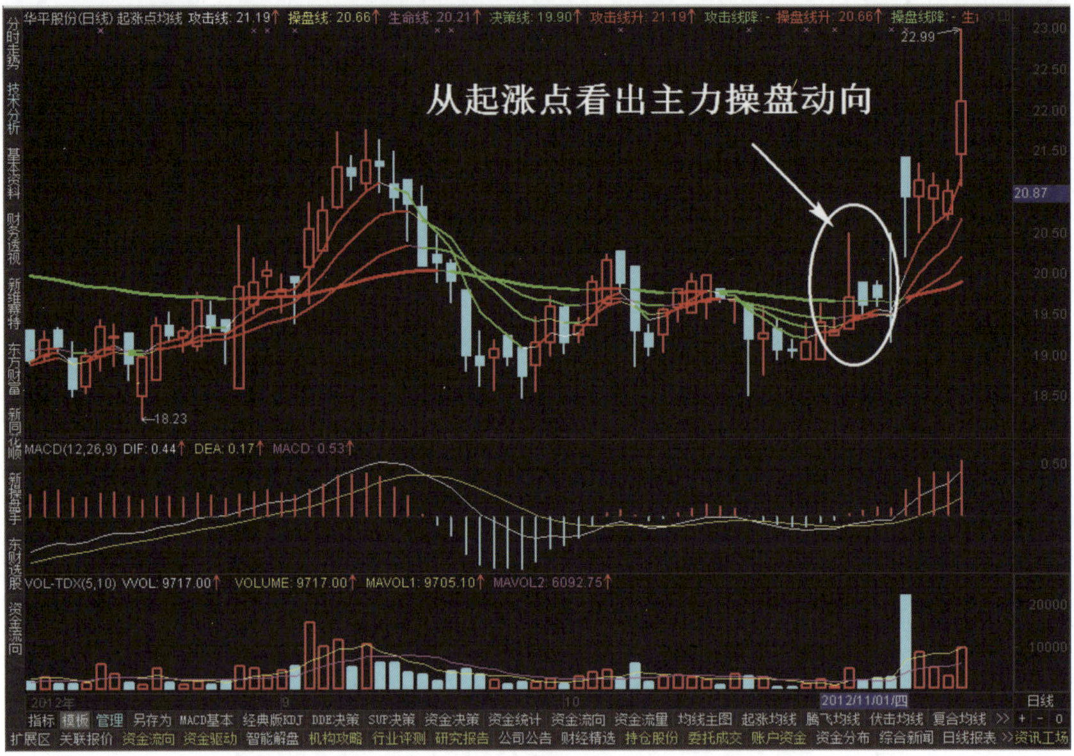

图例 007

二、及时发现资金的做多性流向

任何股价的涨跌都是资金作用的结果，股价的上涨是资金流入的结果，股价的下跌是资金流出的结果。起涨点是股价波段性上涨的开始，也是资金开始做多的开始。

因此，通过观察分析起涨点，可以及时发现资金的做多性流向。

图例 008 是标准的起涨点。

通过这个起涨点，可以发现资金的流入迹象。

分析起涨点的资金流向的时候，可以从以下几个方面入手：

一是当天的开盘量比，数值的大小反映了主力资金投入的力度大小。

二是从盘口的量峰结构来判断，攻击型的量峰是主力投入资金的结果。

三是从盘口的走单来判断，挂单的大小、成交单的大小揭示了资金的进出多少。

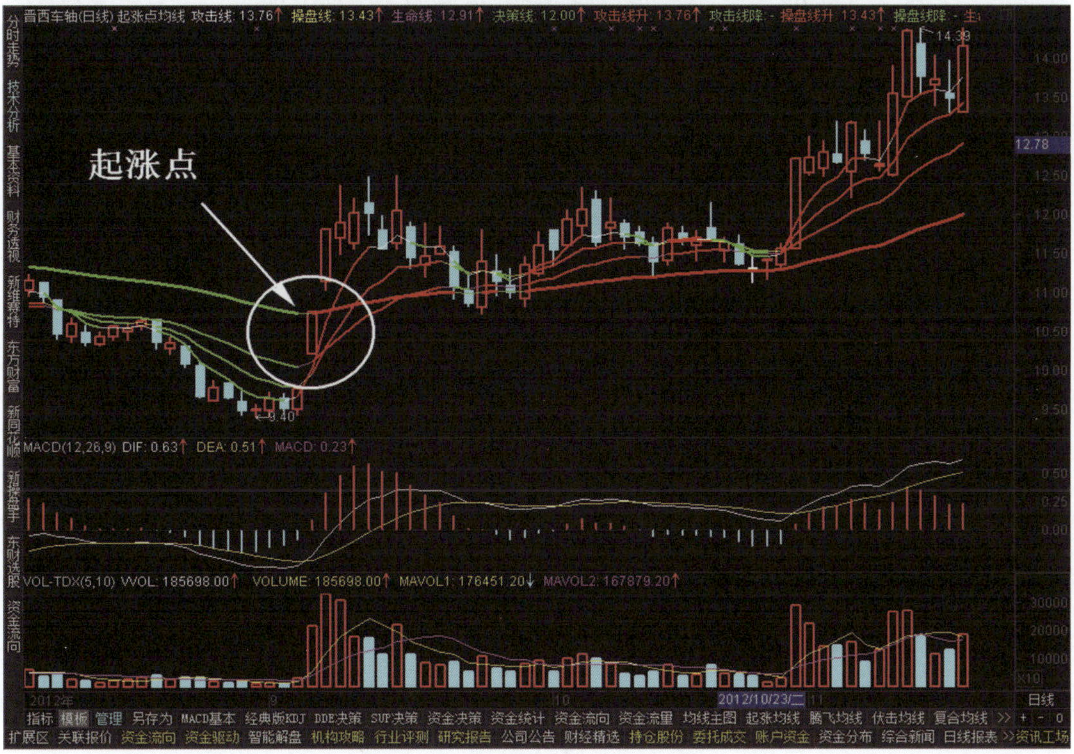

图例 008

三、及时发现价格的趋势转折变化

起涨点是股价由空头趋势向多头趋势转变的转折点。

在下跌阶段的末期，股价已经处于空间位置的低位，跌势趋缓，出现了明显的止跌信号。这时候，成交量开始萎缩，攻击线开始在低位走平，并逐步拐头向上。

操盘线也开始出现低位走平的迹象，逐步出现拐头向上的迹象。

随后，攻击线向上金叉操盘线，操盘线向上金叉生命线。

这时候，攻击线、操盘线、生命线就形成了新的均线系统，由原来的空头趋势向多头趋势转变。这个时候股价放量突破均线压制，就形成了反弹型起涨点。

这个起涨点，就反映了价格的趋势转折变化。

图例 009 就是很典型的例子。

观察攻击线、操盘线、生命线的变化，可以发现价格趋势的变化。

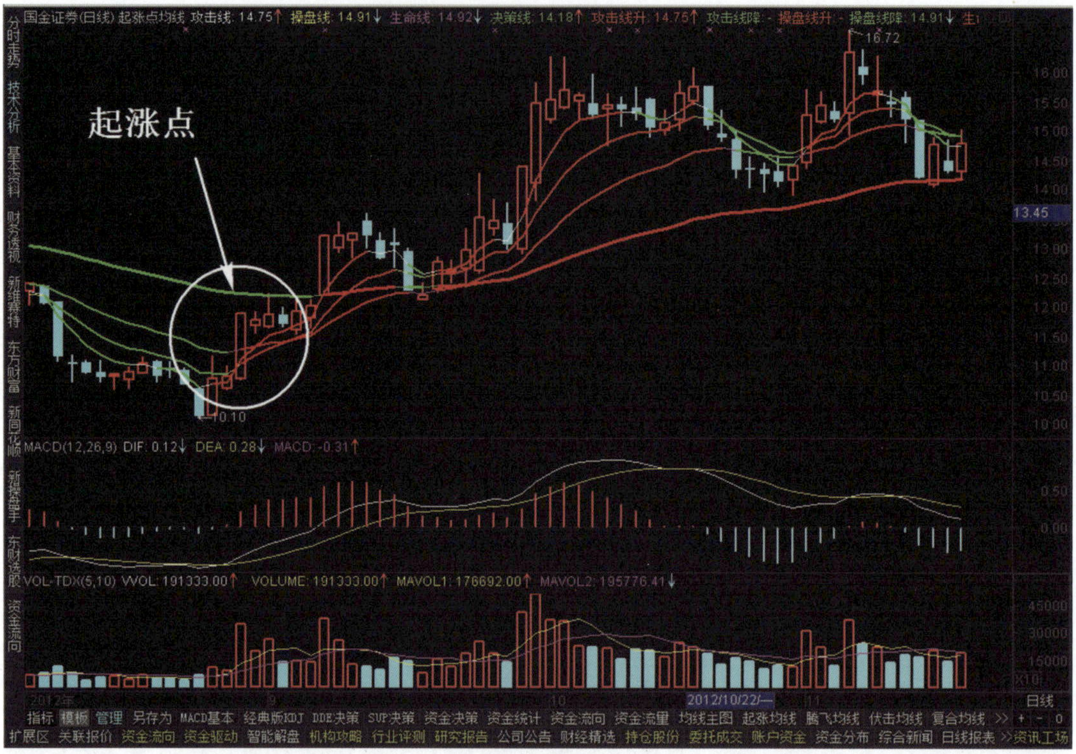

图例 009

四、及时捕捉价格启动的最佳买点

起涨点出现的时候，股价处于空间位置的低位，处于波段行情的启动点。

因此，这时候整个价格的循环还处于起步阶段，是进场的最佳买点。

参见图例 010 所示。

起涨点是下跌趋势结束、趋势开始拐头向上的地方。

这个地方孕育新的波段行情，从这个地方迈进波段行情的大门，会出现几种情形，引领投资者通向赢得财富的康庄大道。

第一种是超强行情，股价沿着攻击线强势飙升。

第二种是强势行情，股价沿着操盘线一路拉升。

第三种是良好行情，股价沿着生命线震荡盘升。

不管是哪一种情况，只要决策线坚挺向上，那么大波段行情就没有结束，就会反复炒作，从反弹型起涨点开始，不断出现伏击圈、主升型起涨点、伏击圈……无限循环。

最后，进入腾飞点，绝尘而去。

起涨点、伏击圈、腾飞点这三大技术，构成了职业操盘手搏杀的强力工具。

这是每一位职业操盘手都必须反复熟悉，熟练掌握的操盘工具。

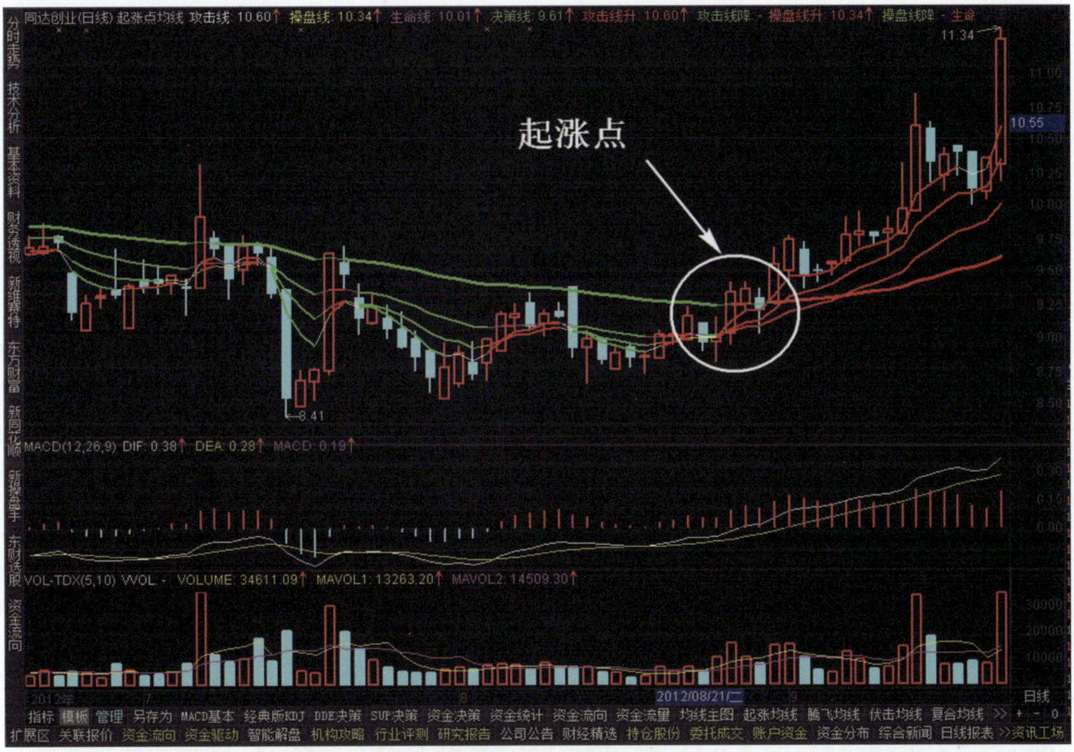

图例 010

第三节　起涨点的标准技术特征

一、起涨点的 K 线特征

起涨点是主力操纵股价、赢得波段行情的开始。

起涨点是主力发起攻击的信号，是一轮波段行情的冲锋号。

表现在 K 线结构上，它必须是阳 K 线的，或者是假阴真阳的黑太阳。

从攻击力度来看，起涨点 K 线的大小与行情的大小有密切关系。

起涨点 K 线是小阳线，说明当天的攻击力度偏小。

起涨点 K 线是中阳线，说明当天的攻击力度适中。

起涨点 K 线是大阳线，说明当天的攻击力度强劲。

起涨点 K 线是黑太阳，说明当天的攻击力度模糊。

总体而言，阳 K 线（包括黑太阳 K 线）收盘是起涨点必须的具备的条件，如果是大阳线最高价收盘，攻击的效果更佳，力度更强。

需要注意的是，分析起涨点 K 线结构的时候，要注意结合盘口量峰来处理。

图例 011 是小阳线起涨点。

图例 012 是中阳线起涨点。

图例 013 是大阳线起涨点。

图例 014 是黑太阳起涨点。

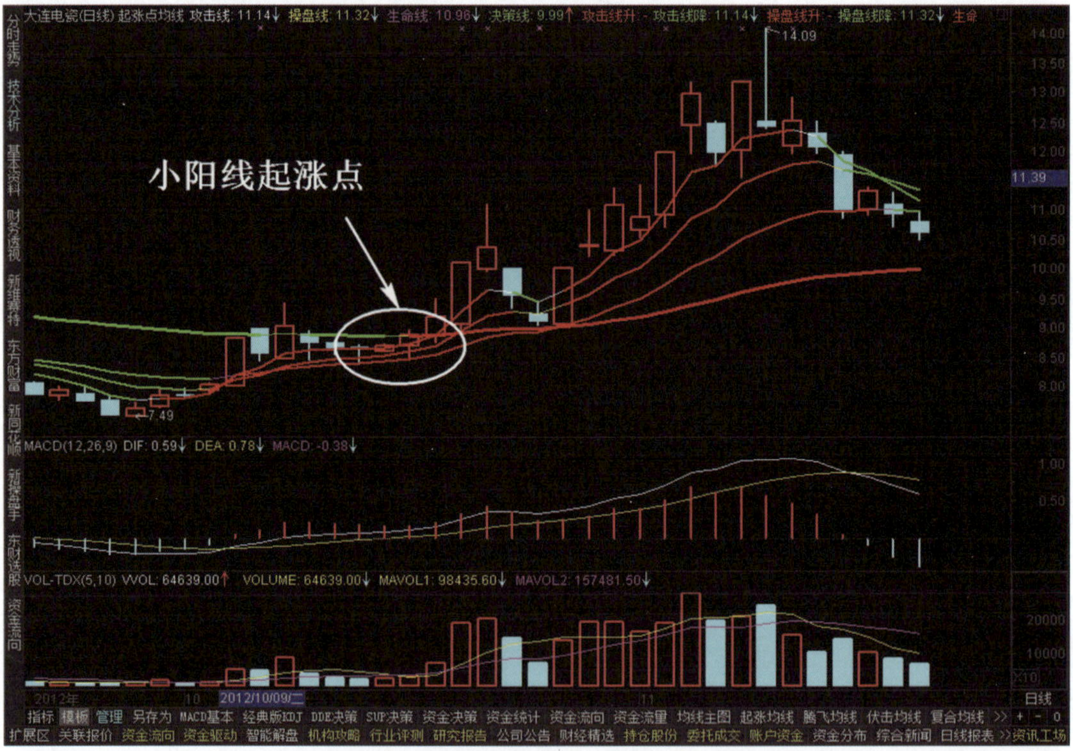

图例 011

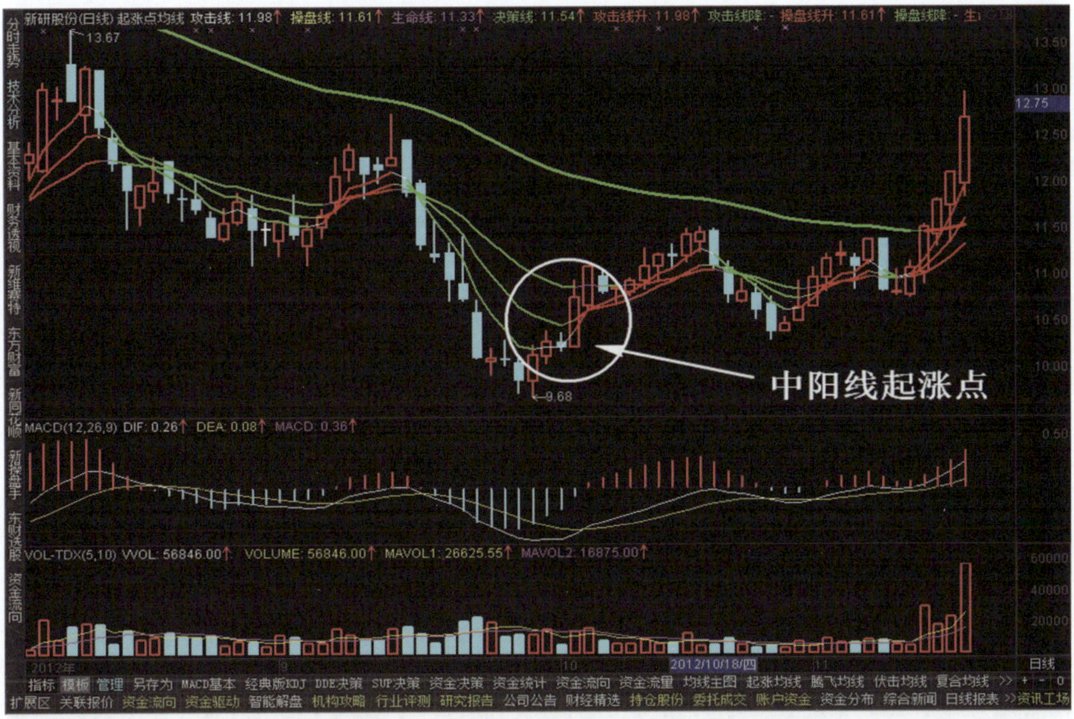
新研股份(日线) 起涨点均线 攻击线: 11.98↑ 操盘线: 11.61↑ 生命线: 11.33↑ 决策线: 11.54↑
13.67
9.68
中阳线起涨点
MACD(12,26,9) DIF: 0.26↑ DEA: 0.08↑ MACD: 0.36↑
VOL-TDX(5,10) VVOL: 56846.00↑ VOLUME: 56846.00↑ MAVOL1: 26625.55↑ MAVOL2: 16875.00↑
2012/10/18/四

图例 012

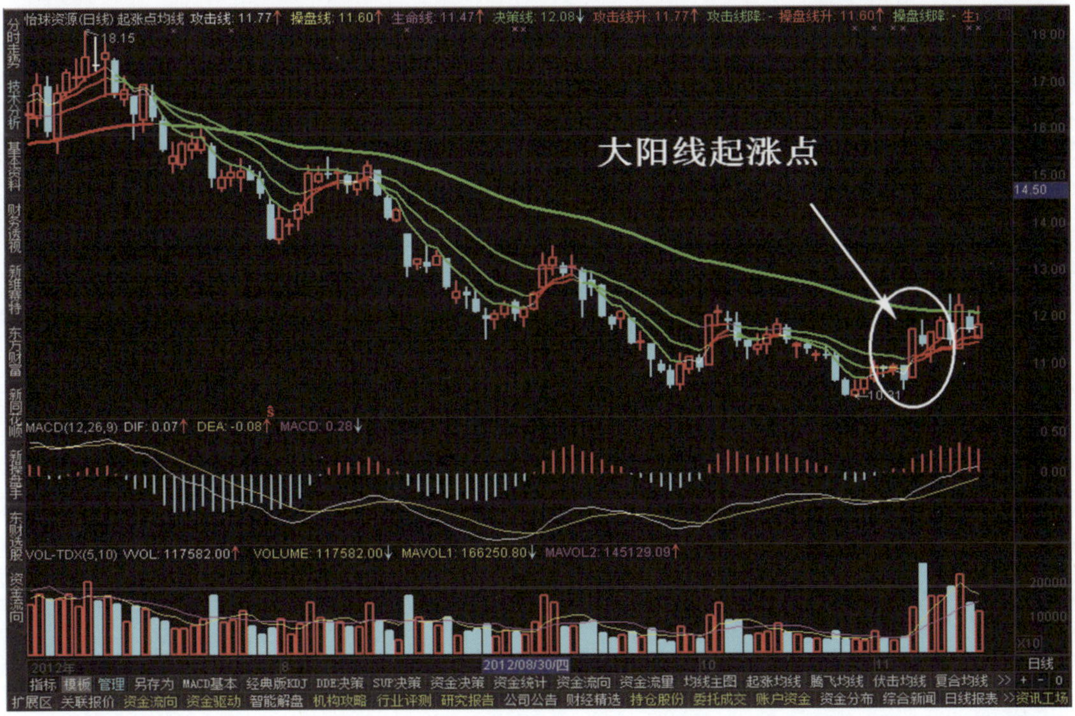
怡球资源(日线) 起涨点均线 攻击线: 11.77↑ 操盘线: 11.60↑ 生命线: 11.47↑ 决策线: 12.08↓
18.15
大阳线起涨点
10.31
MACD(12,26,9) DIF: 0.07↑ DEA: -0.08↑ MACD: 0.28↓
VOL-TDX(5,10) VVOL: 117582.00↑ VOLUME: 117582.00↓ MAVOL1: 166250.80↓ MAVOL2: 145129.09↑
2012/08/30/四

图例 013

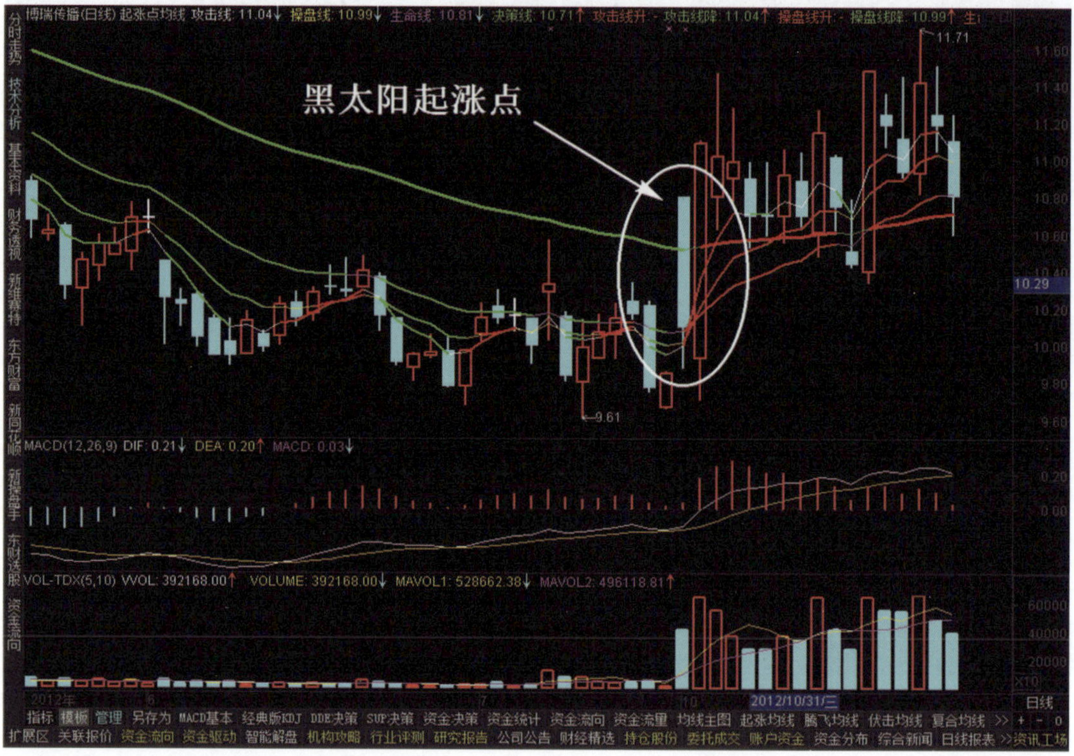

图例 014

二、起涨点的量能特征

起涨点技术信号出现的当天，首先是成交量要有明显的放大，即明显放量。
如果成交量没有明显放大，说明主力并没有投入资金操盘。
盘中大单的数量要明显增多。
尤其是特大单，要出现明显的增多，才说明超级大资金运作开始。
起涨点出现当天，成交手数明显增加，说明各方面积极投入资金炒作。
比较图例 015、016 成交量的变化情况。

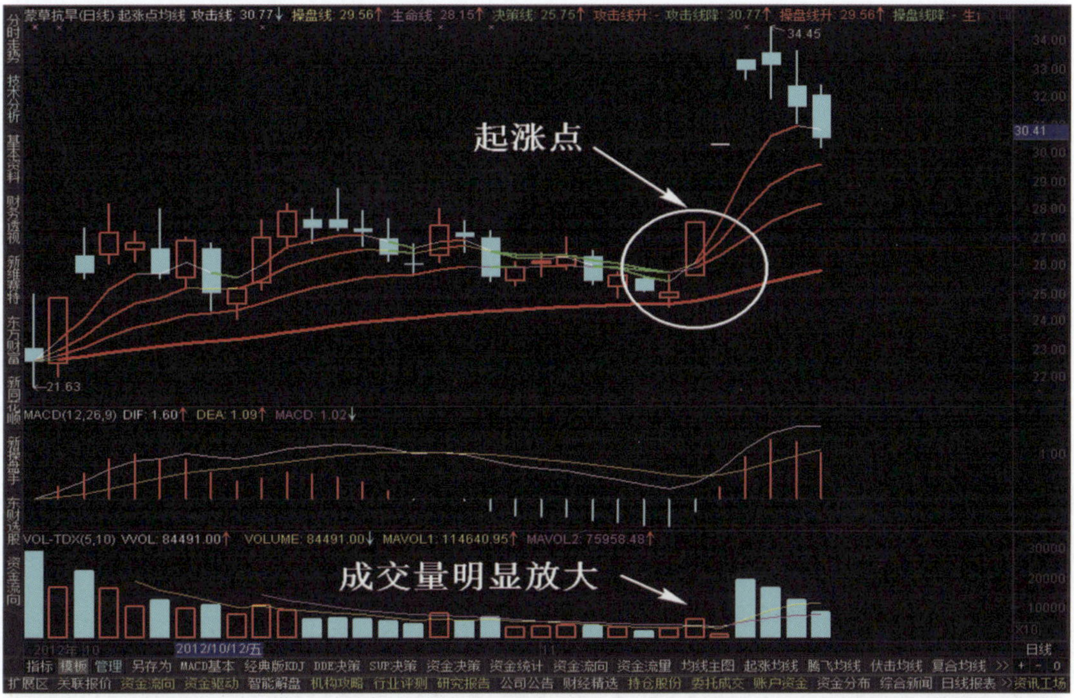

图例 015

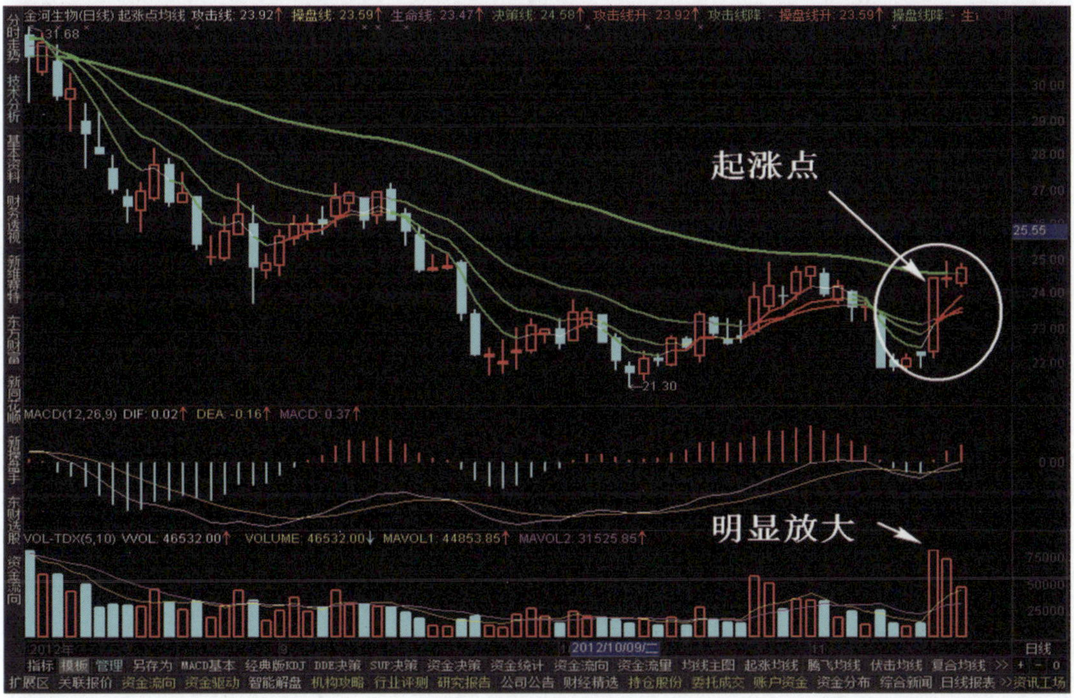

图例 016

三、起涨点的量峰特征

起涨点是主力攻击性拉升的开始，因此，在量峰结构上，必须是典型的攻击形态。归结起来，从盘口来看，起涨点必须具备以下特点：

其一，起涨点出现的当天，盘中出现典型攻击型量峰。

其二，当天持续攻击时，量峰波形特征明显。

这两个特点，是判断一般的试盘和起涨点的重要标准。

比较图例 017、018 盘中的量峰结构，注意区分它们的不同之处。

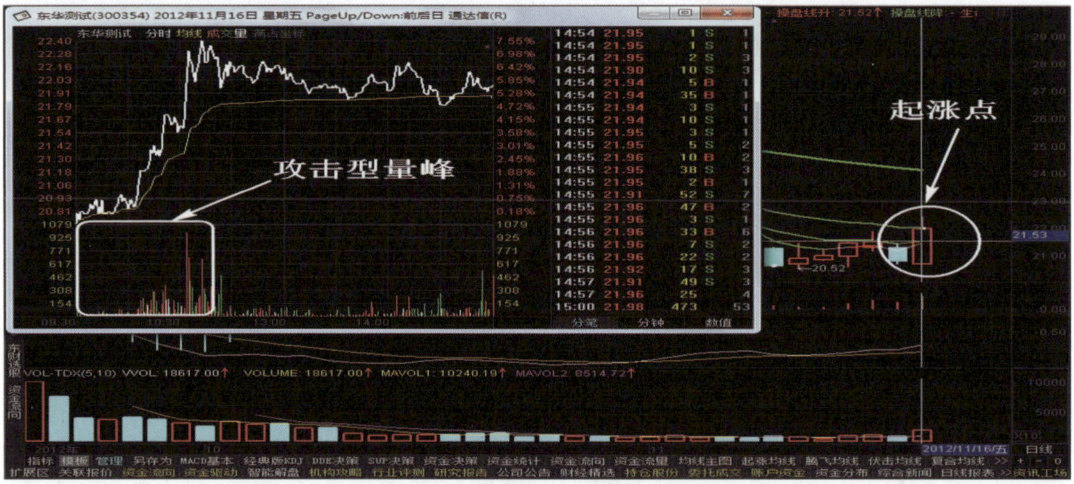

图例 017

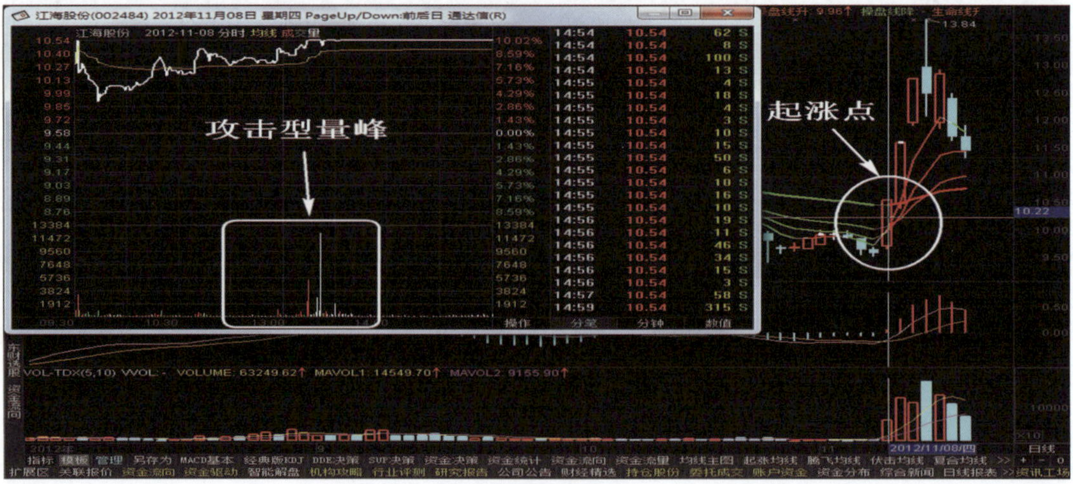

图例 018

四、起涨点的盘中波形特征

起涨点出现的时候，盘中以攻击中长波或冲击型攻击短波为主体，表明主力在积极投入资金操盘，正式启动波段行情。如果盘中出现的是冲击型的建仓波形，则说明建仓尚未完成，接下来还需要进一步调整，才能进一步拉升。

临盘实战的时候，要配合量峰来观察波形的有效性。

如果当天攻击性波形与量峰配合健康，那么当天可以积极买入，反之则观望。

注意观察图例 019、020 盘中的波形。

图例 019

图例 020

五、起涨点的均线结构特征

起涨点出现的当天，均线系统必须是金叉向上的，具体而言，可以分为几点：

第一点，生命线与决策线开始走平；

第二点，生命线与决策线金叉持续向上；

第三点，攻击线与操盘线发生金叉或者金叉向上。

在这里需要强调的是，起涨点可以分为两大类，一类是反弹性的起涨点，也叫反弹型起涨点，这时候决策线还没有走平，但是攻击线、操盘线已经金叉向上。或者操盘线、生命线已经金叉向上，即将穿越决策线，决策线走平即将出现。

一类是主升型的起涨点，也就是决策线已经完全走平向上。这时候，攻击线、操盘线、生命线和决策线构成非常完美的多头排列趋势。这是最标准的起涨点。

比较图例 021、022，这两种不同类型的起涨点。

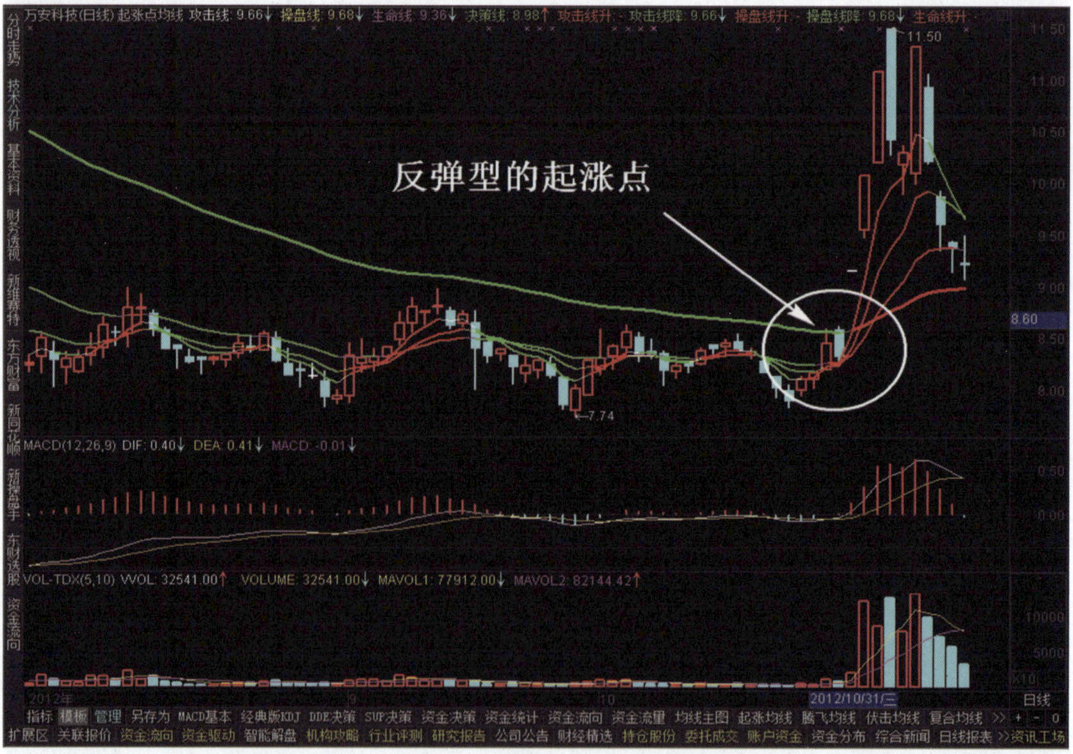

图例 021

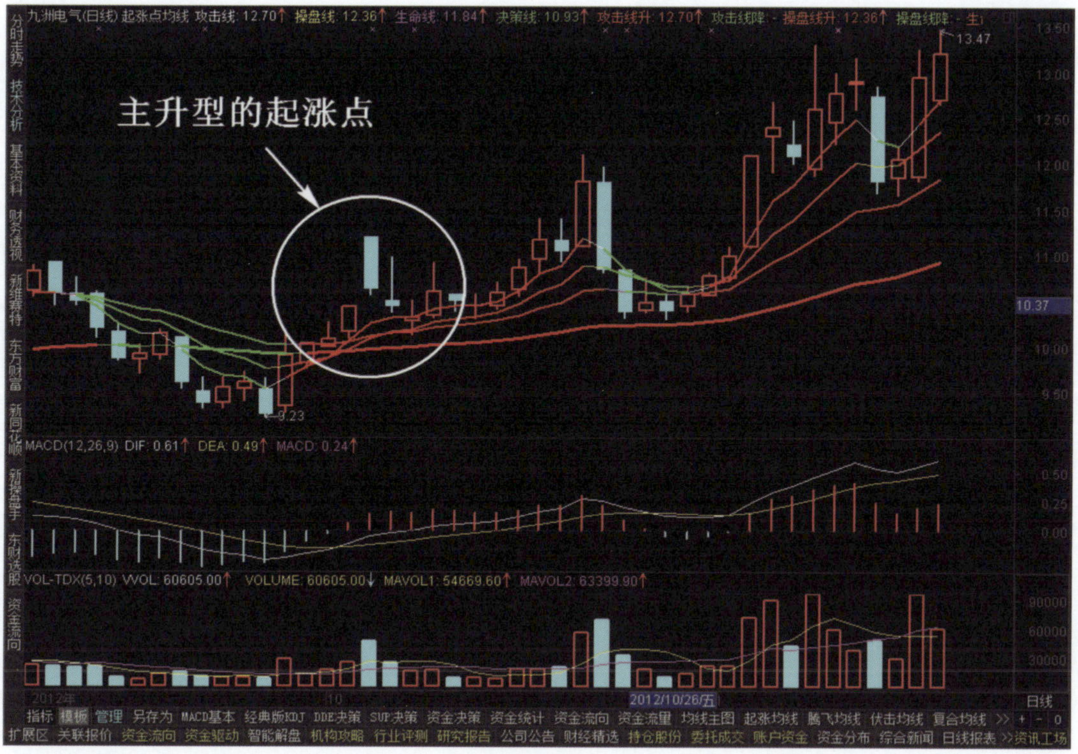

图例 022

六、日 K 线起涨点上升空间测算方法

起涨点上升空间的理论测算，可以分为两种：

（一）普通型起涨点上升空间测算方法

我们把起涨点划分为两种，一种是普通型的起涨点，另一种是强势型的起涨点。

普通型的起涨点上升空间计算公式如下：

未来目标价 ＝ 当期起涨点价位 加上 当期起涨点价位的 0.382 之和。

假设未来目标价是 P，当期起涨点价位是 M，那么，计算公式如下：

$$P = M + (M \times 0.382)$$

（二）强势型起涨点上升空间测算方法

强势型的起涨点上升空间计算公式如下：

未来目标价 ＝ 当期起涨点价位 加上 当期起涨点价位的 0.5 或 0.618 倍之和。

假设未来目标价是 P，当期起涨点价位是 M，那么，计算公式如下：

$$P = M + (M \times 0.5) \text{ 或 } M + (M \times 0.618)$$

在上边的公式中，当期起涨点价位的取值，可以是当天的开盘价（OPEN），也可以是四个价格的平均数，即收盘价（CLOSE）、最高价（HIGH）、开盘价（OPEN）和最低价（LOW）相加后的平均值，即当期起涨点价位 =（CLOSE + HIGH + LOW + OPEN）/4。

上边的计算方法，可以列表如下：

起涨点	普通行情	强势行情
反弹型	0.382	0.5、0.618
主升型	0.5	0.618、1

第二章
起涨点的盘口特征

本章学习要点

一、了解和掌握起涨点的盘口特征。

二、了解和掌握起涨点与盘口波形的关系。

三、了解和掌握起涨点与盘口量峰的关系。

第一节　起涨点与攻击波

一、强势型起涨点与攻击波

如果股价出现起涨点上涨当天，盘口出现攻击波形，说明主力处于主动攻击性拉高阶段，股价上涨的高度以强势主升行情测算。

计算的方法可以参见前边的叙述。

图例 023、024 就是强势型的起涨点。

注意这里的关键词是：攻击波形。

也就是说，这里的拉升是主力积极投入资金操盘的。

这种攻击波形出现在盘口，表明主力已经完成建仓。

这时候，积极拉升是为了制造出盈利空间，因此，上涨的空间比较大。

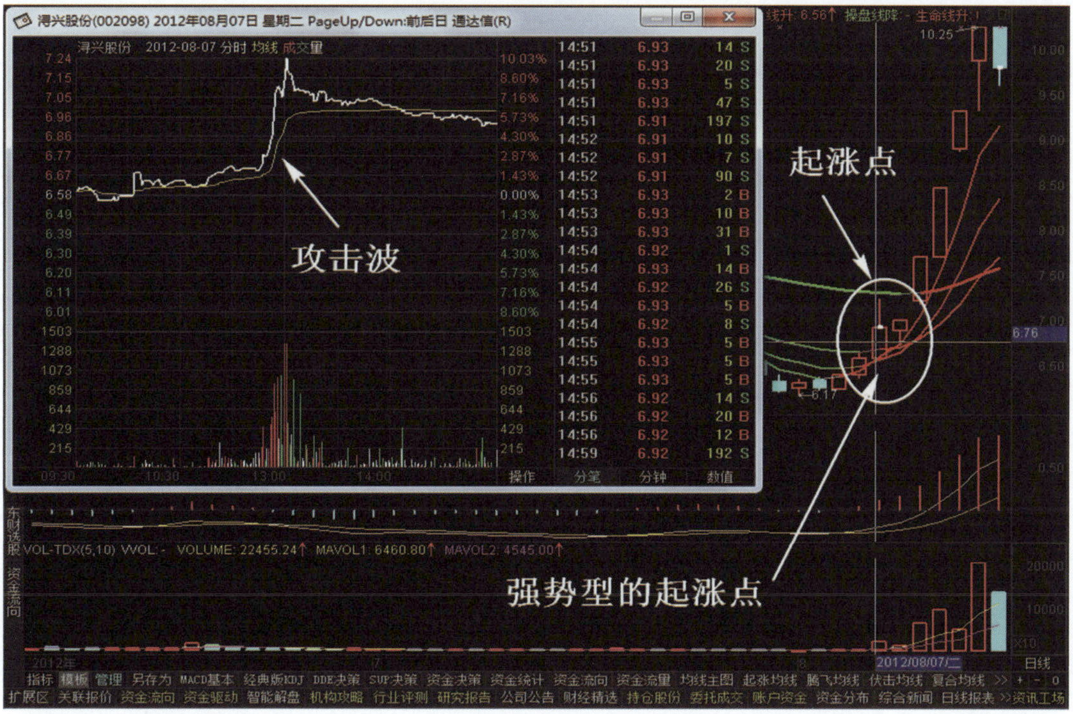

图例 023

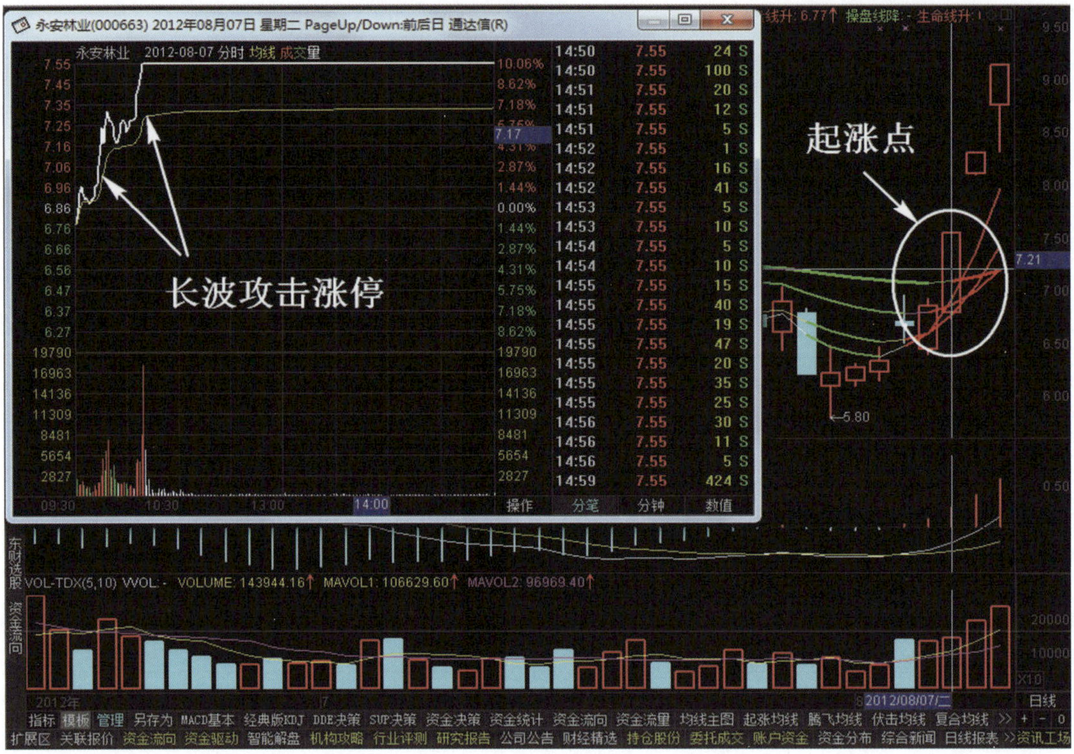

图例 024

二、普通型起涨点与攻击波

普通型的起涨点和强势型的起涨点明显是不同的。

这种不同主要是表现在主力持仓结构的不同。

强势型的起涨点出现起涨技术信号的时候，主力的持仓已经足够多。

而普通型的起涨点则是主力的持仓比较少，还需要进一步买入筹码。

因此，表现在盘口上，两者就显得明显不同。普通型起涨点股价上涨的当天，盘口出现冲击型攻击波形，说明主力处于滚动操盘阶段，上涨高度以普通主升行情来测算。

注意这里的关键词是：冲击型攻击波、滚动操盘阶段。

图例 025、026 就是普通型的起涨点。

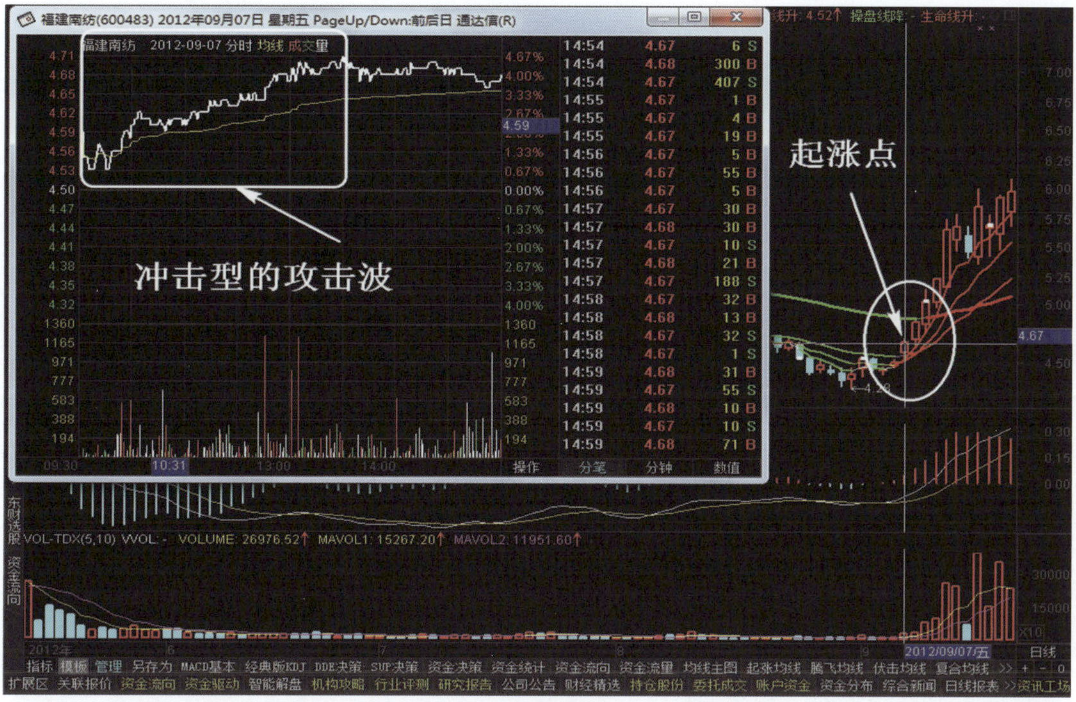
福建南纺(600483) 2012年09月07日 星期五 PageUp/Down:前后日 通达信(R)
福建南纺 2012-09-07 分时 均线 成交量
冲击型的攻击波
起涨点
VOL-TDX(5,10) VVOL: - VOLUME: 26976.52↑ MAVOL1: 15267.20↑ MAVOL2: 11951.60↑

图例 025

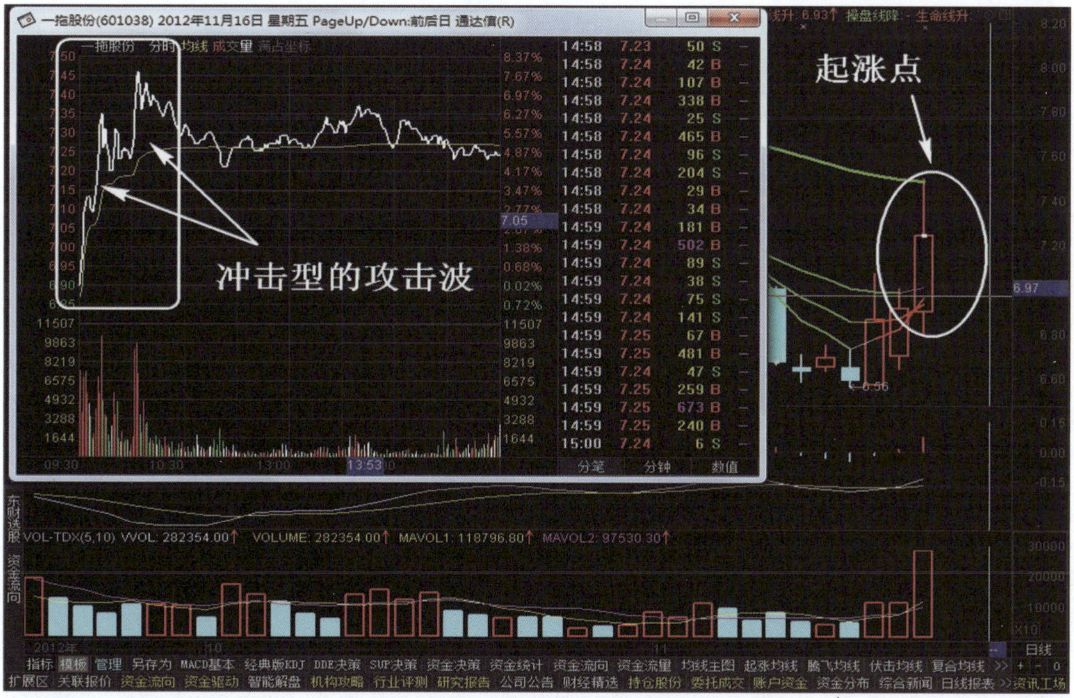
一拖股份(601038) 2012年11月16日 星期五 PageUp/Down:前后日 通达信(R)
冲击型的攻击波
起涨点
VOL-TDX(5,10) VVOL: 282354.00↑ VOLUME: 282354.00↑ MAVOL1: 118796.80↑ MAVOL2: 97530.30↑

图例 026

第二节　起涨点与冲击波

一、起涨点与标准型的冲击波

起涨点行情的大小与盘口的波形有密切的关系。如果在股价上涨的当天，盘口出现的波形是标准的冲击波形，说明主力处于拉高建仓阶段，上涨高度以普通主升行情来测算。

股价上涨空间的计算公式，参见前边的讲解。

图例 027、028 的起涨点就是标准型冲击波。

注意理解这些关键词：

第一组是冲击波、标准型。

第二组是拉高建仓阶段、主力建仓。

第三组是上涨高度、普通主升。

这种类型的起涨点上涨的高度是很有限的。因此，操作上就不要抱有很高的期望值。对于超短线投资者来说，可以用对付游资的方式来操作。

也可以根据 K 线的位置变化来操作。

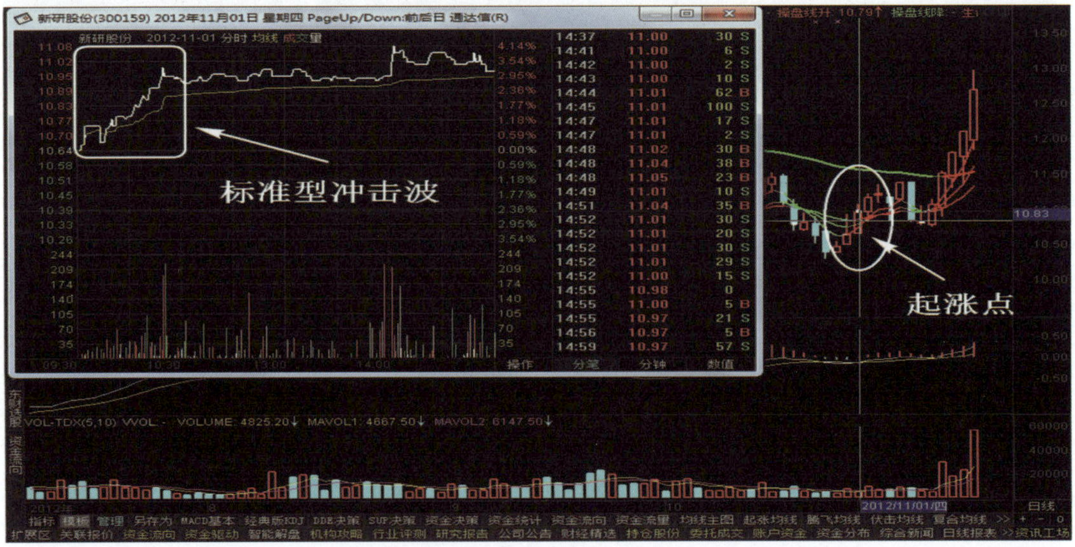

图例 027

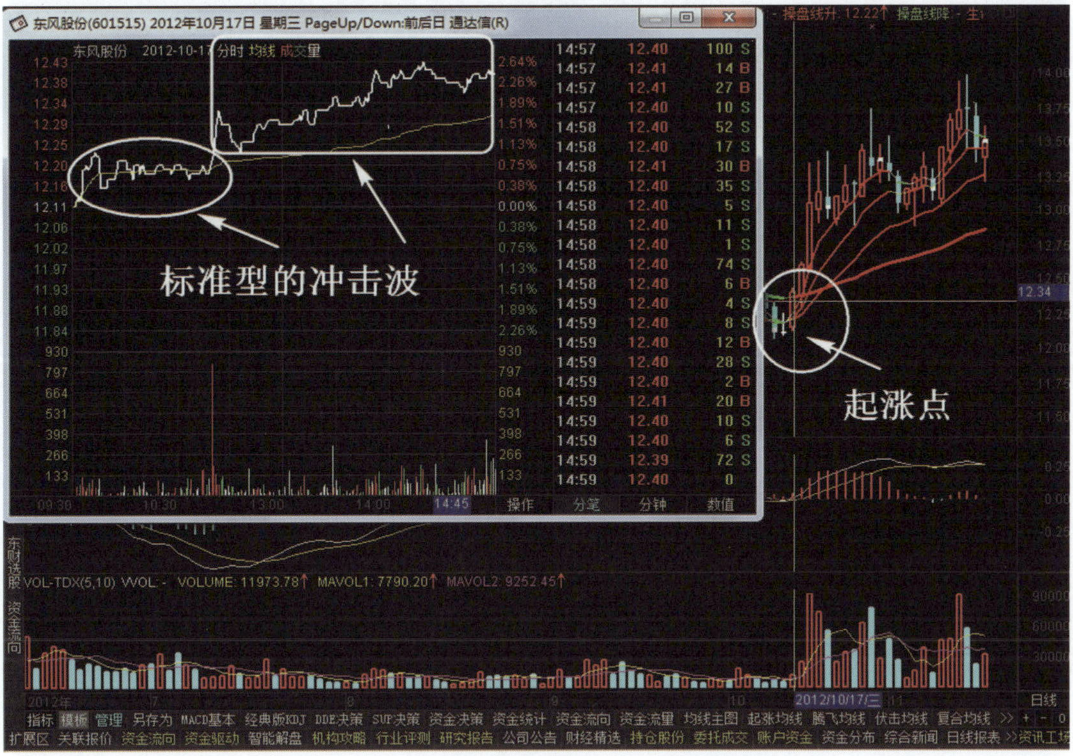

图例 028

二、起涨点与攻击型的冲击波

现在的主力和以前不同了。

操盘的手法也变化很大，尤其是 2010 年之后，变化太多了。

这次我修订《起涨点》这本书，尤其强调这一点，大家要适应市场的变化。

现在主力更多的是采用滚动的方式来操盘。

比如起涨点，如果股价上涨当天，盘口出现的波形是攻击型冲击波形，就说明主力处于滚动操盘阶段。这时候，我们就要采用相应的方法对付它。

图例 029、030 就是这样的例子。

注意这里的关键词是：

第一组：市场变化、操盘技术变化。

第二组：主力、滚动操盘。

第三组：起涨点、盘口、攻击型的冲击波。

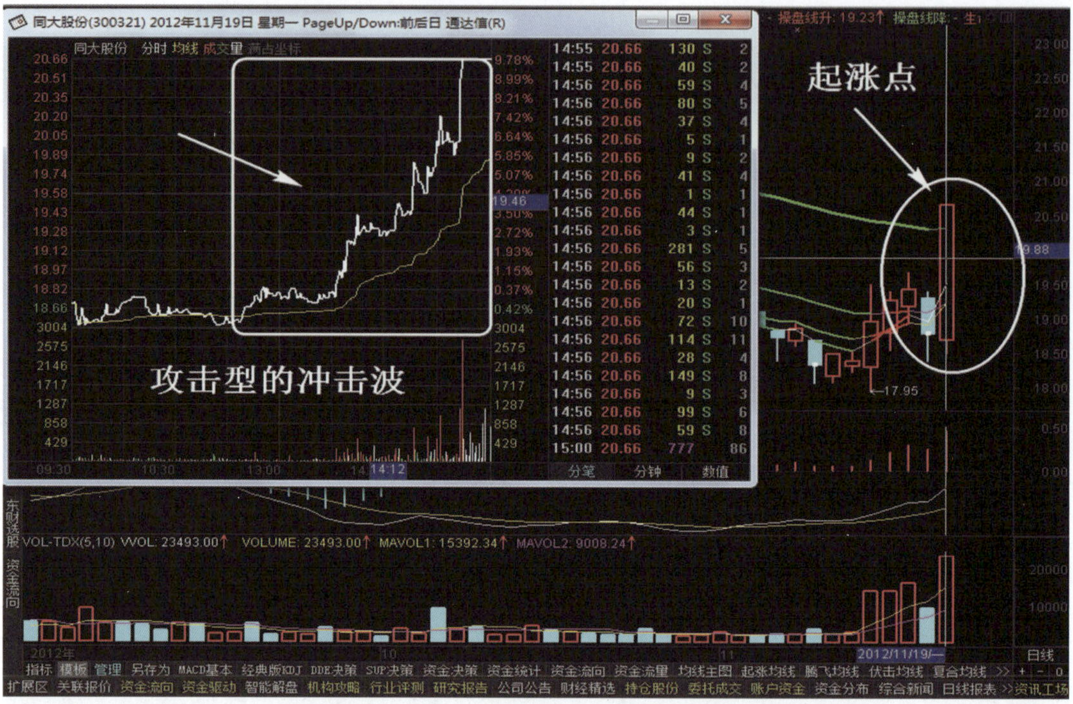
同大股份(300321) 2012年11月19日 星期一 PageUp/Down:前后日 通达信(R)
攻击型的冲击波
起涨点

图例 029

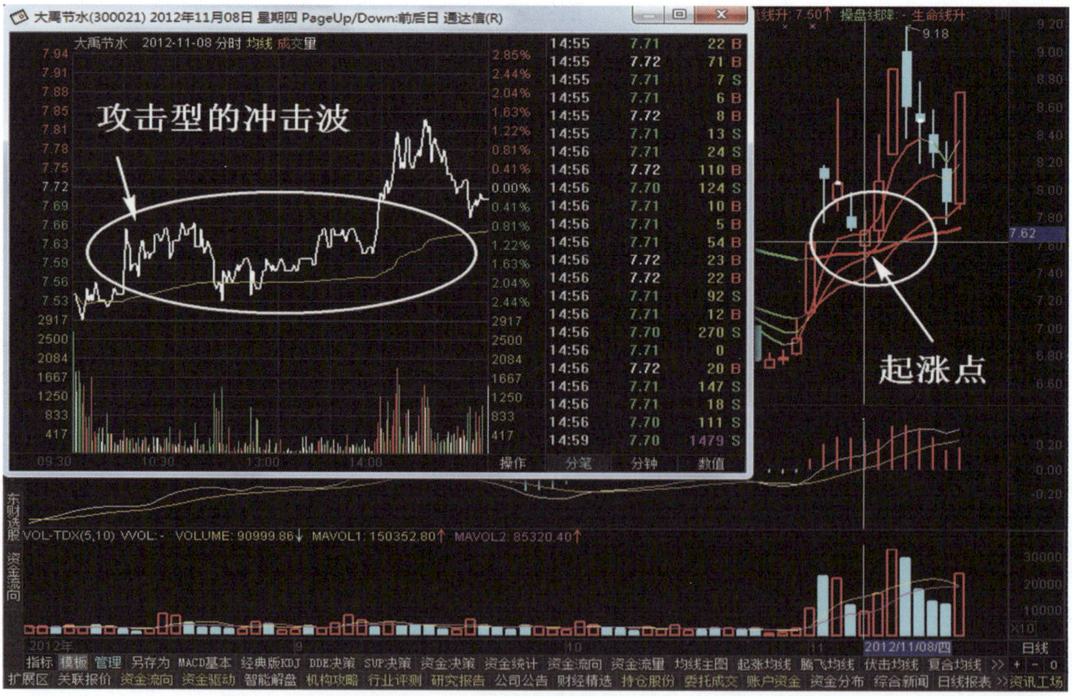
大禹节水(300021) 2012年11月08日 星期四 PageUp/Down:前后日 通达信(R)
攻击型的冲击波
起涨点

图例 030

第三节　起涨点与量峰

一、起涨点与攻击型量峰

如果出现起涨点技术信号的当天，盘中出现攻击型量峰，说明当天主力的的确确投入了资金，属于实力操盘，股价上涨高度以强势反弹行情或主升行情标准来进行测算。

这种起涨点属于最值得参与的起涨点。

图例 031、032 就是这样的例子。

注意理解这些关键词：

第一组是攻击型量峰、投入资金。

第二组是实力操盘、起涨点。

第三组是强势反弹、主升行情。

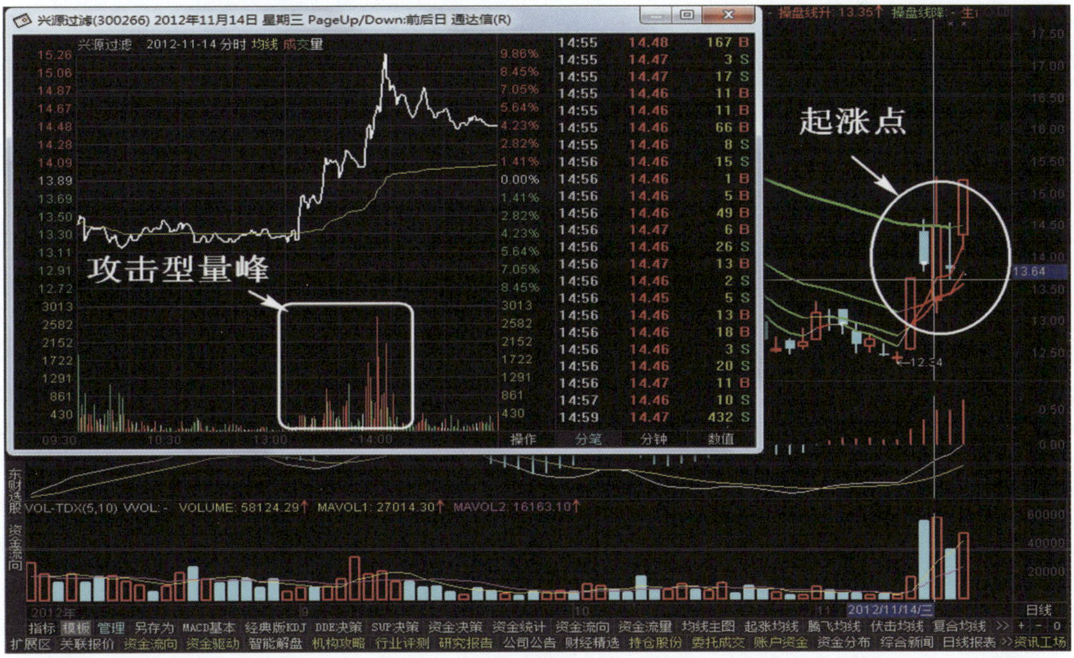

图例 031

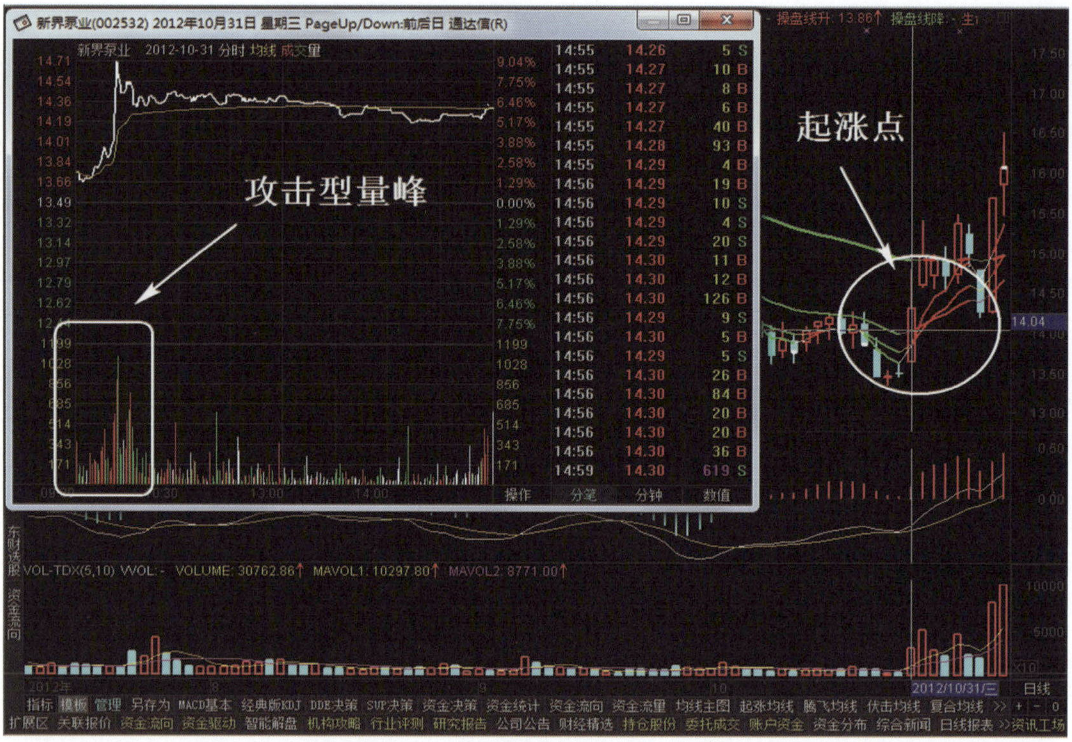

图例 032

二、起涨点与冲击型量峰

起涨点技术信号出现的当天，如果盘中出现量峰是冲击型量峰，说明当前主力还处在建仓阶段、或者处于滚动操盘阶段，这种走势不是主升走势，因此股价上涨的高度以普通反弹行情或者普通主升行情的标准来进行测算。

从走势上来看，凡是以冲击型量峰构成的起涨点，上涨的高度总是很有限的。

因此，不要企图在上边狠狠赚一大笔，而要抱有能赚就行的心态对待它。

心态很重要。

心态决定一切。

良好的心态是操盘成功的基础。

图例 033、034 就是这样的例子。

在临盘实战的时候，要注意正确理解下边的关键词：

第一组是冲击型量峰、建仓阶段、滚动操盘阶段。

第二组是普通反弹行情、普通主升行情。

第三组是上涨高度、有限上涨。

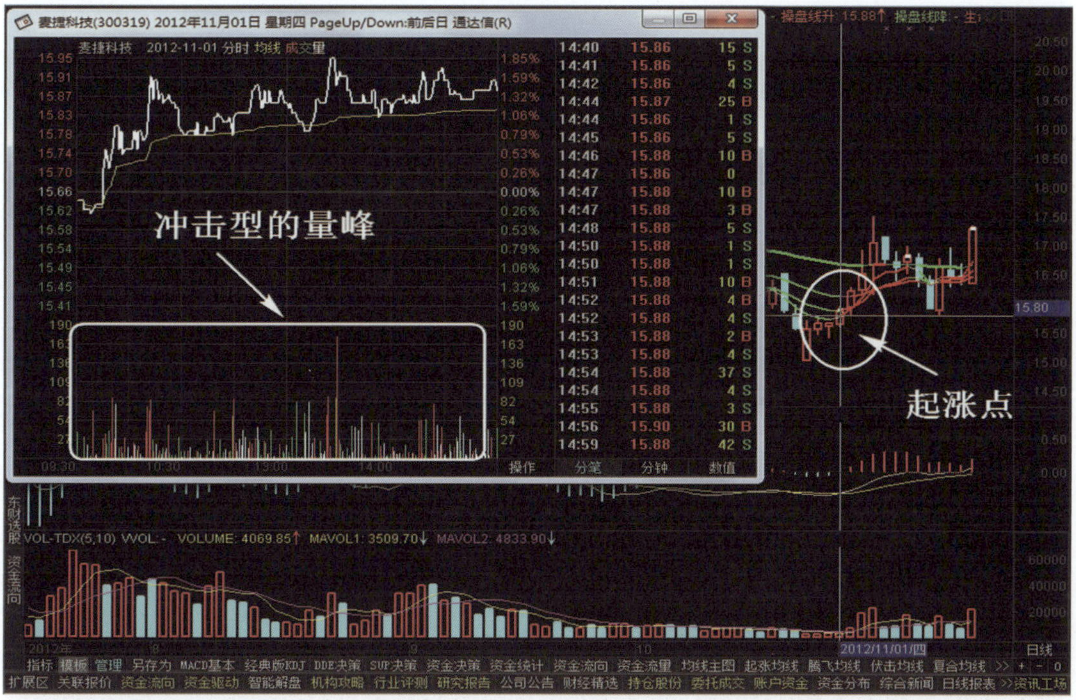
麦捷科技(300319) 2012年11月01日 星期四 PageUp/Down:前后日 通达信(R)
冲击型的量峰
起涨点

图例 033

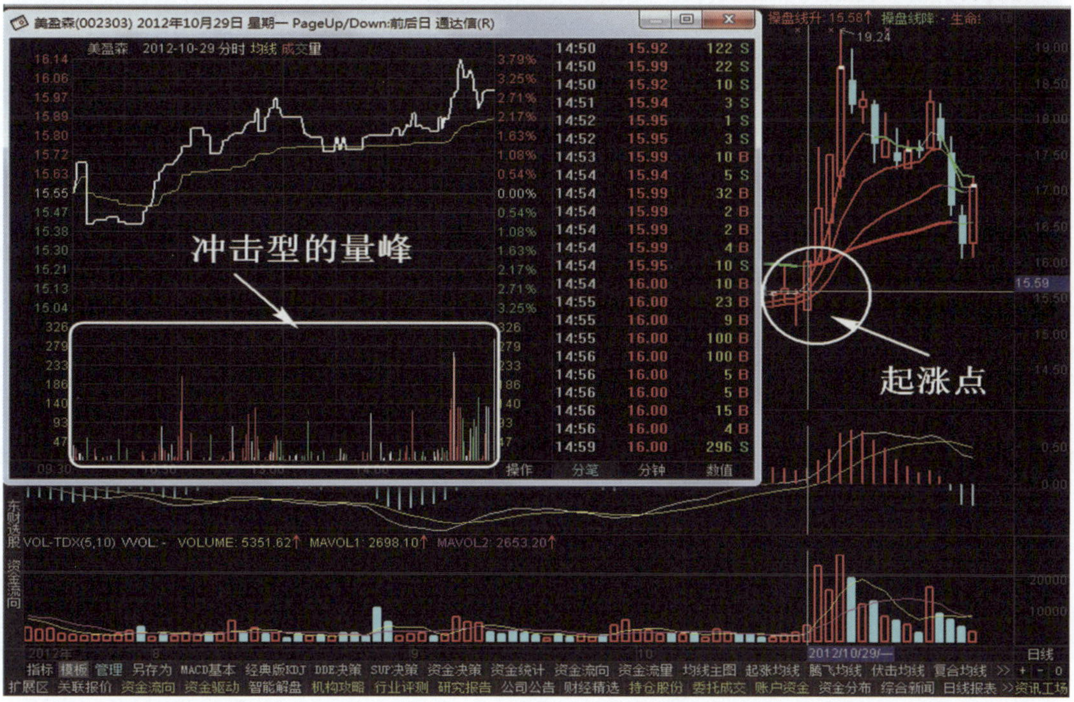
美盈森(002303) 2012年10月29日 星期一 PageUp/Down:前后日 通达信(R)
冲击型的量峰
起涨点

图例 034

三、起涨点与萎缩型量峰

起涨点技术信号出现的当天，如果盘中出现的量峰是萎缩型量峰，说明当天主力投入操盘的资金力度比较弱，这种盘口说明当前股价还处在试盘阶段，控盘能力尚有欠缺，因此股价上涨高度以普通反弹行情或普通主升行情标准来进行测算。

图例 035、036 就是这样的例子。

注意正确理解这里的关键词。

第一组是萎缩型量峰、操盘资金比较少。

第二组是试盘阶段、控盘能力欠缺。

第三组是普通反弹行情、普通主升行情。

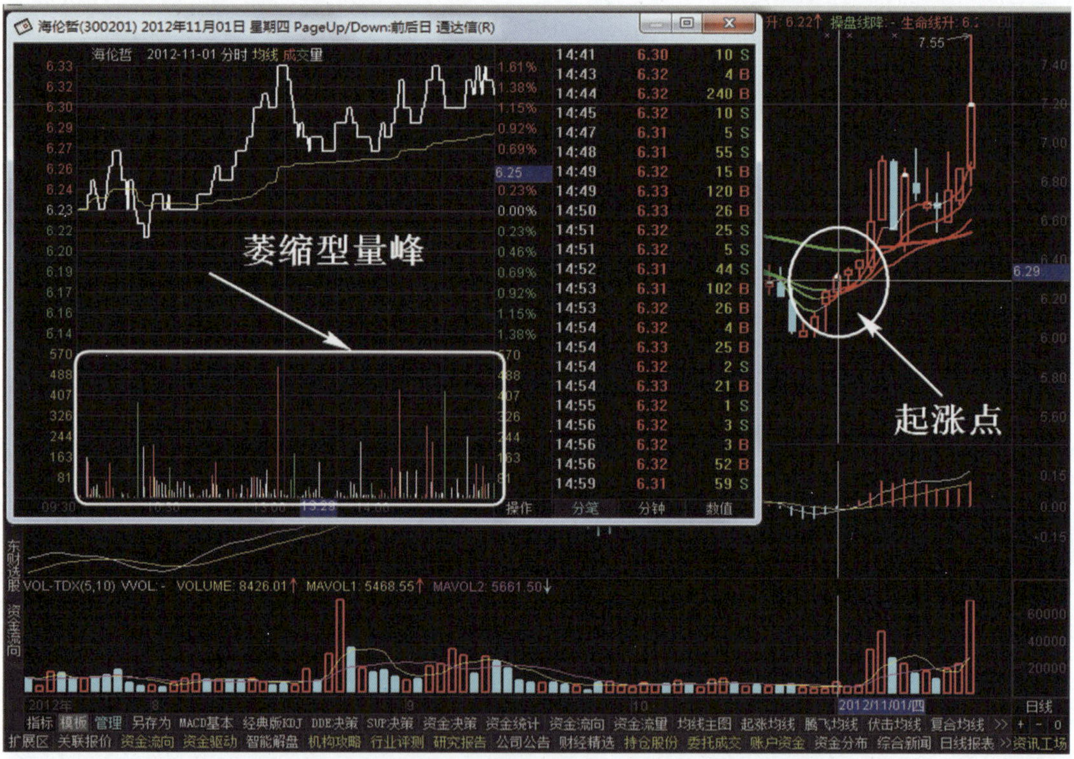

图例 035

图例 036

第四节　起涨点与五档买卖盘

一、起涨点与五档买卖盘的关系

如果股价当日上涨，但盘中五档卖盘大于五档买盘，表面上显示卖出力度强大。其实质则是一方面说明一部分主力在盘中投入卖出大单阻击股价上涨；另一方面说明主力在盘中引诱跟风资金在上涨当天抛出。同时，还说明盘中真正的主力在趁机大量接盘拉升股价。

关于这部分内容，我会在起涨点的实训课程中详细讲解。

二、起涨点与盘口大单

起涨点出现当天，盘口的挂单通常会在关键的时间段出现大单、超级大单。

如果在早盘阶段出现比较多大单密集堆积在买盘，股价没有拉升，那么这时候就不要买。因为大单堆积在买盘上，股价却没有拉升，这里边就有诈。

如股票买一是大单，说明主力在被动吃货。

如果大单出现在买二、买三位置上，说明主力并不打算买进。

如果大单出现在买四、买五上，接下来股价可能会出现下挫。

相反，卖盘上的大单也是一样道理，可以融会贯通去理解。

第三章
起涨点的形态修正

本章学习要点

一、了解和掌握起涨点与 K 线结构的关系。

二、了解和掌握起涨点与均线交易系统的关系。

三、了解和掌握起涨点与量能结构的经典关系。

第一节　起涨点的 K 线形态修正

一、出现起涨点阳线前，股价为缩量调整状态最佳

起涨点技术信号出现之前，K 线形态结构最好是缩量调整的小型 K 线，比如小阳线、小阴线、小星线之类，是最佳的 K 线结构。这是股价充分蓄势、调整到位的特征。

图例 037、038 就是这样的例子。

注意观察它们在起涨之前的 K 线结构，和对应的成交量特征。

K 线结构是小星线最佳，缩量或者地量，属于极品。

如果不是小星线，也可以是小阳线，或者小阴线。

一定要是缩量的，不能是放量下跌的。

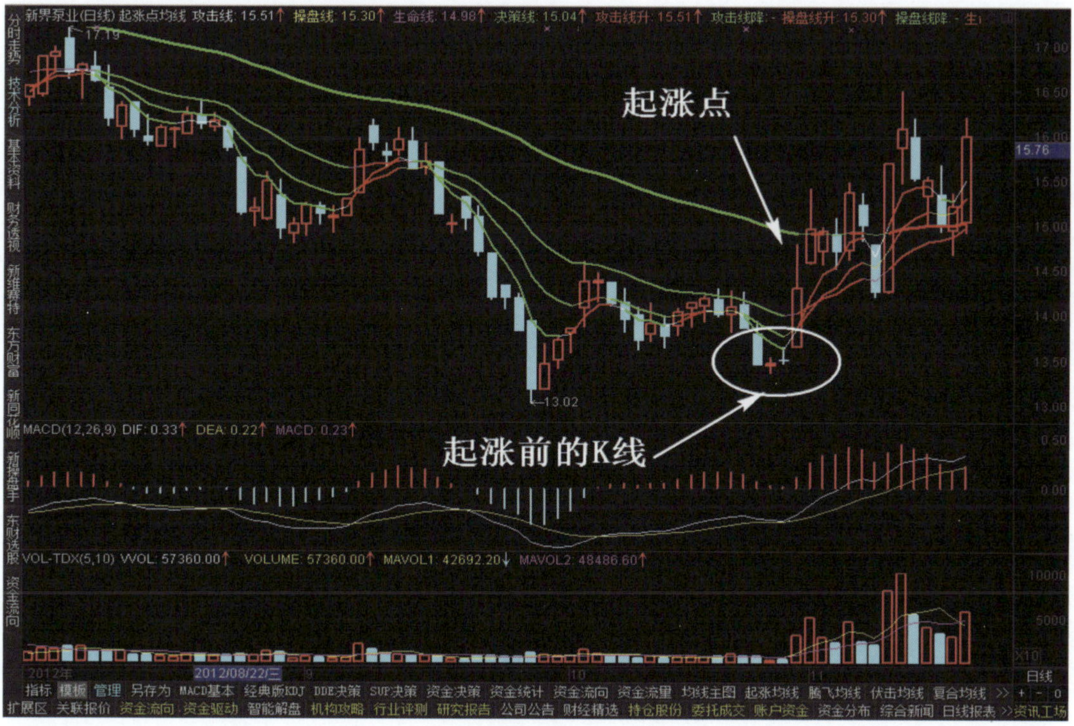

图例 037

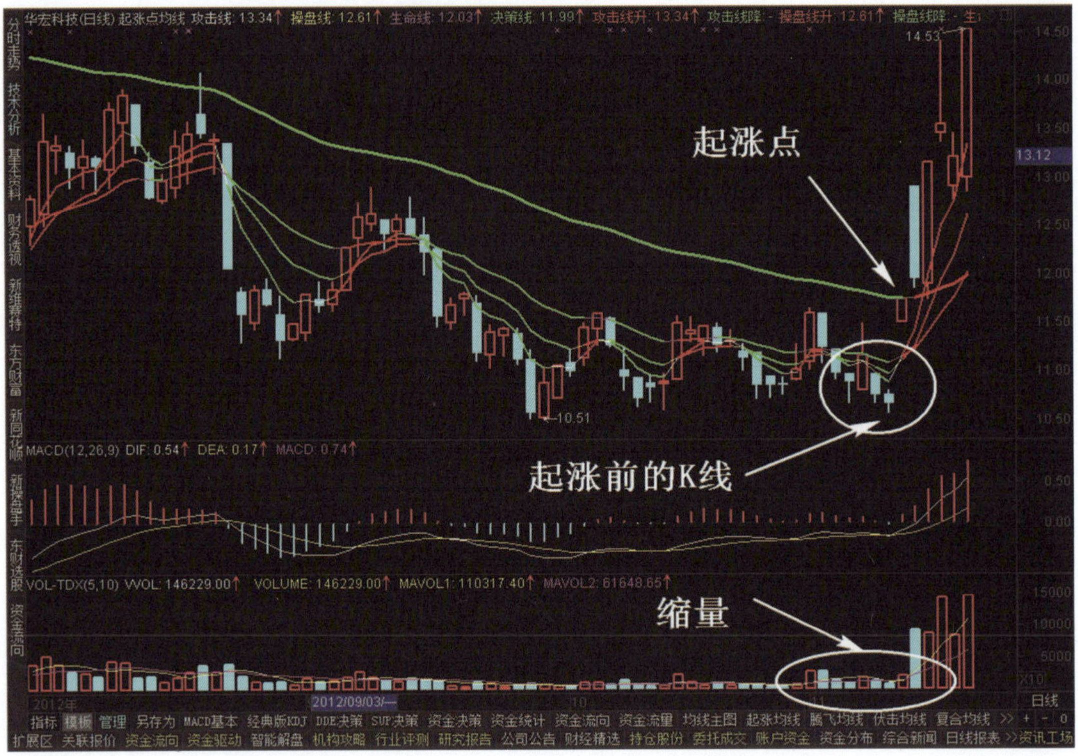

图例 038

二、出现起涨点当天，不同的 K 线有不同的强度

起涨点技术信号出现的当天，不同的 K 线结构代表着不同的强度，在实战中需要仔细观察，认真分辨。具体来说，有以下几种情况：

第一种：起涨点 K 线是小阳线（实体部分 3%）：股价跳空高开高走，收盘时录得起涨点 K 线的结构是小阳线，上下影线的长度均在 2% 范围以内。这样的起涨点 K 线属于走势比较强劲的起涨点。如果上影线大于 3%，则说明走势比较弱。

图例 039、040 就是这样的例子。

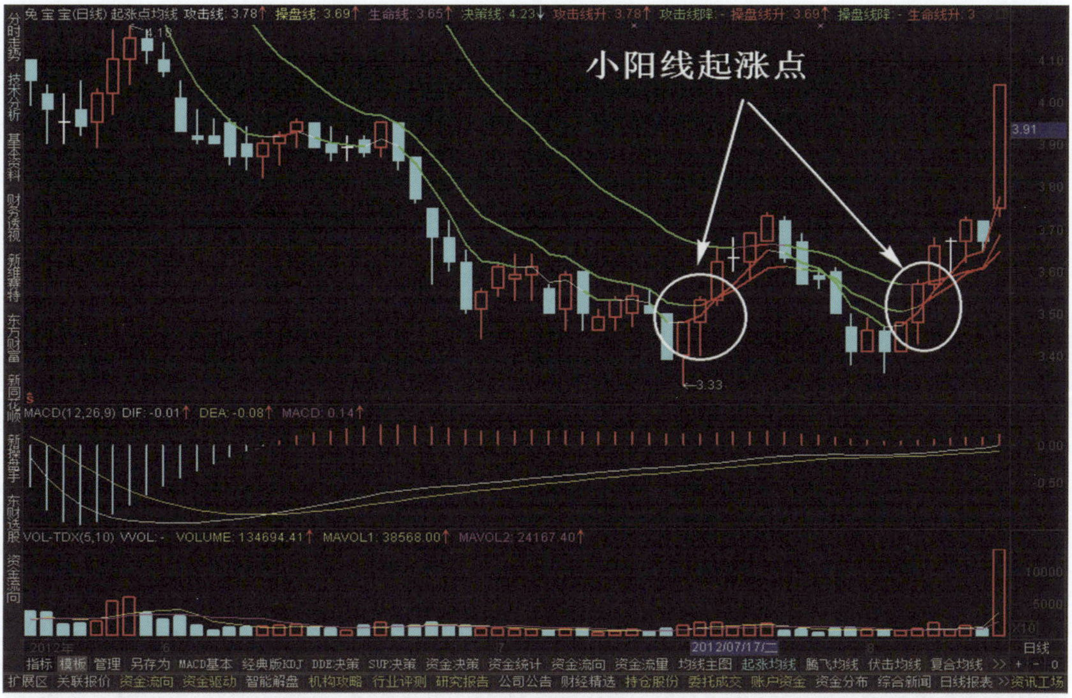

图例 039

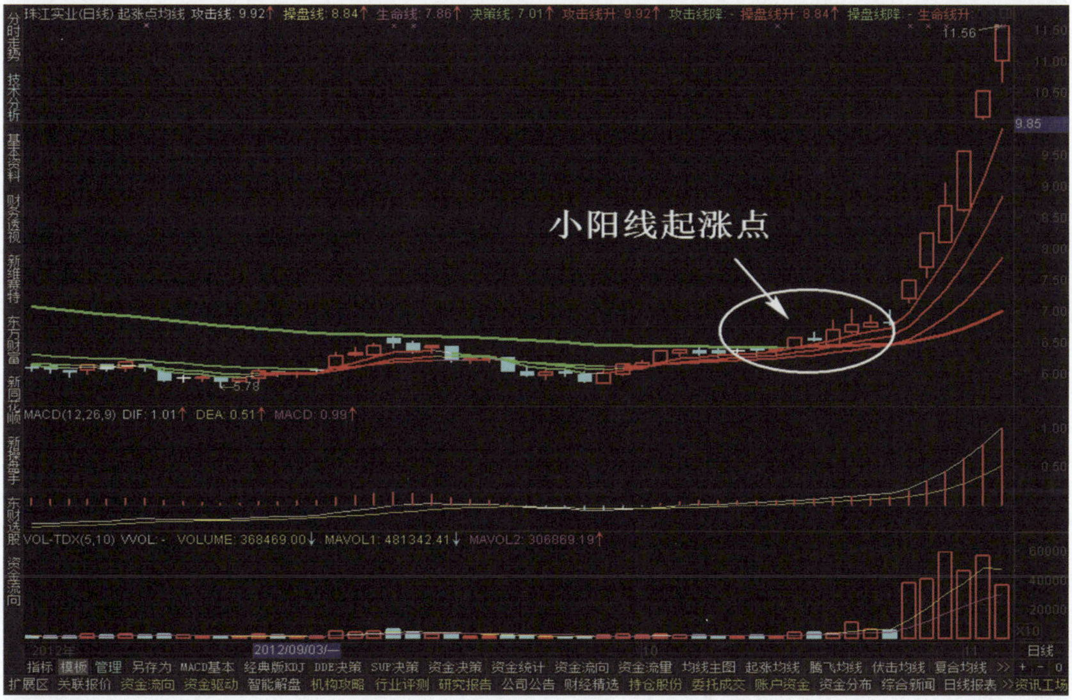

图例 040

第二种：起涨点 K 线是中阳线（实体部分 4 –6%）：最好是跳空高开或者高开，说明攻击意愿比较强烈。当天上下影线的长度均在 2% 范围以内，则说明这样的起涨点 K 线属于比较强势的起涨点。如果上影线大于 3%，说明上方的抛压比较大，表明起涨点走势比较弱。这样的起涨点就可能走得不远。如果是跳空高开高走，出现比较长的上影线，那么接下来进入调整的概率比较大，要注意防范风险。

图例 041、042 就是这样的例子。

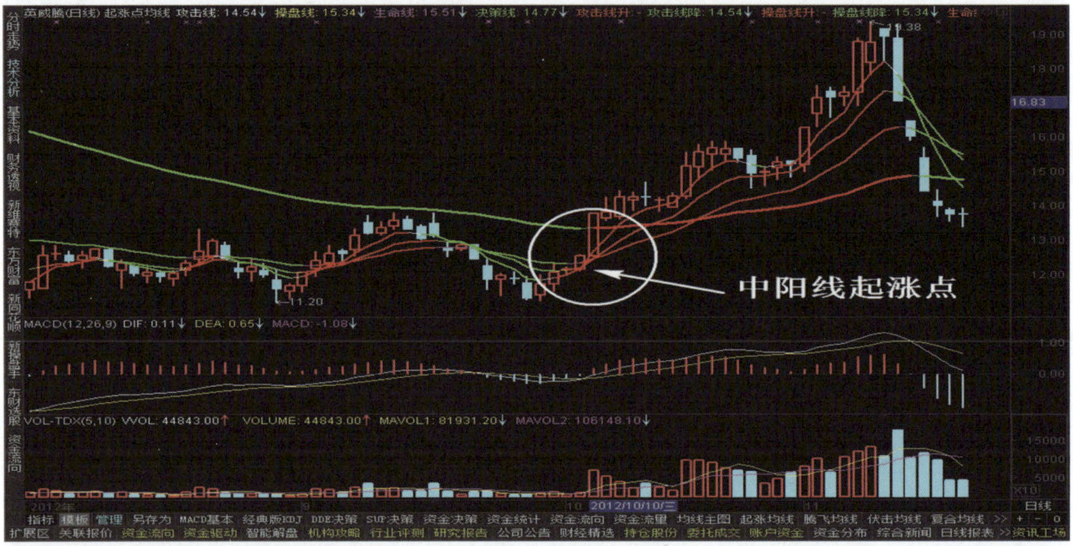

图例 041

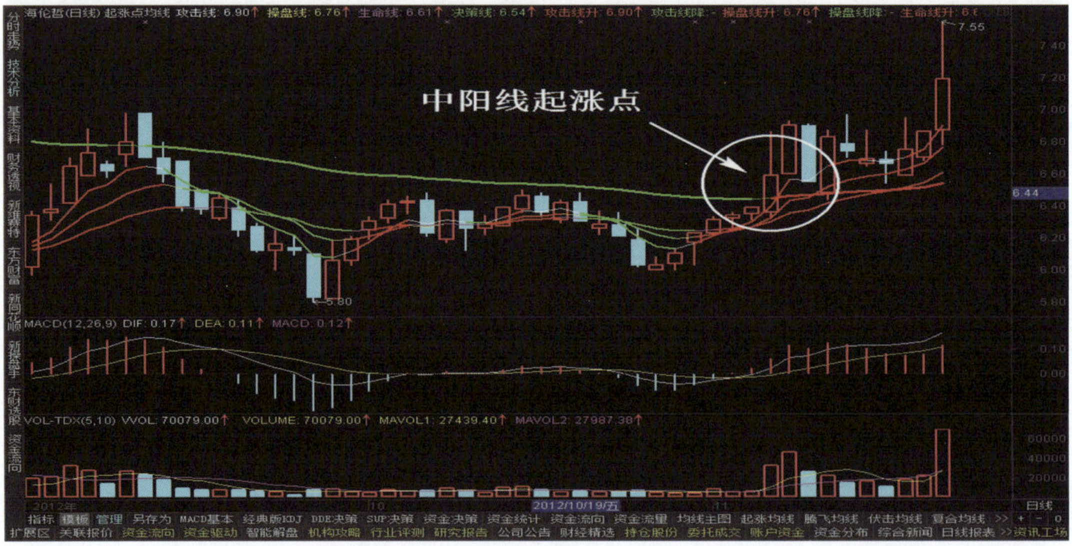

图例 042

第三种：起涨点 K 线是大阳线（实体部分 7－10%）：这种起涨点 K 线的上下影线长度均在 1% 范围内。如果出现大幅度的低开，则可能出现实体部分超过 10% 的情况，比如出水芙蓉 K 线、多线开花 K 线之类特殊形式。如果下影线大于 3%，说明下档承接有力，起涨点的走势比较强劲，后市的上升高度可能比较理想。

图例 043、044 就是这样的例子。

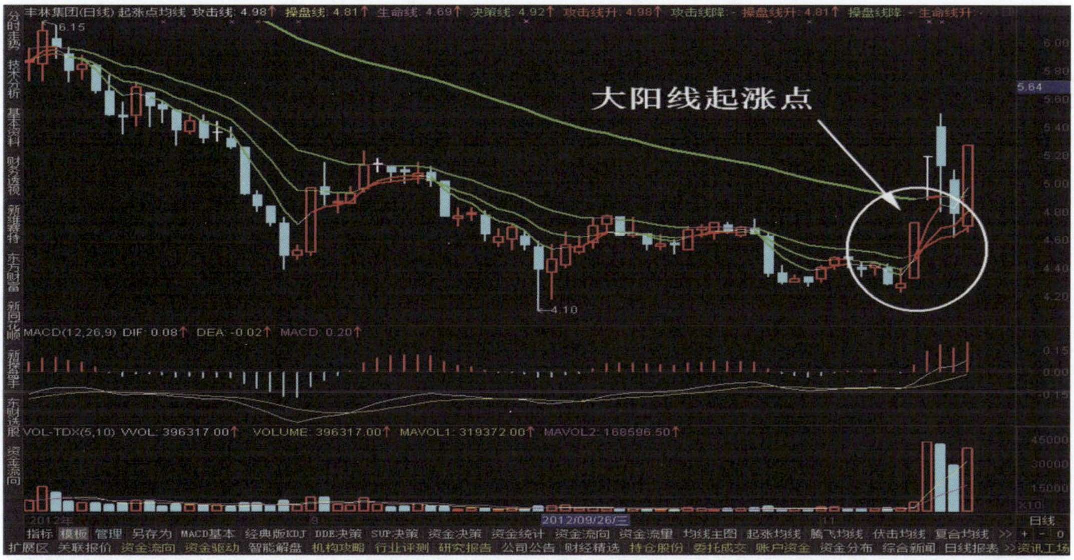

图例 043

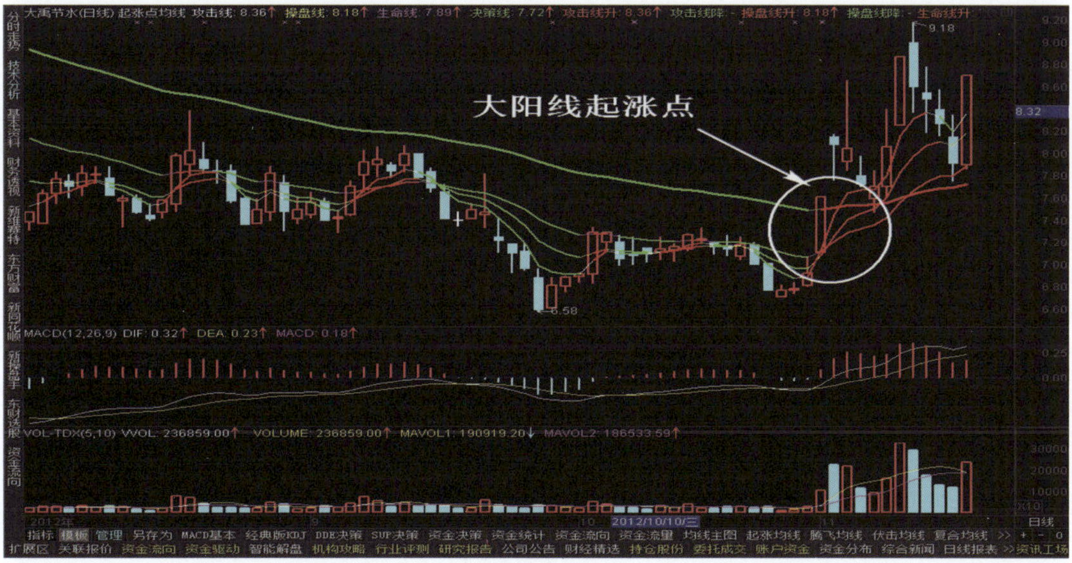

图例 044

第四种：起涨点K线是黑太阳K线：这种K线的特点是当天大幅度跳空高开，甚至是直接涨停开盘，然后低走，如果有上下影线，长度均在2%范围以内，才比较合适。如果上下影线大于3%，则说明走势偏弱。后市需要整固，不要轻易介入。

黑太阳起涨点属于比较刺激的起涨点，也是操盘手法非常凶悍的起涨点。

有时候，可能出现非常凌厉的攻势，也可能是一种失败形态。

图例045、046就是这样的例子。

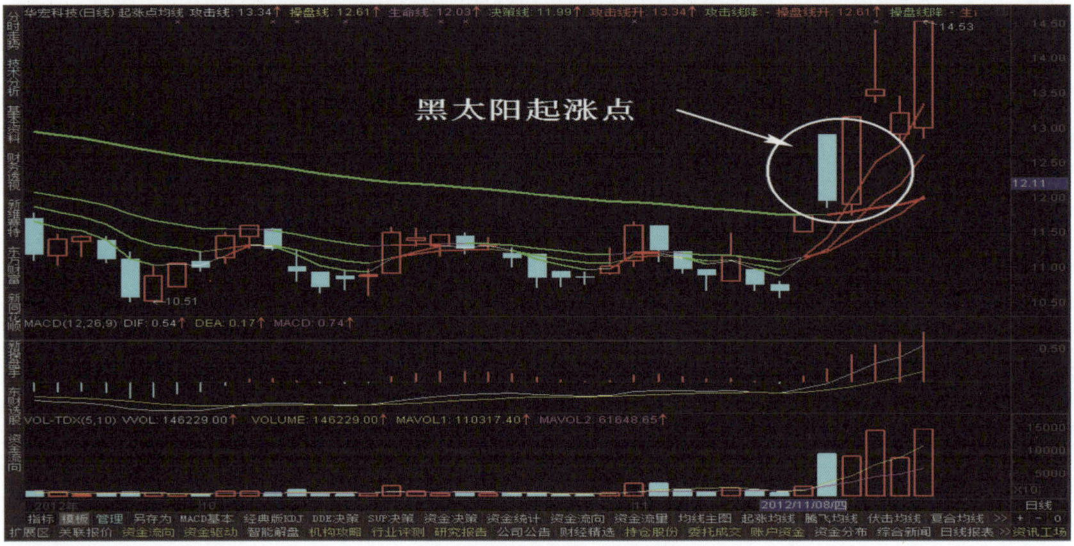

图例045

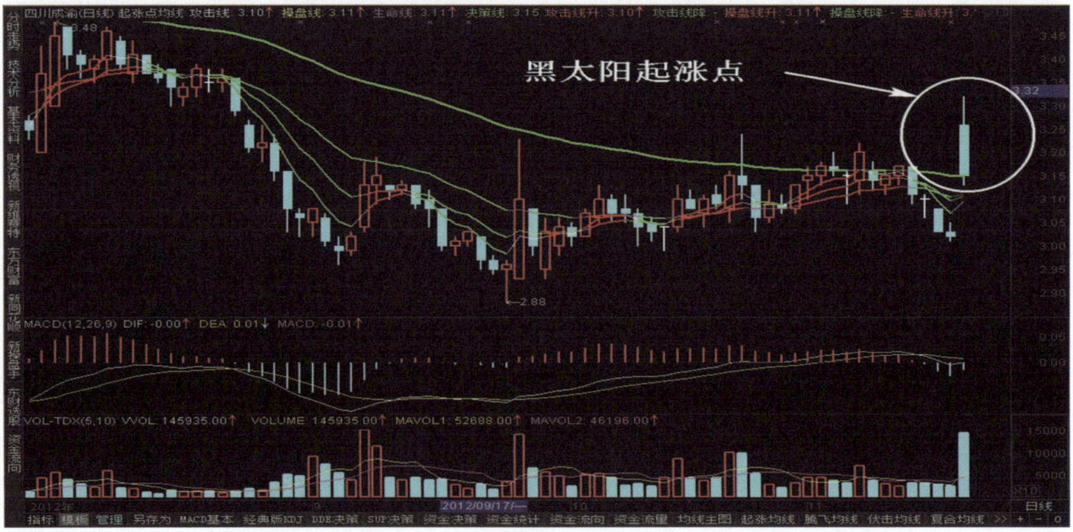

图例046

第二节　起涨点的均线系统修正

一、起涨点与当天的操盘线

起涨点出现的当天，均线系统中攻击线、操盘线必须是金叉向上的，而且股价收盘在操盘线之上。这样的走势才是成功的起涨点，否则很容易变成失败起涨点。

这里需要注意的是当天攻击线必须是拐头向上，并与操盘线金叉。

也就是说，短期均线系统必须是多头排列的，起涨点才有效。

图例 047、048 就是这样的例子。

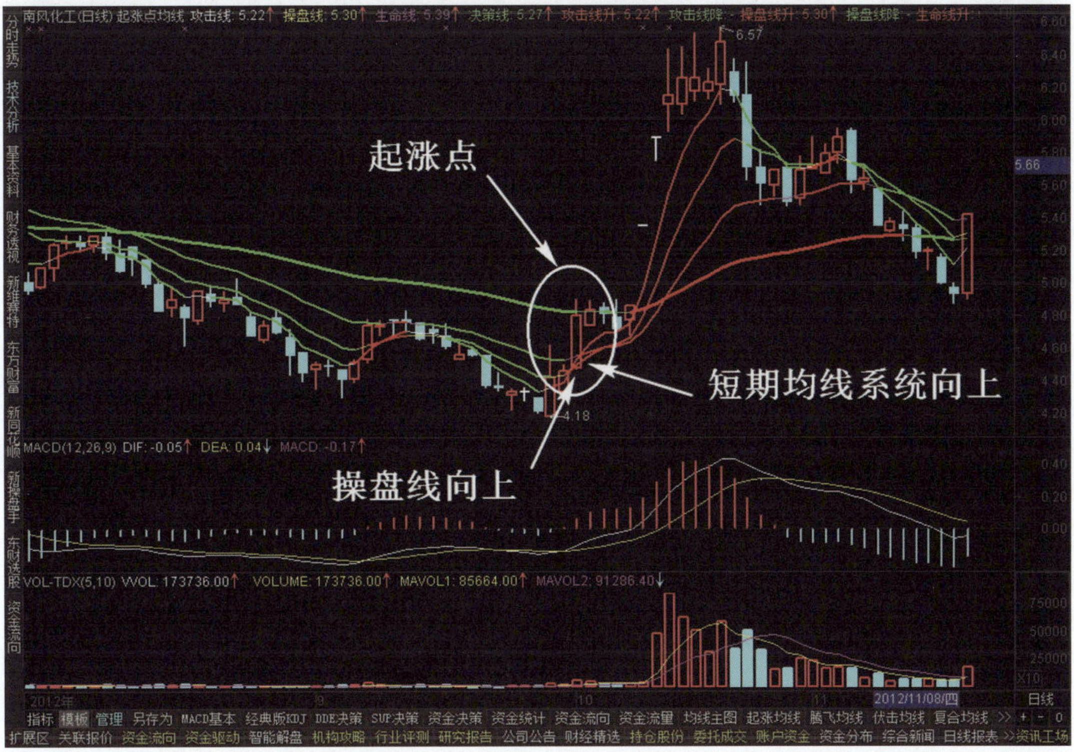

图例 047

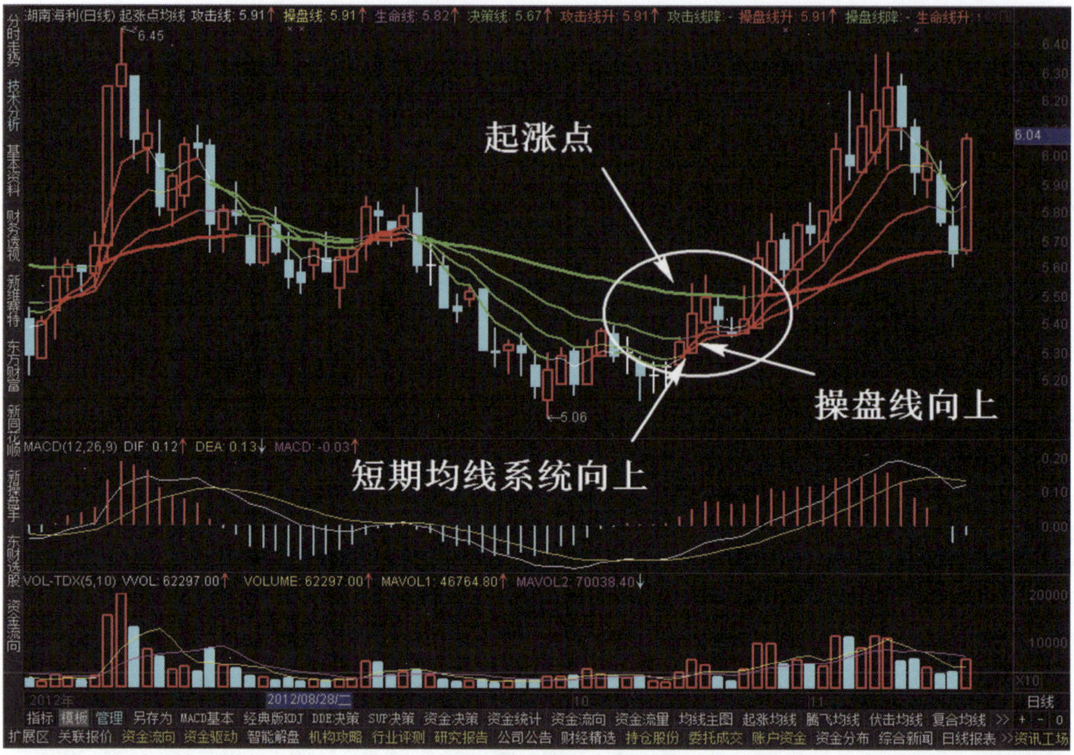

图例 048

二、起涨点与当天的均线系统

起涨点出现的当天，如果均线系统的生命线与决策线尚未走平，并未形成金叉，那么这样的起涨点仅为反弹行情。这样的走势上升的高度比较有限。

图例 049 就是这样的例子。

如果起涨点出现的当天，生命线与决策线形成金叉并持续向上，应为主升段行情。这种类型的起涨点属于主升型的起涨点，上升的高度可能比较理想。

图例 050 就是这样的例子。

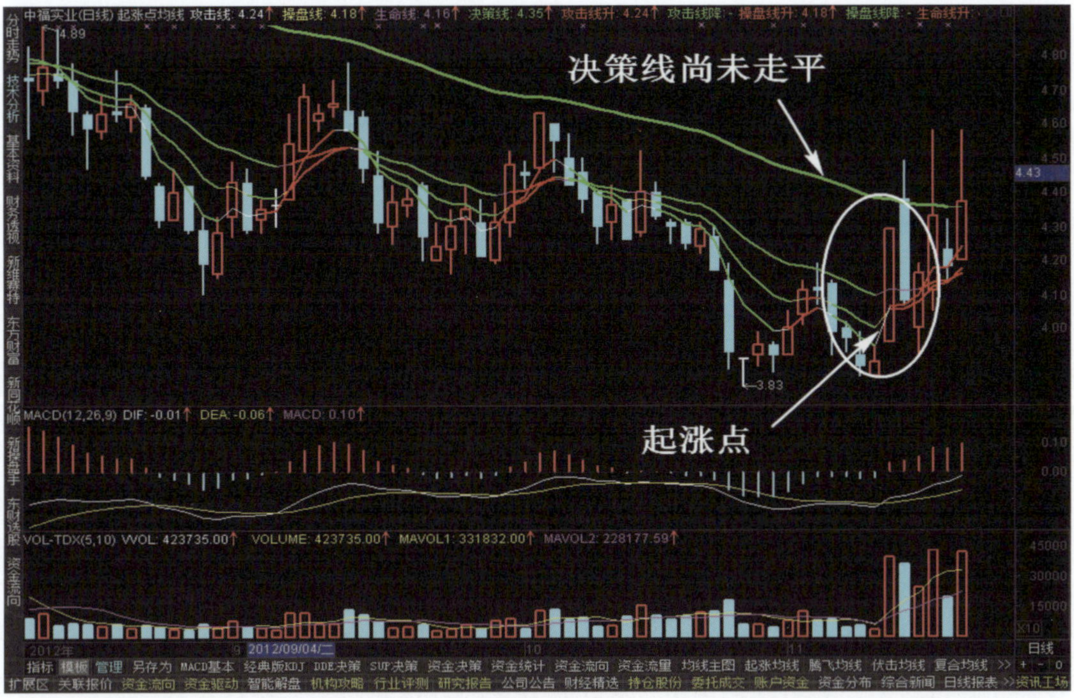
中福实业(日线) 起涨点均线 攻击线: 4.24↑ 操盘线: 4.18↑ 生命线: 4.16↑ 决策线: 4.35↑
决策线尚未走平
起涨点
4.89
3.83
MACD(12,26,9) DIF: -0.01↑ DEA: -0.06↑ MACD: 0.10↑
VOL-TDX(5,10) VVOL: 423735.00↑ VOLUME: 423735.00↑ MAVOL1: 331832.00↑ MAVOL2: 228177.59↑
2012/09/04/二

图例 049

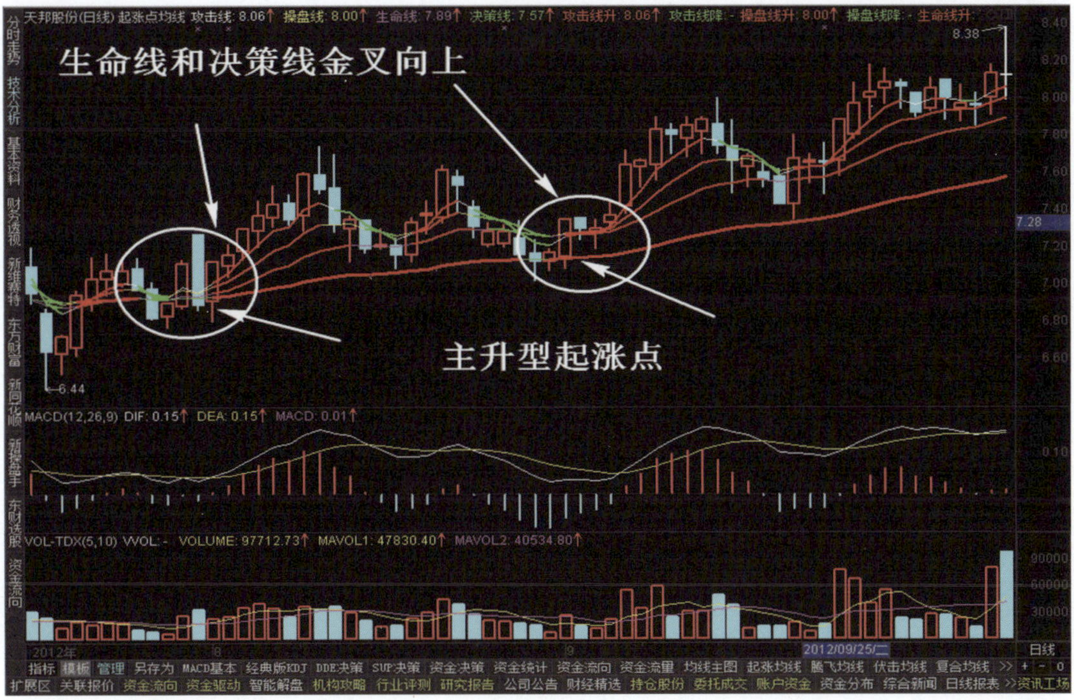
天邦股份(日线) 起涨点均线 攻击线: 8.06↑ 操盘线: 8.00↑ 生命线: 7.89↑ 决策线: 7.57↑
生命线和决策线金叉向上
主升型起涨点
8.38
6.44
MACD(12,26,9) DIF: 0.15↑ DEA: 0.15↑ MACD: 0.01↑
VOL-TDX(5,10) VVOL: - VOLUME: 97712.73↑ MAVOL1: 47830.40↑ MAVOL2: 40534.80↑
2012/09/25/二

图例 050

第三节　起涨点 MACD 指标系统修正

一、MACD 指标绿柱收缩变短

操盘指标 MACD 在起涨点出现的当天，MACD 指标绿柱逐步收缩。

如果 DIF 与 DEA 即将低位金叉（<0），可买；

如果 DIF 与 DEA 即将再次形成金叉（>0），可买。

二、MACD 指标绿柱收缩变短，红柱出现

起涨点技术信号出现的当天，MACD 指标绿柱逐步收缩，红柱出现。

DIF 与 DEA 已在 0 附近金叉，可买。

三、60 分钟技术系统的 MACD

起涨点技术信号出现的当天，日线 MACD 指标绿柱逐步收缩。

DIF 与 DEA 将低位金叉（<0）。而 60 分钟技术系统中，MACD 指标已经出现红柱，DIF 与 DEA 已经在 0 附近金叉，可买。

参见图例 051、052、053、054 所示。

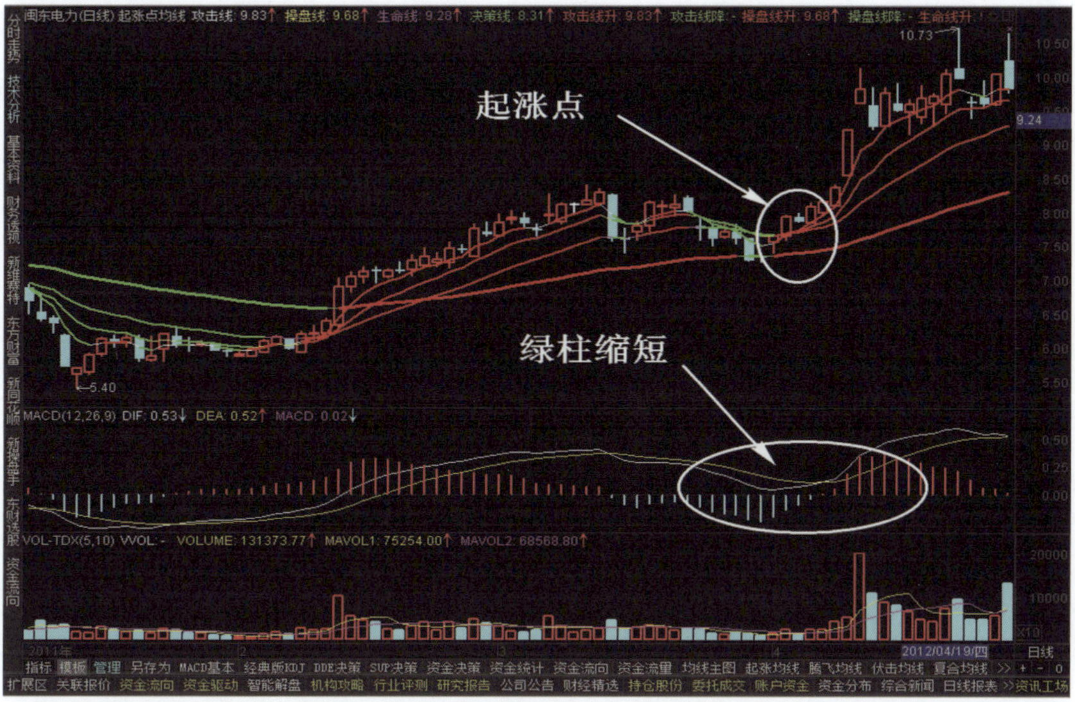
闽东电力(日线) 起涨点均线 攻击线: 9.83↑ 操盘线: 9.68↑ 生命线: 9.28↑ 决策线: 8.31↑
起涨点
绿柱缩短
MACD(12,26,9) DIF: 0.53↓ DEA: 0.52↑ MACD: 0.02↓
VOL-TDX(5,10) VVOL: - VOLUME: 131373.77↑ MAVOL1: 75254.00↑ MAVOL2: 68568.80↑

图例 051

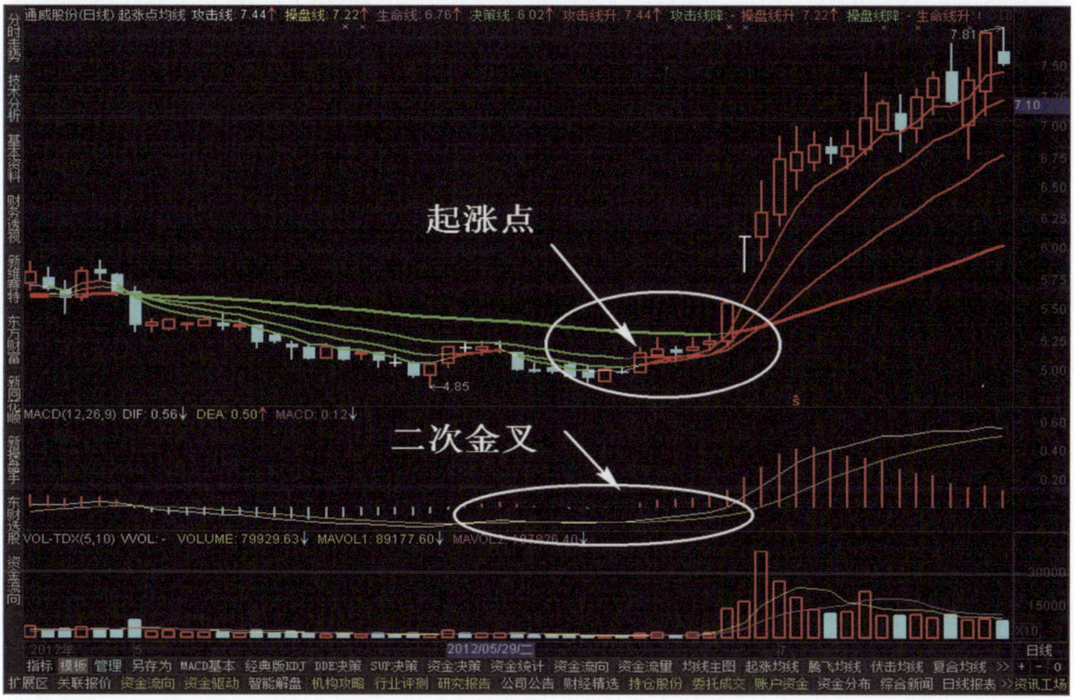
通威股份(日线) 起涨点均线 攻击线: 7.44↑ 操盘线: 7.22↑ 生命线: 6.76↑ 决策线: 6.02↑
起涨点
二次金叉
MACD(12,26,9) DIF: 0.56↓ DEA: 0.50↑ MACD: 0.12↓
VOL-TDX(5,10) VVOL: - VOLUME: 79929.63↓ MAVOL1: 89177.60↓

图例 052

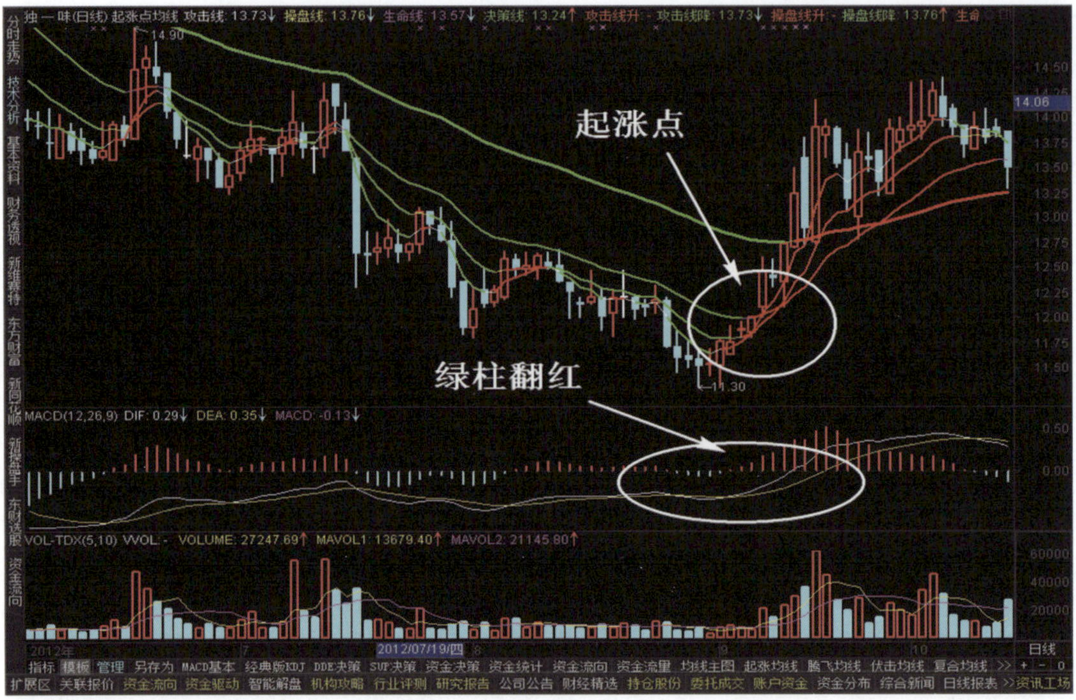

图例 053

图例 054

第四节　起涨点量能系统修正

一、当天量能有效放大

起涨点技术信号出现的当天，日 K 线 VOL 量能系统指标出现以下特征为佳：

一是量柱明显放大，大一倍以上。

二是其中 5 日均量线向上拐头，即将穿越或已经穿越 30 日均量线。

三是中小盘股换手率达到 5% 以上，大盘股换手率达到 3% 以上。

二、当天 60 分钟均量线金叉

起涨点当天，日线 VOL 均量线未形成金叉，则利用 60 分钟技术系统修正：

一是量柱明显放大，大于 20 小时前量一倍以上。

二是 5 日均量线向上拐头，已经穿越 60 日均量线。

三是放量前，均为缩量整理状态。

参见图例 055、056、057、058 所示。

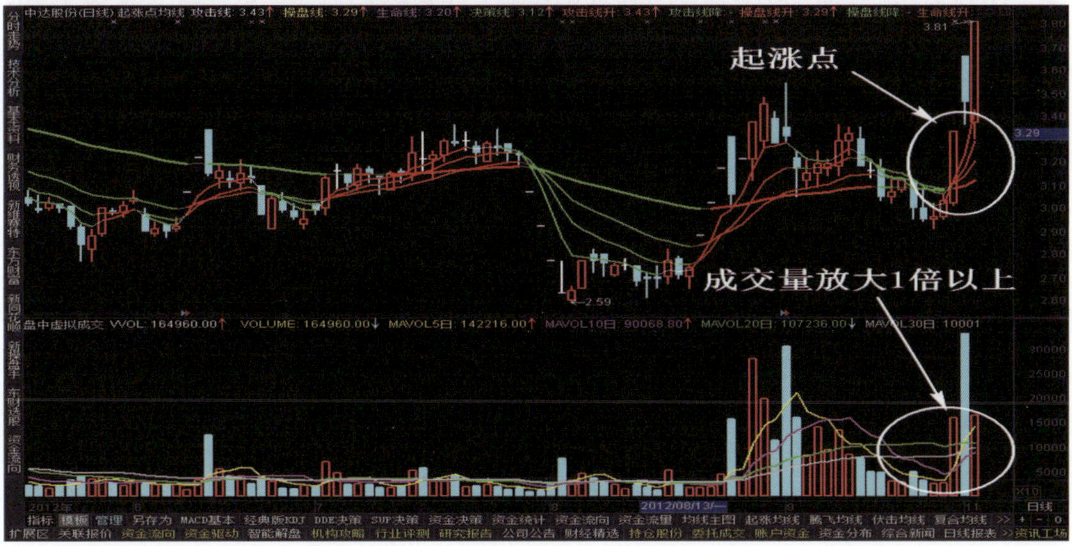

图例 055

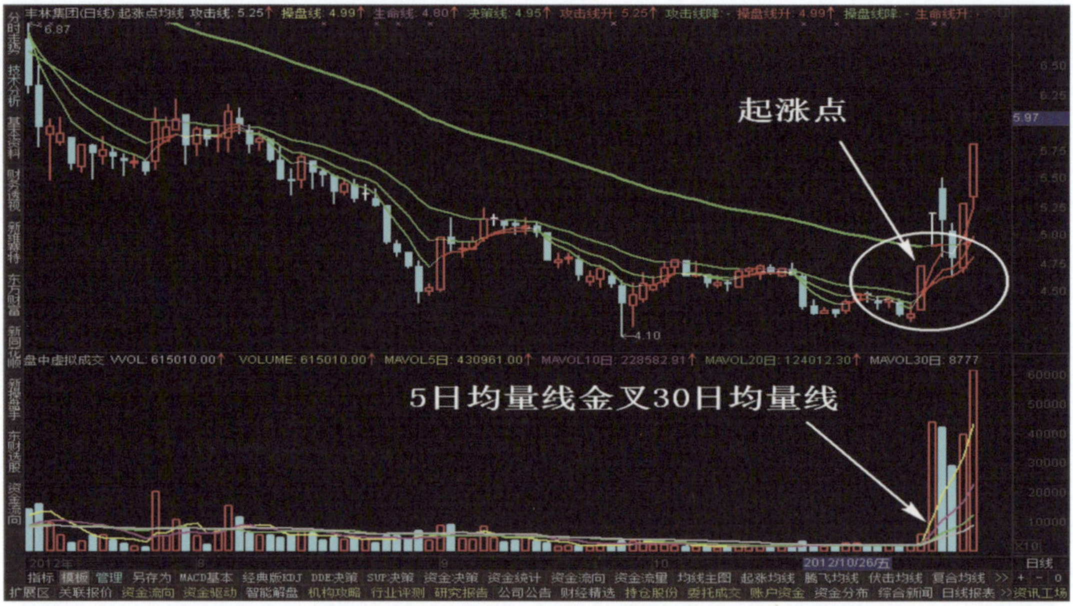

图例 056

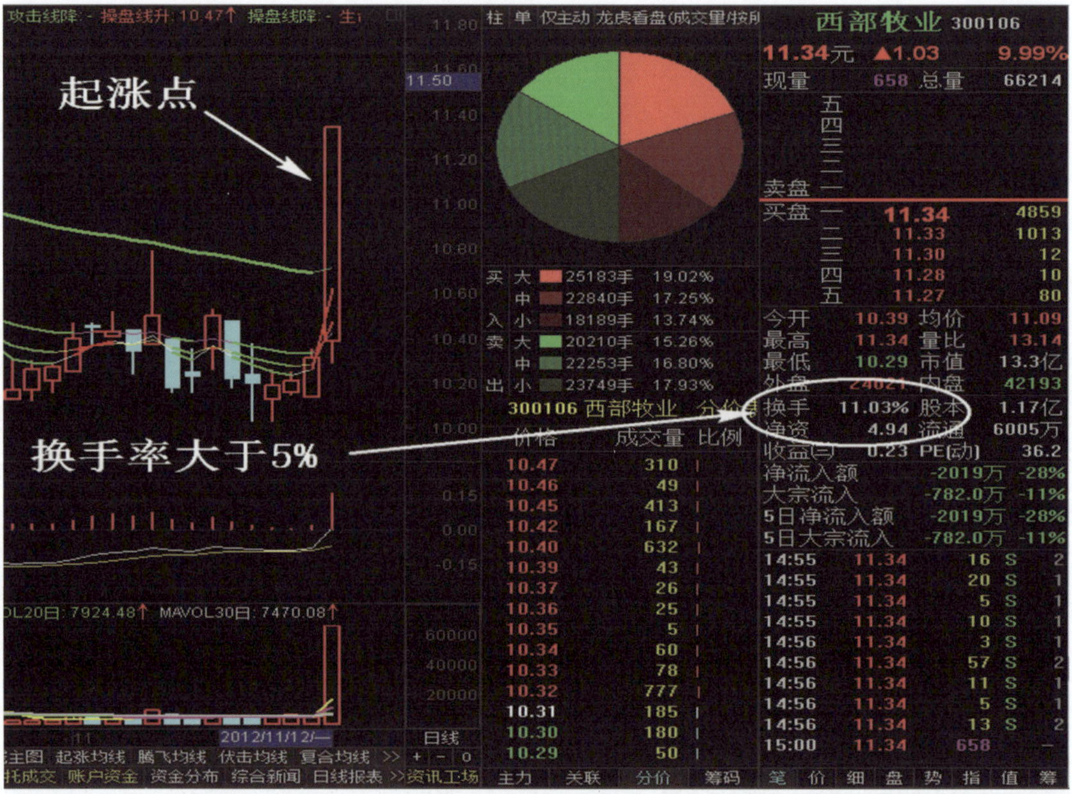

图例 057

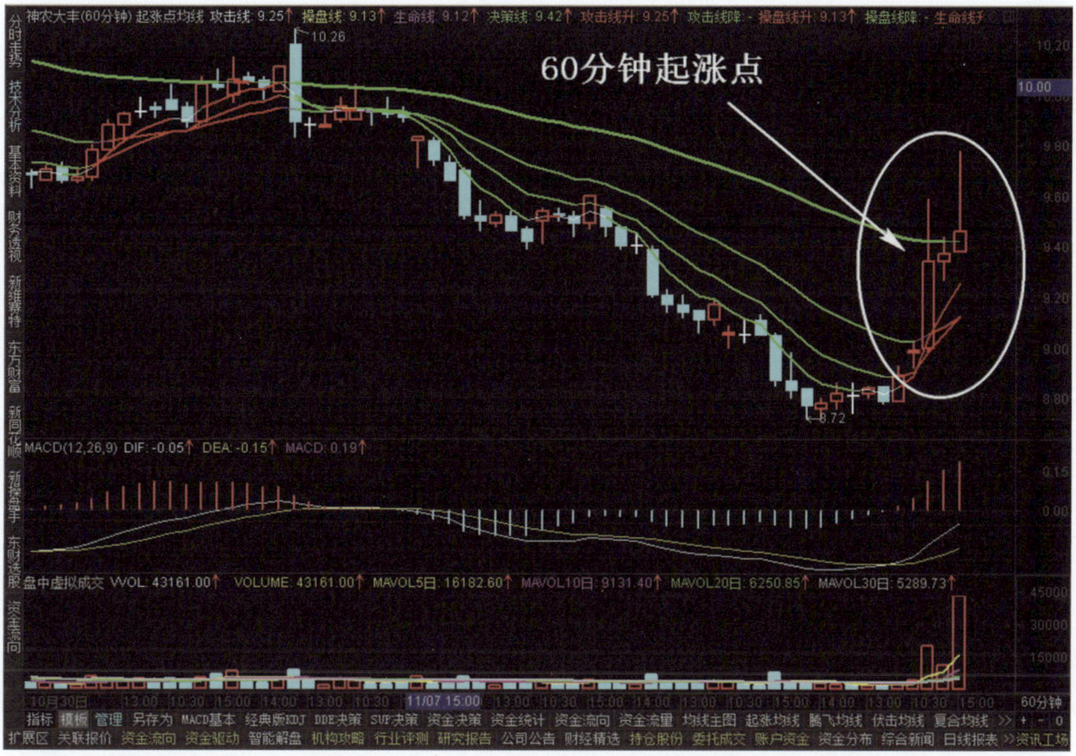
神农大丰(60分钟) 起涨点均线 攻击线: 9.25↑ 操盘线: 9.13↑ 生命线: 9.12↑ 决策线: 9.42↑ 攻击线升: 9.25↑ 攻击线降: - 操盘线升: 9.13↑ 操盘线降: - 生命线升
60分钟起涨点
10.26
8.72
MACD(12,26,9) DIF: -0.05↑ DEA: -0.15↑ MACD: 0.19↑
盘中虚拟成交 VVOL: 43161.00↑ VOLUME: 43161.00↑ MAVOL5日: 16182.60↑ MAVOL10日: 9131.40↑ MAVOL20日: 6250.85↑ MAVOL30日: 5289.73↑
11/07 15:00
60分钟

图例 058

第四章
起涨点的操盘法则

本章学习要点

一、了解和掌握起涨点与冲击波型的狙击原则。

二、了解和掌握起涨点与攻击波型的狙击原则。

三、了解和掌握起涨点于量能系统的狙击原则。

第一节　冲击波狙击原则

一、关于冲击波狙击原则的说明

起涨点技术信号出现的当天，盘口分时走势图上主要以出现冲击波为主，这种起涨点说明当前主力还在建仓中。因此，此时起涨点的上涨力度不会太强。

因此，临盘实战中，不管是早盘、盘中还是尾盘，都不宜追涨，而应该耐心等待低点出现，再考虑分批次慢慢买进，分批次建仓。

图例 059、060 就是这样的例子。

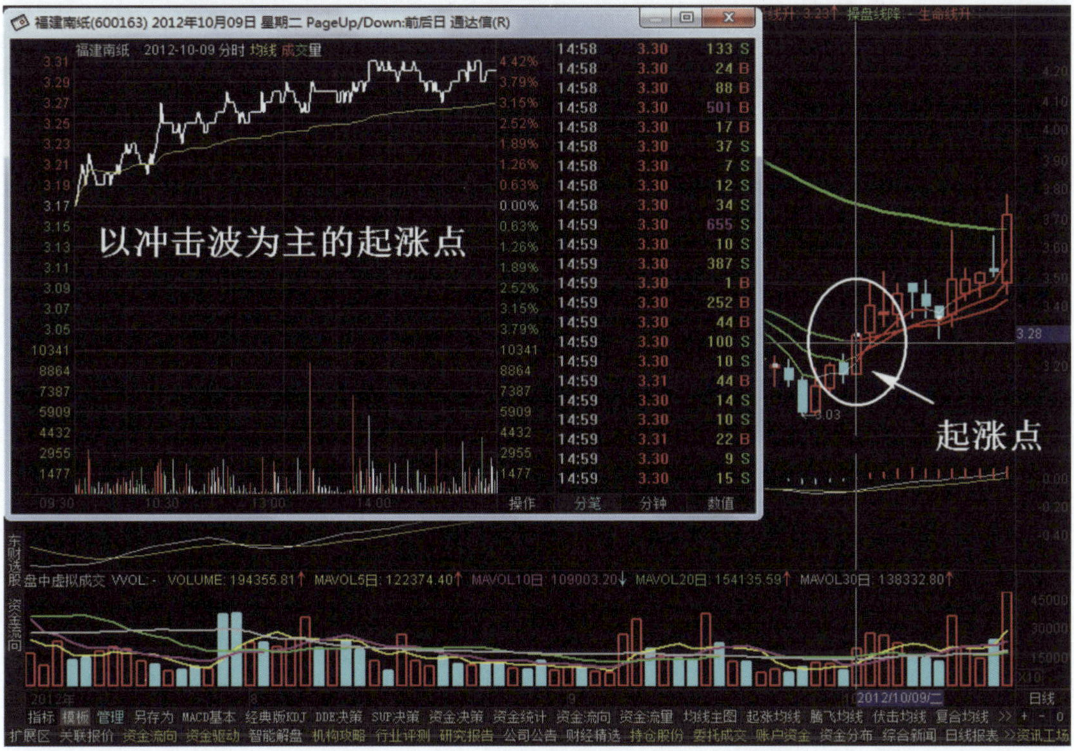

图例 059

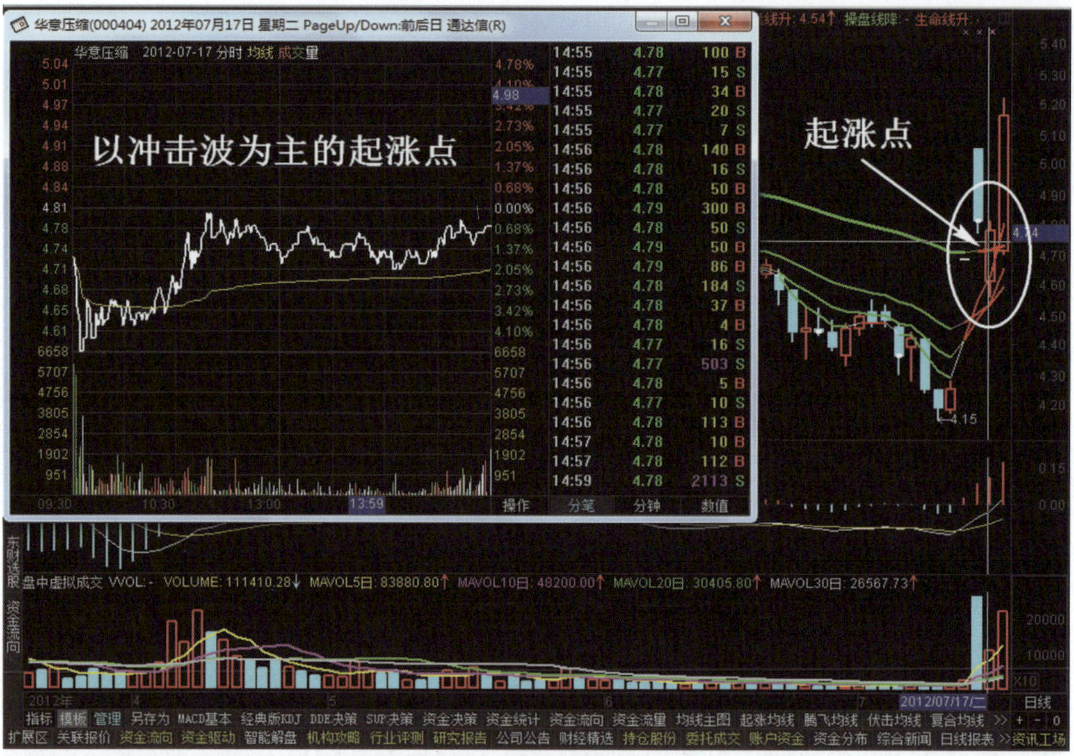

图例 060

二、关于冲击波狙击原则的实战应用

关于以冲击波为主的起涨点，在实战中实施狙击的时候，首先要沉住气，不要心急，要耐心等待买入机会的到来。在狙击上，要遵循以下狙击原则：

一是盘中回调均价线狙击；

二是盘中击穿昨天收盘价 1% 位置时狙击。

图例 061 实盘中回调均价线狙击的例子。

图例 062 是盘中击破前收盘价狙击的例子。

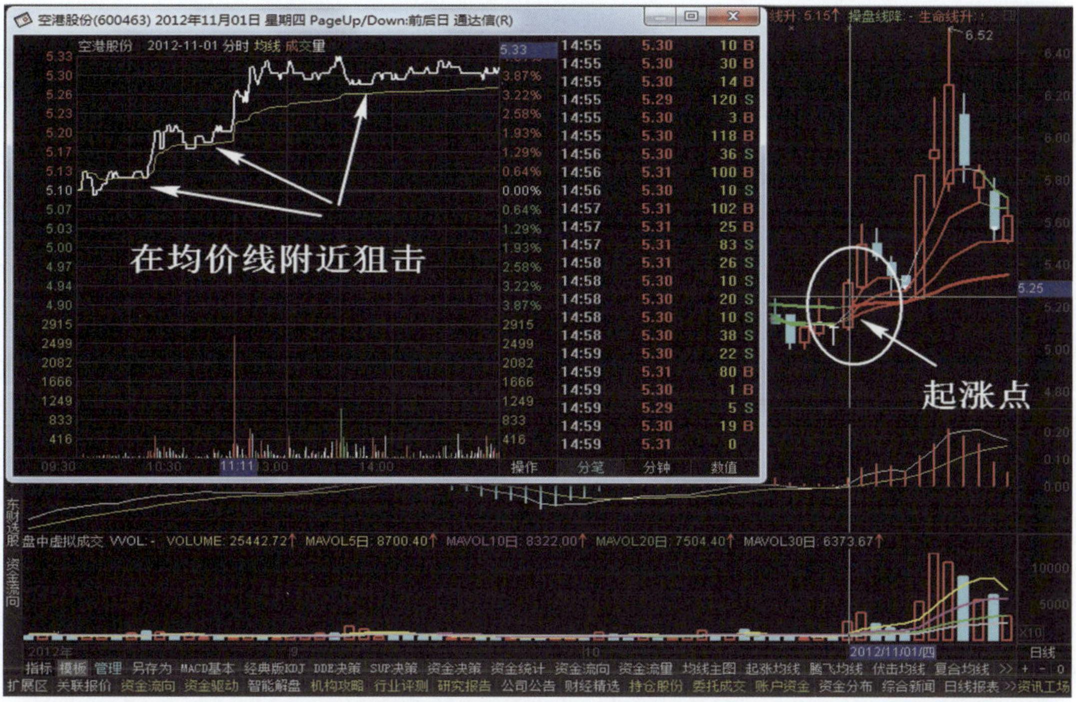
空港股份(600463) 2012年11月01日 星期四 PageUp/Down:前后日 通达信(R)
在均价线附近狙击
起涨点

图例 061

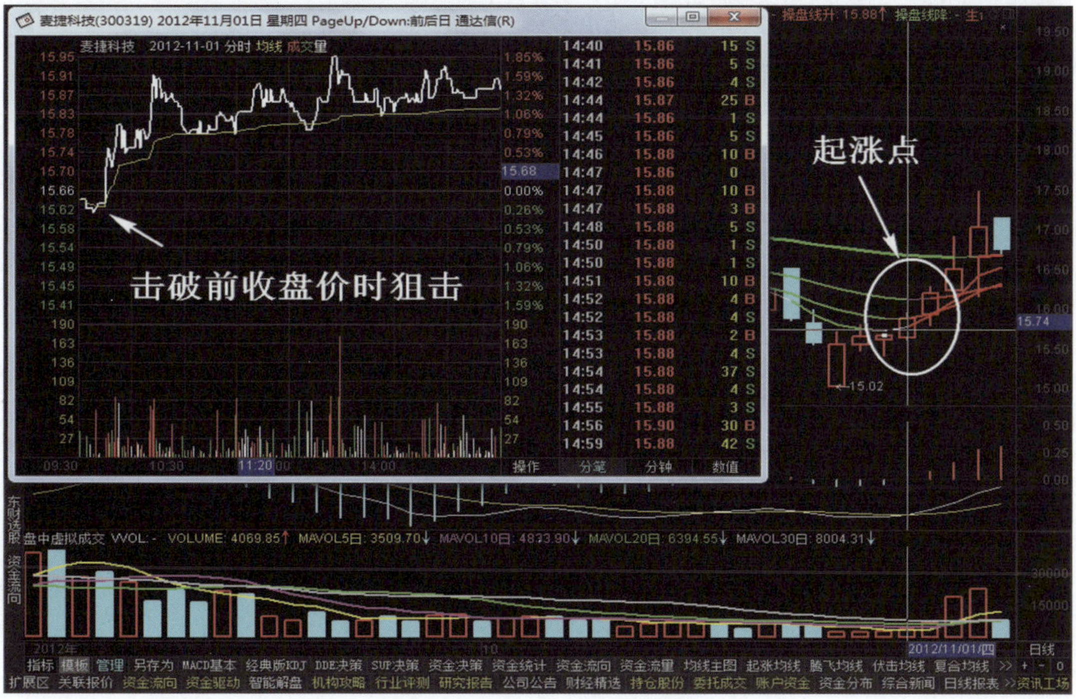
麦捷科技(300319) 2012年11月01日 星期四 PageUp/Down:前后日 通达信(R)
击破前收盘价时狙击
起涨点

图例 062

第二节　攻击波狙击原则

一、关于攻击波狙击原则的说明

如果起涨点技术信号出现的当天，盘中出现以攻击波为主要拉升波形的走势，说明主力已经完成建仓，盘中继续投入资金积极性攻击。这样的起涨点上涨力度较强。

因此，在操作上，盘中适宜积极追涨，紧跟主力操作节奏。

注意，追涨不是追高。不是找高点去买。

图例 063、064 就是这样的例子。

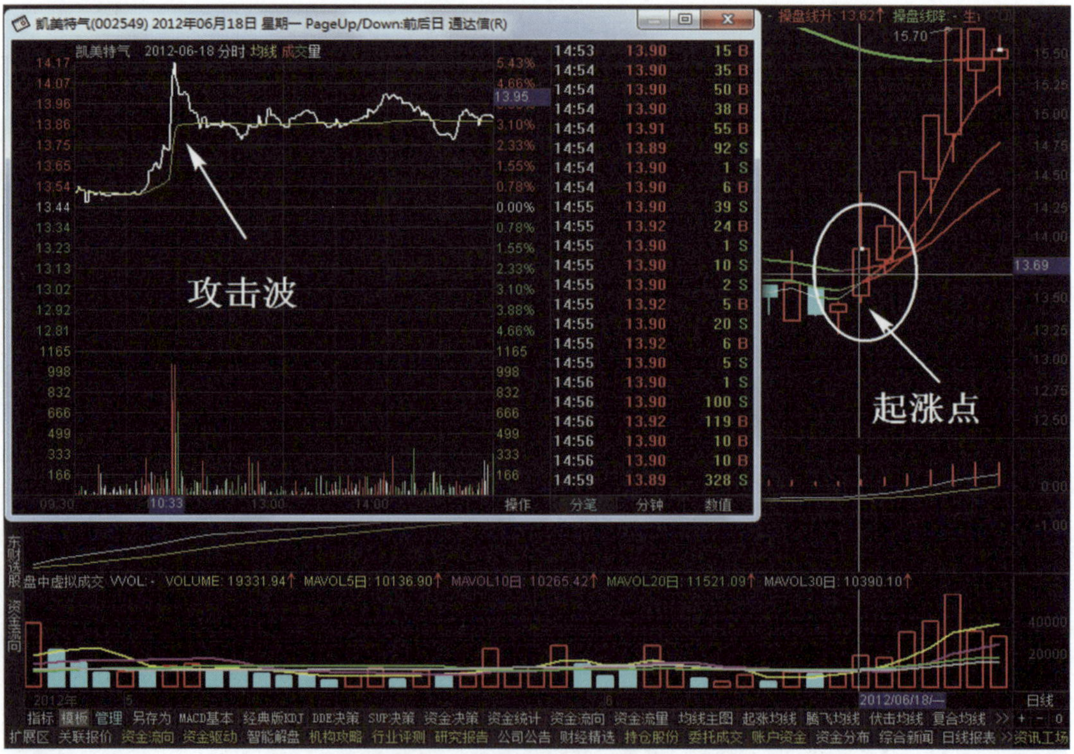

图例 063

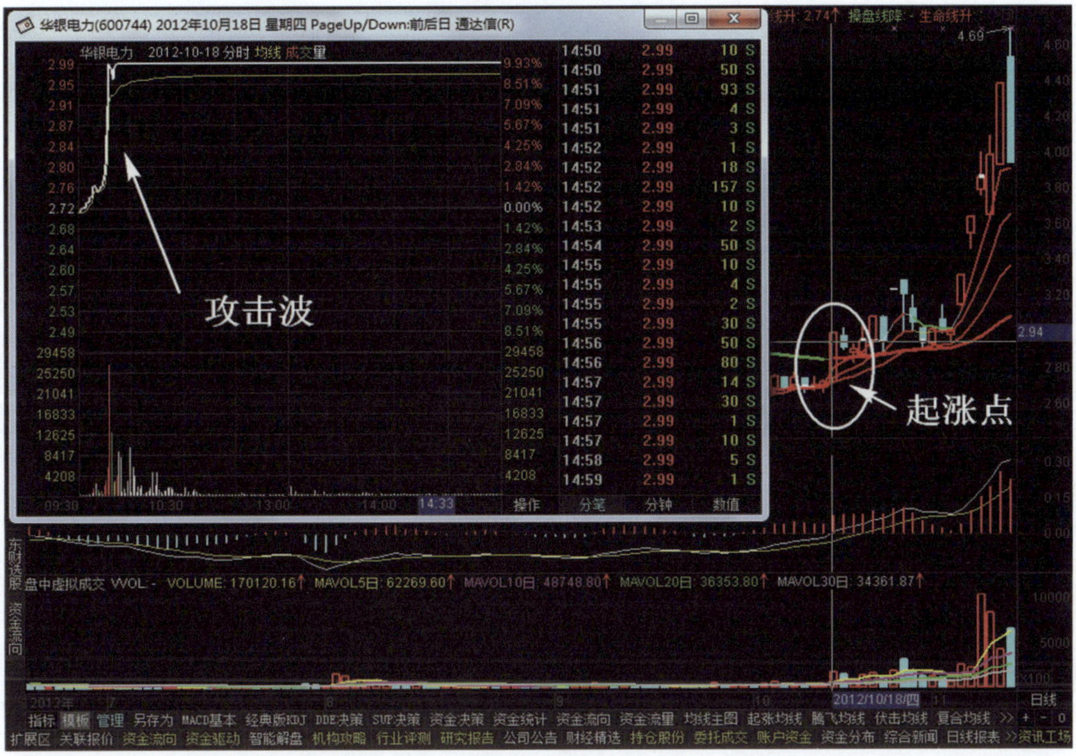

图例 064

二、关于攻击波狙击原则的实战应用

以攻击波为主的起涨点，因为主力已经完成了建仓动作，因此，此时起涨的目的就是要腾出获利空间，以便兑现盈利。在操盘手法上，就往往比较积极，犀利。

临盘实战的时候，我们的狙击原则如下：

一是盘中第一波攻击回调 0.5% 幅度时狙击。

二是盘中第二波放量攻击时狙击。

三是盘中回调均价线附近任一价格狙击。

以上这三种方法可以根据盘口的实际走势，灵活把握出击时机。

参见图例 065、066、067、068 所示。

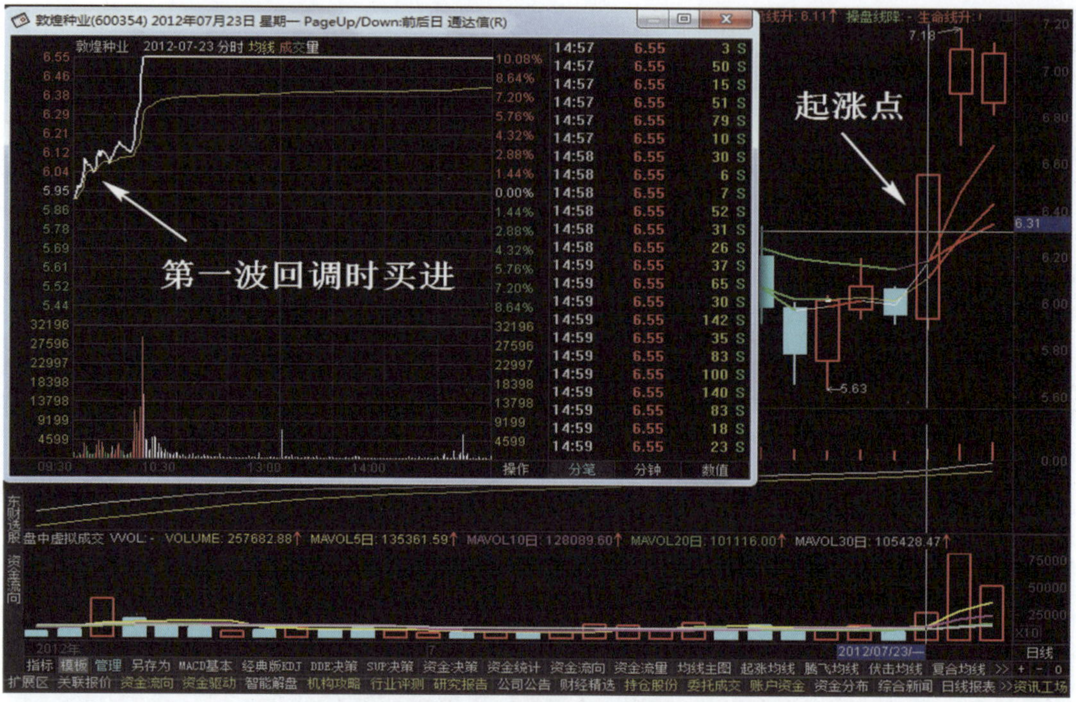
敦煌种业(600354) 2012年07月23日 星期一 PageUp/Down:前后日 通达信(R)
敦煌种业 2012-07-23 分时 均线 成交量
第一波回调时买进
起涨点

图例 065

云南城投(600239) 2012年11月16日 星期五 PageUp/Down:前后日 通达信(R)
云南城投 2012-11-16 分时 均线 成交量
第二波放量拉升时买进
起涨点

图例 066

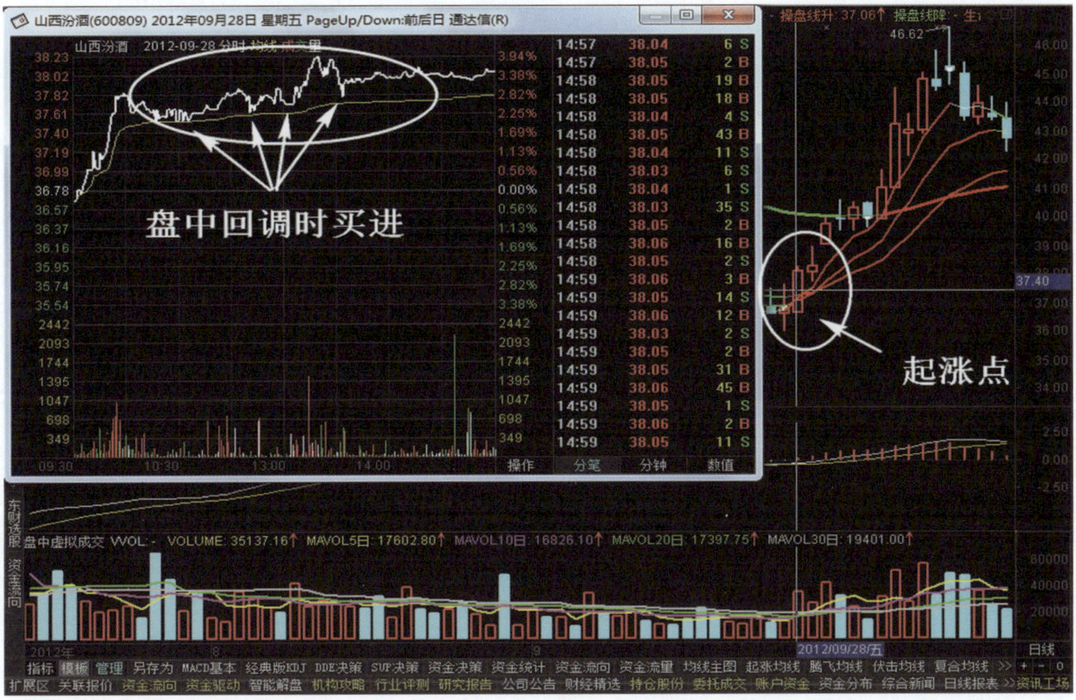
山西汾酒(600809) 2012年09月28日 星期五 PageUp/Down:前后日 通达信(R)
山西汾酒 2012-09-28 分时 均线 成交量
盘中回调时买进
起涨点
2012/09/28/五

图例 067

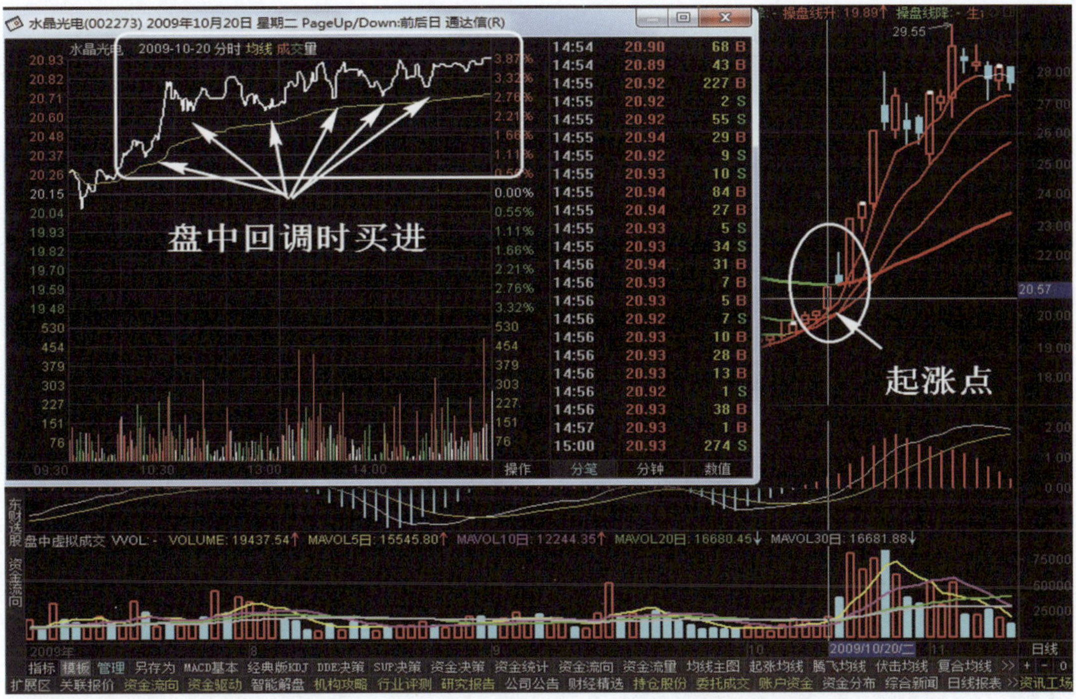
水晶光电(002273) 2009年10月20日 星期二 PageUp/Down:前后日 通达信(R)
水晶光电 2009-10-20 分时 均线 成交量
盘中回调时买进
起涨点
2009/10/20/二

图例 068

第三节　收盘前 15 分钟狙击原则

一、关于收盘前 15 分钟狙击原则的说明

第六时间段是股价开始定型阶段。如果主力强势操盘，一般当天会以阳线报收。

尤其是收盘前 15 分钟内，主力会投人资金控制盘面价格走势。

因此，收盘前买人较为稳妥。

二、关于收盘前 15 分钟狙击原则的实战应用

收盘前 15 分钟狙击原则如下：

一是收盘前回调均价线附近时狙击。

二是收盘前价格波动频率减缓时狙击。

三是收盘前以最终收盘价狙击。

参见图例 069、070、071、072 所示。

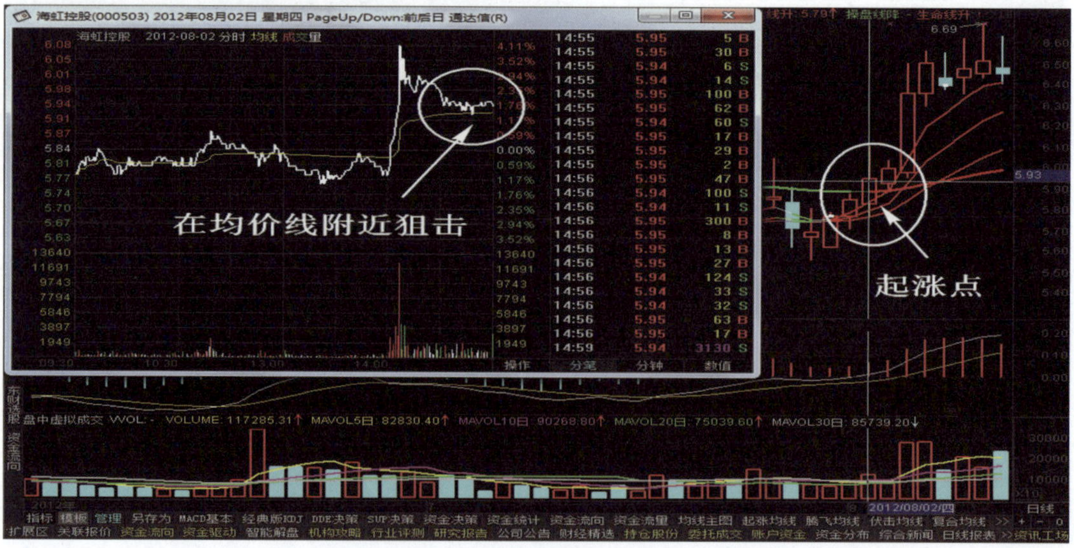

图例 069

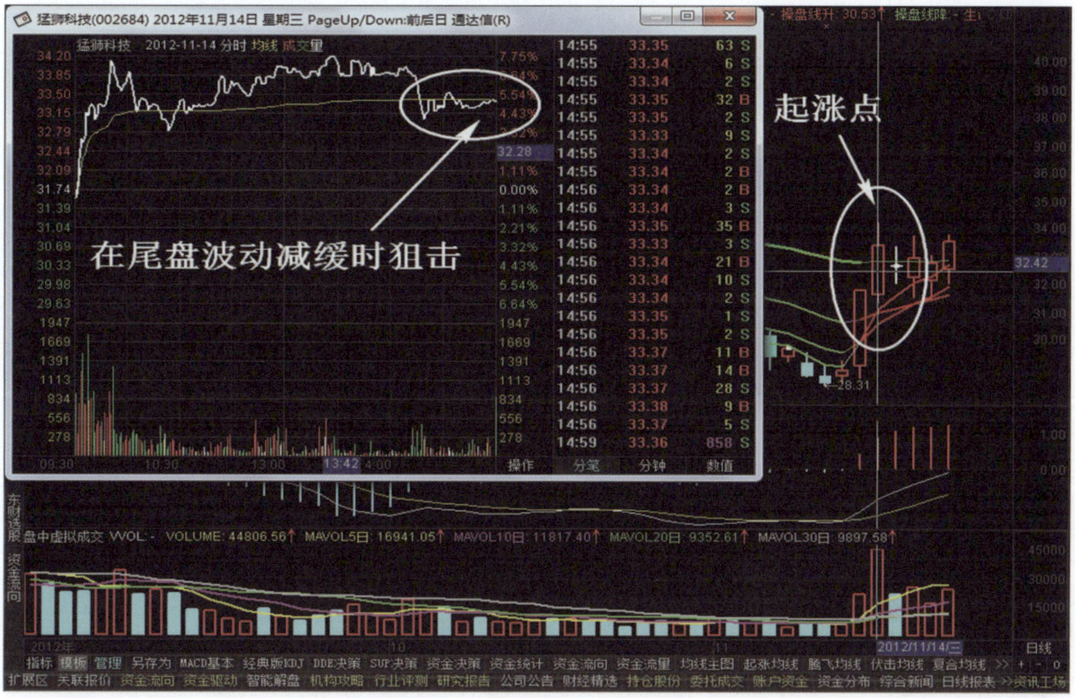
猛狮科技(002684) 2012年11月14日 星期三 PageUp/Down:前后日 通达信(R)
在尾盘波动减缓时狙击
起涨点

图例 070

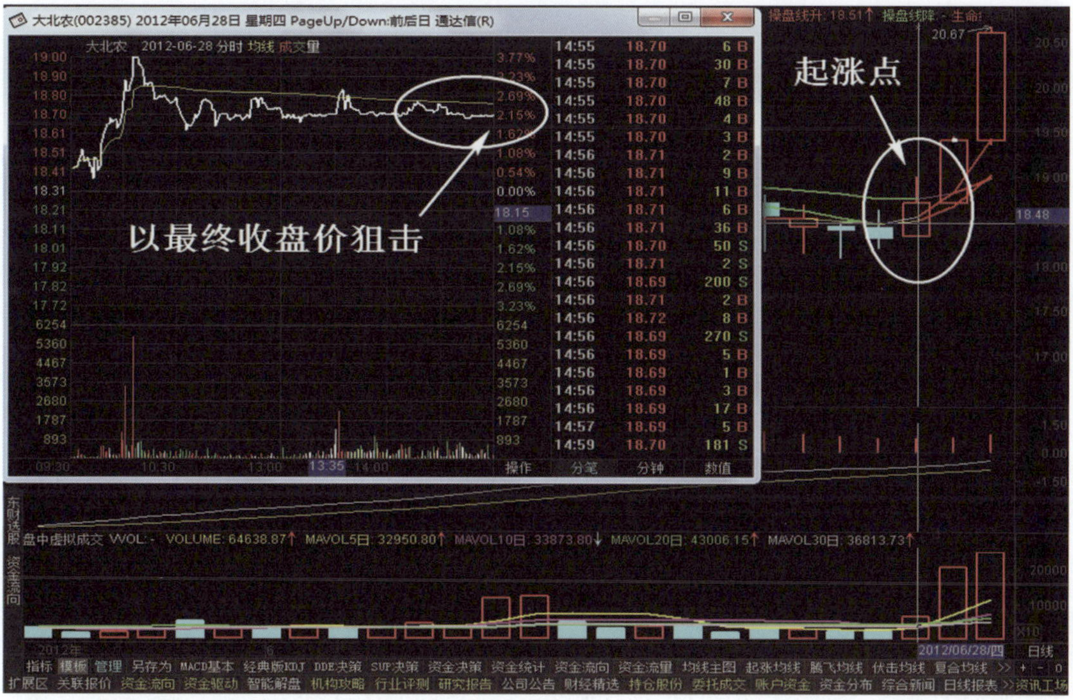
大北农(002385) 2012年06月28日 星期四 PageUp/Down:前后日 通达信(R)
以最终收盘价狙击
起涨点

图例 071

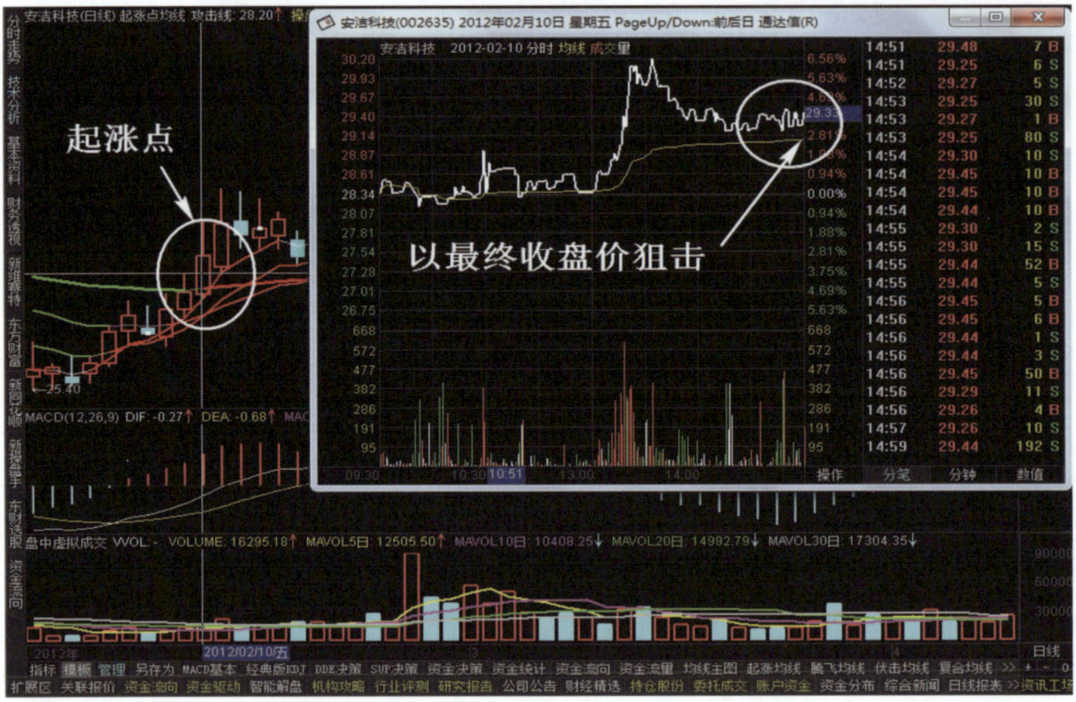

图例 072

第四节　量能系统狙击原则

一、日线图量峰狙击手法

日线图起涨点的狙击方法，可以从分时走势图的量峰上去着手。

量峰狙击手法有很多种，最基本的方法如下：

一是第一个攻击型量峰出现后，再次缩量时狙击。

二是第二个攻击型量峰出现后，再次缩量回调到均价线时狙击。

二、60 分钟图及日线图量柱狙击手法

量柱的狙击方法，可以分为 60 分钟图和日线图两个大类。

量柱狙击方法有很多类型，最基本的方法具体如下：

一是 60 分钟第一个大量柱出现后，第二个 60 分钟量柱开盘时狙击。
二是日 K 线第一个大量柱出现后，次日开盘时狙击。
三是日 K 线第一个大量柱出现后，股价站稳二天，则第三天攻击。
参见图例 073、074、075、076 所示。

图例 073

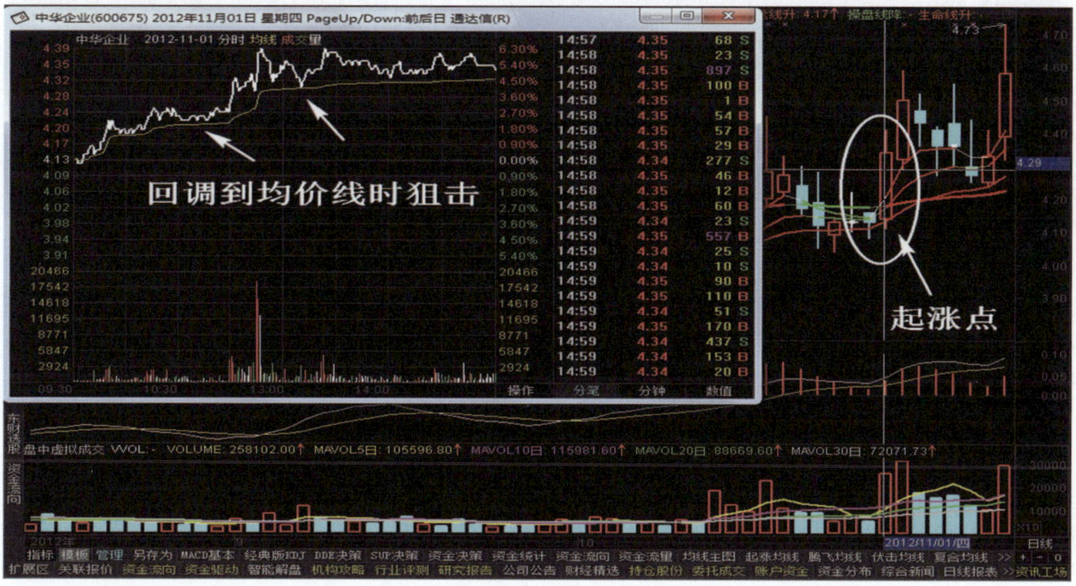

图例 074

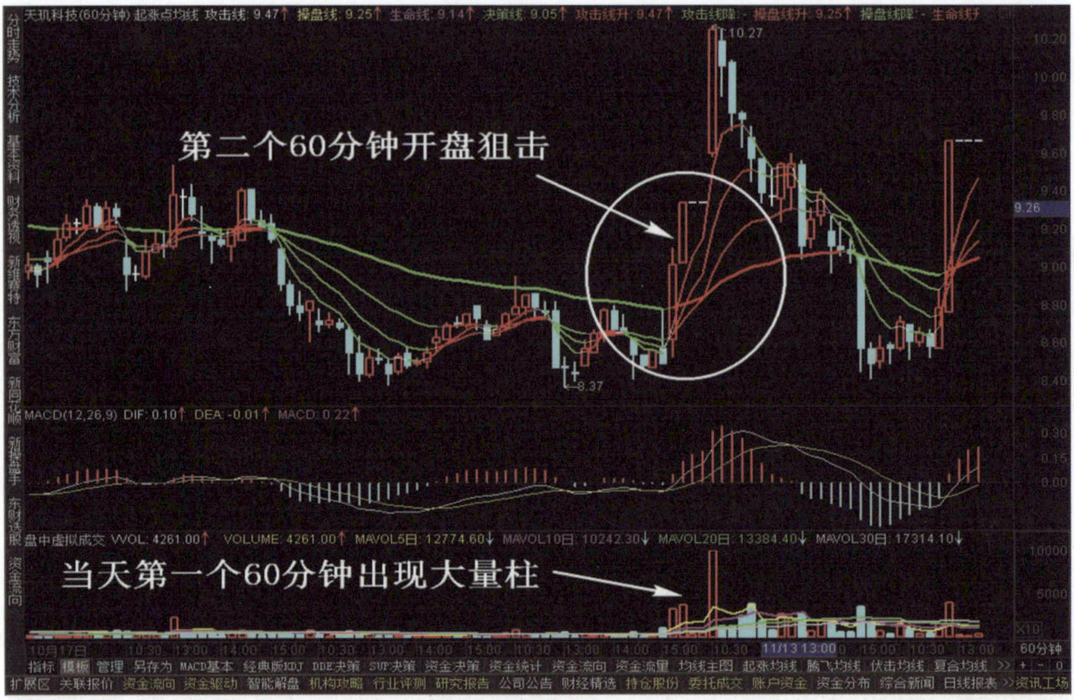

图例 075

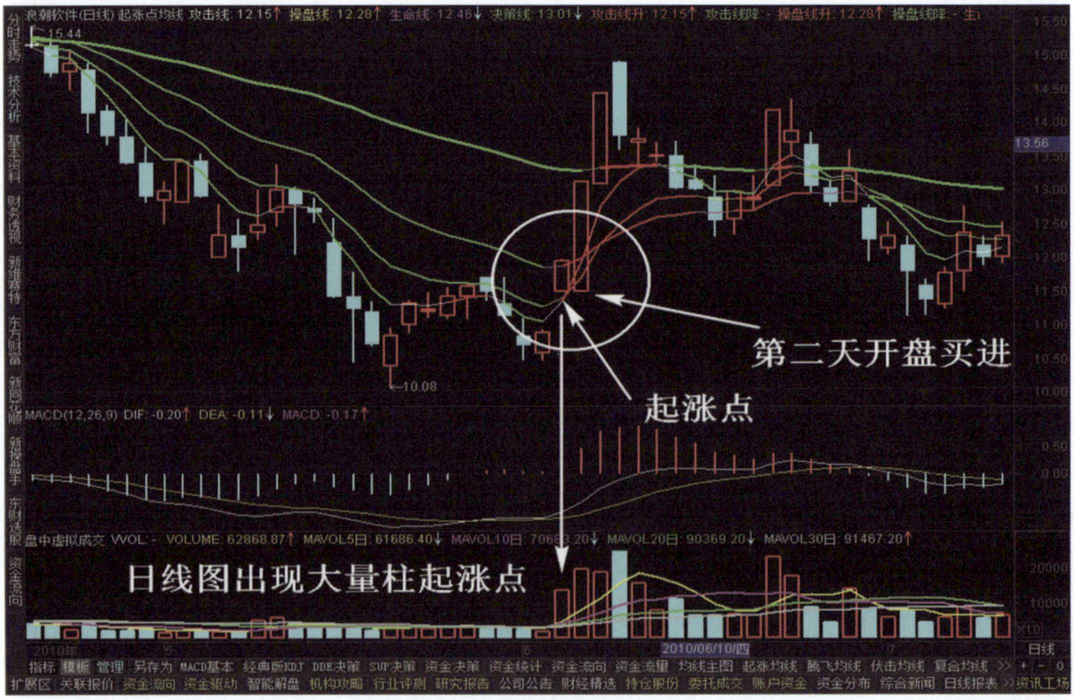

图例 076

第五章
起涨点均线系统狙击原则

本章学习要点

一、了解和掌握起涨点与均线交易系统的关系。

二、了解和掌握起涨点与反弹型均线系统的关系。

三、了解和掌握起涨点与主升型均线系统的关系。

第一节 反弹型均线狙击手法

一、反弹型均线狙击手法成立条件

反弹型起涨点是最常见的起涨点之一，在熊市和猴市更为常见。

反弹型起涨点是根据决策线是否已经走平来划分的，注意以下成立条件：

一是生命线与决策线趋势开始走平或即将走平，但未金叉。

二是股价已经止跌，并形成阶段性小底部，底部信号明显。

三是起涨点当天，股价放量突破操盘线，并收盘在操盘线上。

四是攻击线与操盘线已经金叉或者当天金叉向上。

图例 077、078 就是这样的例子。

二、反弹型均线狙击手法实战应用

反弹型起涨点在实战中的优势并不明显，因此要谨慎对待。

在操作上，可以在当天收盘时狙击第一仓，次日开盘后狙击第二仓。

注意采取低买的形式操作，不要追高买进，防范风险。

图例 079、080 就是这样的例子。

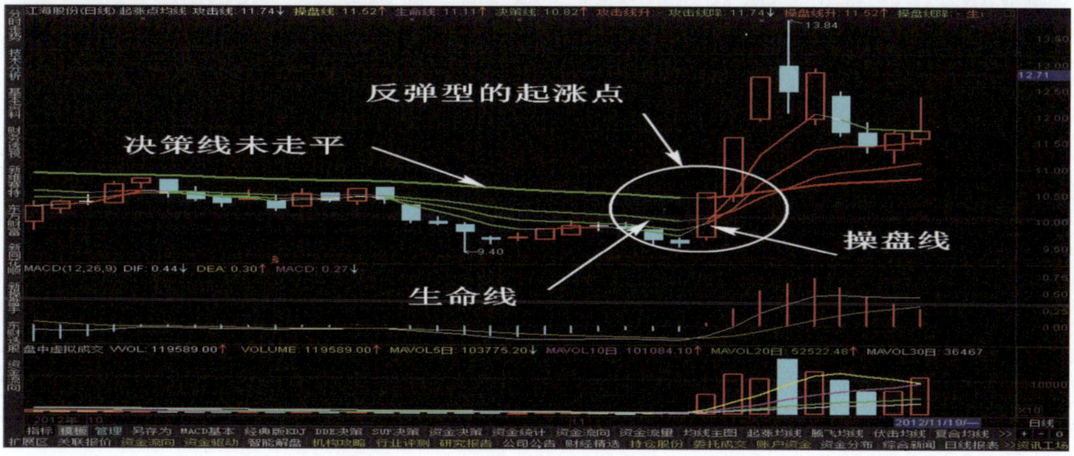

图例 077

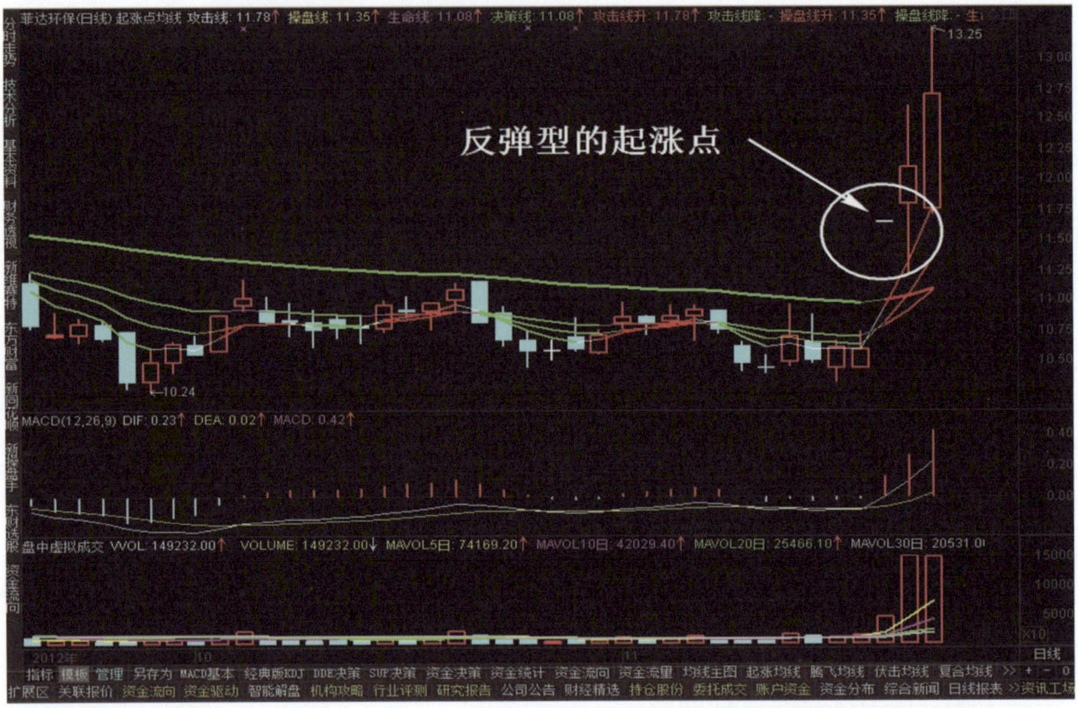

图例 078

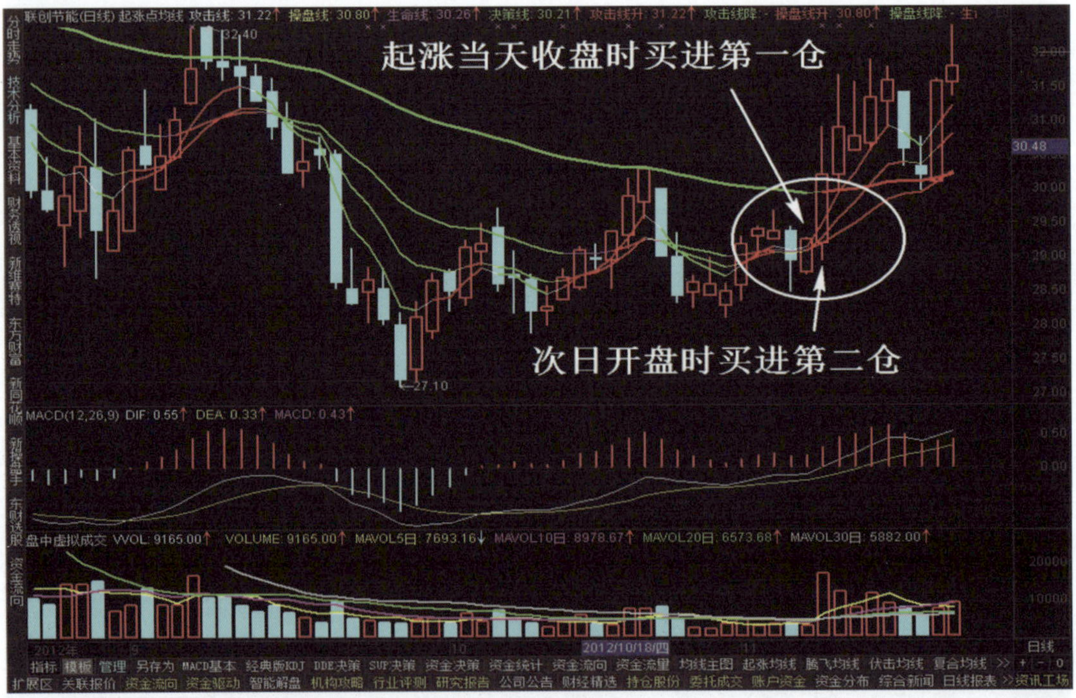

图例 079

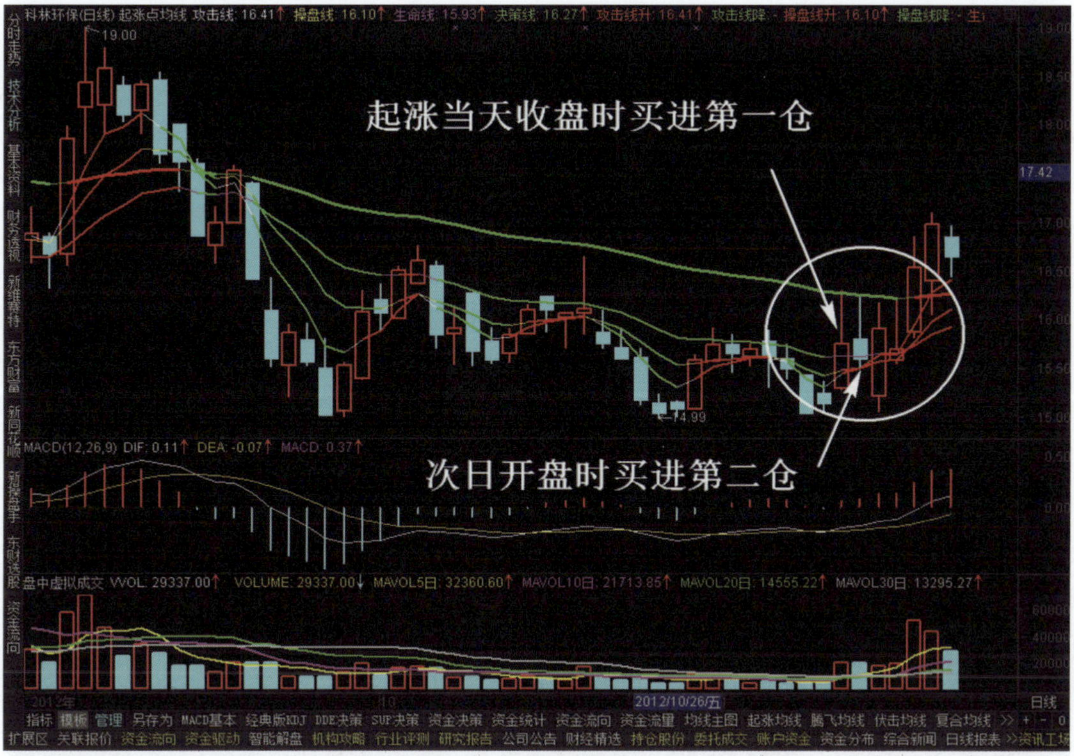

图例 080

第二节　主升型均线狙击手法

一、主升型均线狙击手法成立条件

主升型起涨点是最经典的、也是最容易获利的技术信号。

主升型起涨点是根据决策线来划分的，成立的条件如下：

一是生命线与决策线已经金叉，趋势持续向上。

二是起涨点当天，股价放量突破操盘线，并收盘在操盘线上。

三是攻击线与操盘线金叉向上，或者是当天金叉。

图例 081、082 就是这样的例子。

二、主升型均线狙击手法实战应用

主升型起涨点的操作方法和反弹型起涨点不同，要注意区分。

很多投资者在学习起涨点技术的时候，经常不注意区分，以致失败。

主升型起涨点可以采取这样的策略操作，如下：

一是起涨点当天盘中回调时狙击第一仓，次日开盘后狙击第二仓。

二是起涨点第三天收盘时站稳操盘线，可在第三天收盘时狙击第三仓。

图例 083、084、085 就是这样的例子。

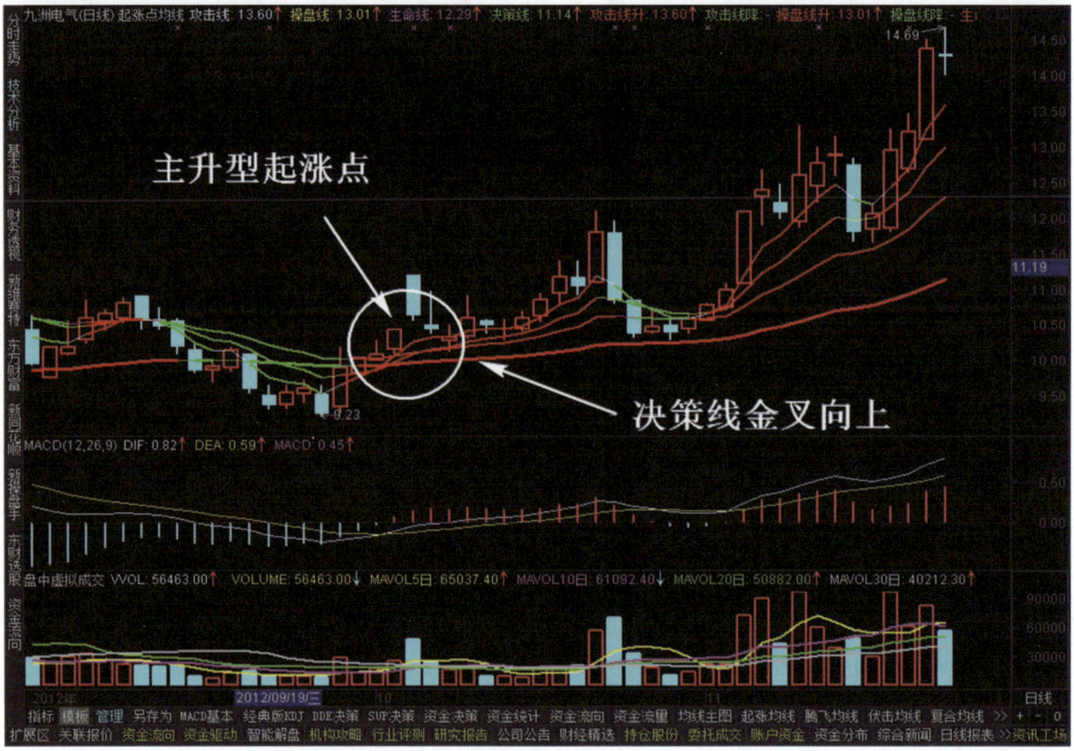

图例 081

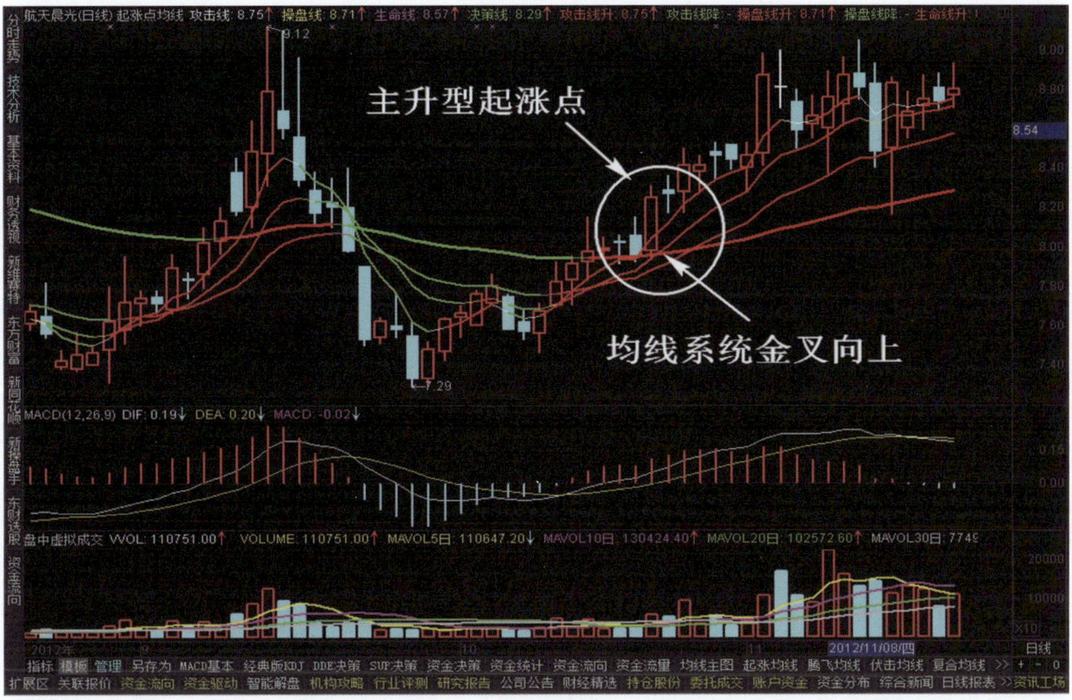
主升型起涨点
均线系统金叉向上

图例 082

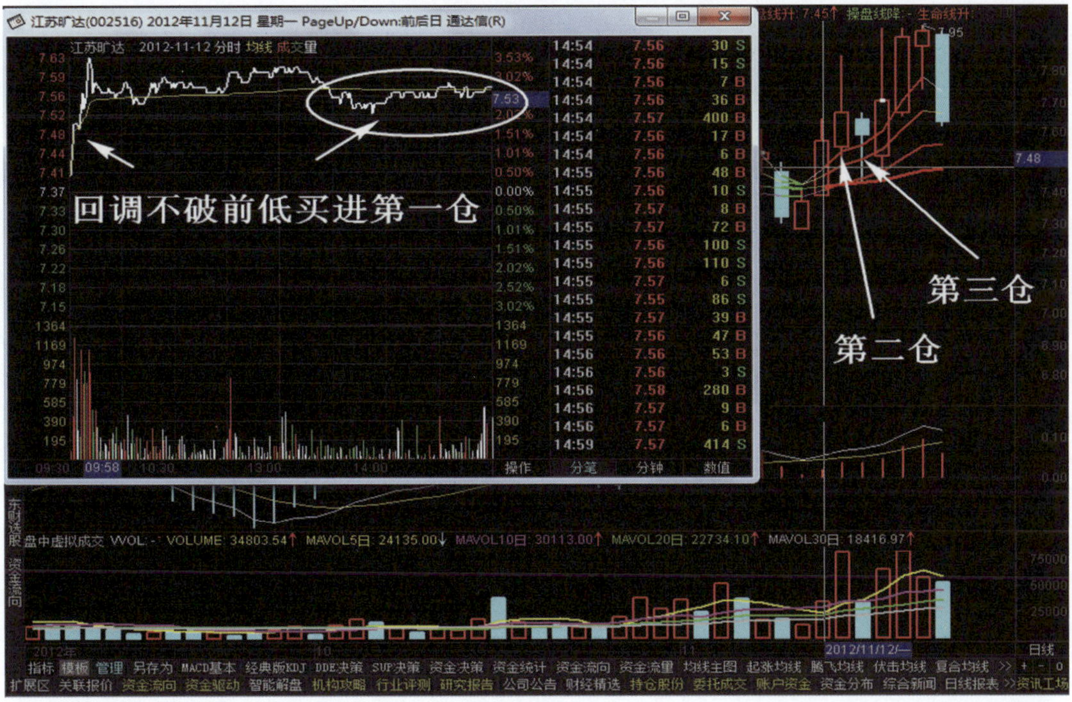
江苏旷达(002516) 2012年11月12日 星期一 PageUp/Down:前后日 通达信(R)
回调不破前低买进第一仓
第二仓
第三仓

图例 083

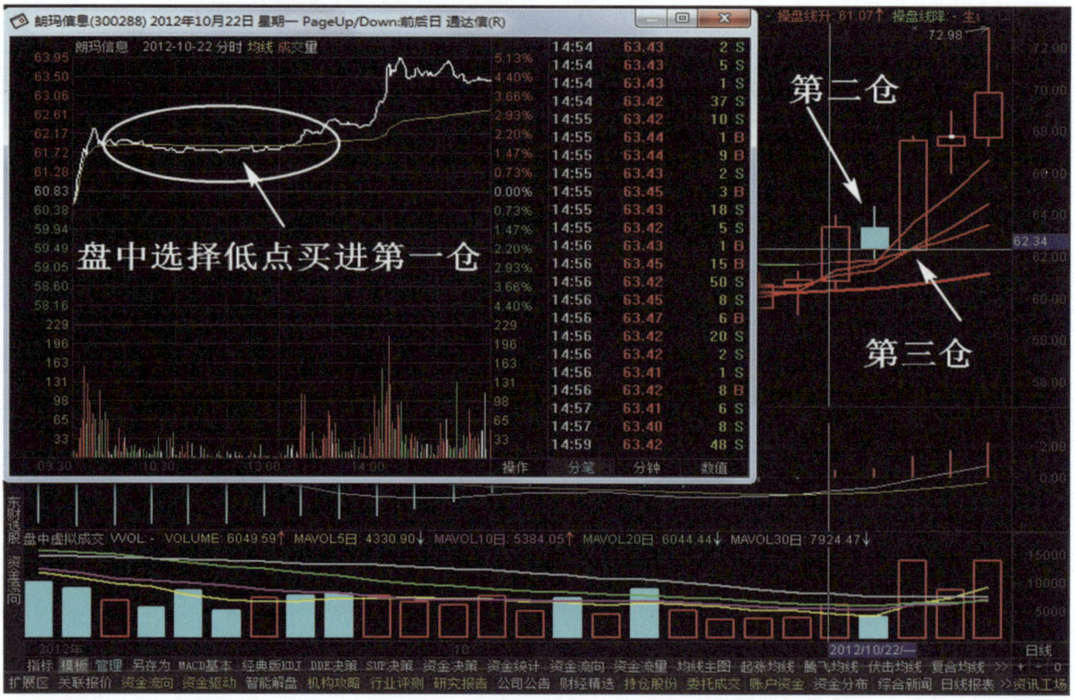
朗玛信息(300288) 2012年10月22日 星期一 PageUp/Down:前后日 通达信(R)
盘中选择低点买进第一仓
第二仓
第三仓

图例 084

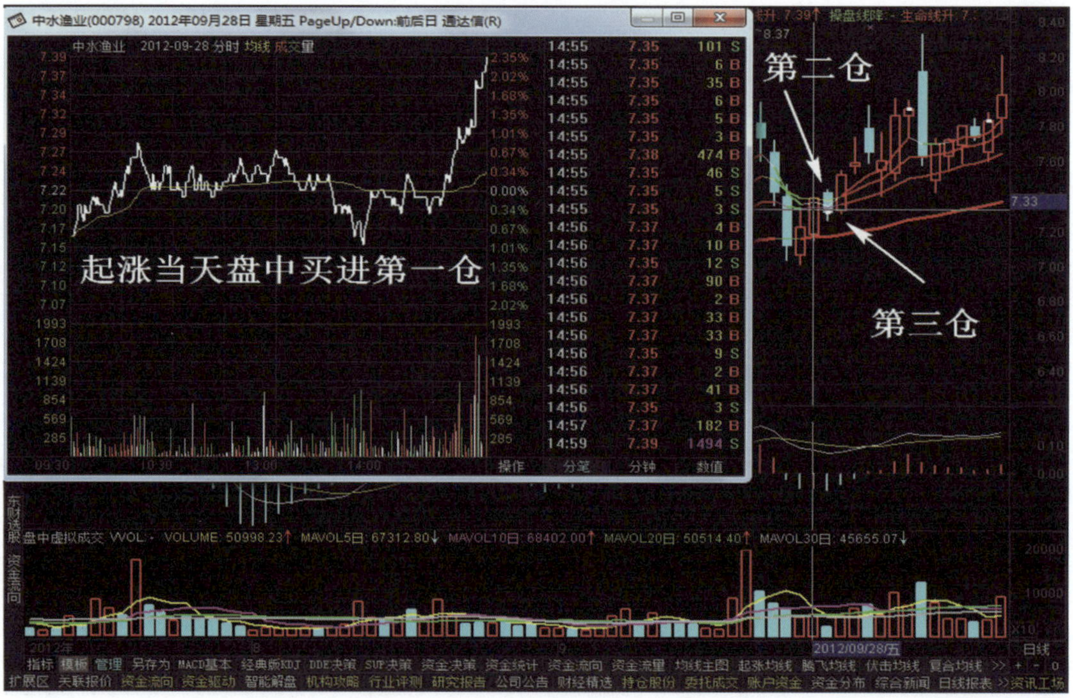
中水渔业(000798) 2012年09月28日 星期五 PageUp/Down:前后日 通达信(R)
起涨当天盘中买进第一仓
第二仓
第三仓

图例 085

第六章
起涨点与主力操盘行为

本章学习要点

一、了解和掌握起涨点与主力操盘行为的关系。

二、了解和掌握起涨点与行情强弱的内在逻辑。

三、了解和掌握起涨点与主力试盘的内在关系。

第一节　起涨点形成的原理

一、起涨点形成的基本原理

起涨点是主力主动投入资金积极操盘的结果，它可以产生在主力建仓的过程中，也可以产生在主力建仓完毕之后。当然，这是两种完全不同类型的起涨点，它们各自的技术含义和市场意义都是各不相同的，需要仔细分辨，不要混肴，更不能等同起来。

如果是主力建仓阶段产生的起涨点，则是主力滚动建仓的常见手法。这时候产生起涨点的动机是主力实施第二阶段拉高计划，迅速打开第一阶段持仓账户的盈利空间，并使第一阶段仓位脱离持仓风险区。这是我们常说的滚动建仓方式。

如果是主力完成建仓之后产生的起涨点，则是主力投入资金积极操盘的结果，目的在于迅速脱离建仓成本区，产生盈利。其最基本的特征就是决策线已经走平。决策线在空间位置的低位走平说明主力建仓已经完成。此时的起涨点是主力直接主动投入资金积极操盘、谋求盈利的结果。其目的是为了引导中小投资者积极跟进推高股价，节约操盘成本，从而顺利实施第二阶段操盘计划。因此，为了达到吸引跟风盘的目的，主力就会在图形上做出非常漂亮的形态结构，价量配合健康，趋势接近完美，赏心悦目，沁人心脾。

总而言之，起涨点就是股市里的望春花，迎春花，或含苞待放，或含苞怒放，引诱大众跟风买进，从而实现主力的操盘目标。这就是起涨点形成的基本原理。

二、起涨点形成的特殊情形

在特殊情况下，主力还会采取另外两种操盘风格，这就是特殊的起涨点：

其一，由于上市公司基本面发生根本性变化，主力被迫拉高建仓。

表现在底部启动时，量能迅速放大，股价急速上涨。

其二，主力在第一阶段建仓完毕后，第二阶段以滚动操盘手法出现。

即采用一部分资金高抛低吸（T+0 模式），不断推高股价。

这样做的好处，可以直接降低第一阶段持仓的成本。

因此，起涨点形成当天，盘中会持续出现冲击型攻击波与冲击型量峰。

完美的起涨点应该是决策线已经在低位走平，攻击线、操盘线、生命线从小到大依次金叉向上，形成标准的多头趋势。决策线作为中长期均线的起点，支撑着攻击线、操盘线和生命线。这种类型的起涨点才是标准的起涨点。而当决策线还没走平的时候出现的起涨点，就称为非标准起涨点。这样的非标准起涨点原则上属于一种躁动，试盘、或者试探性拉升。这时候，我们可以积极参与、但期望值不要过高，也可以保持观望、耐心等待标准的起涨点出现时再进场建仓。这时候，就需要耐心、定力、毅力。如果你缺乏足够的修炼，往往是做不到的。因此，我们说，起涨点其实是检验人的试金石。

第二节　起涨点力度强弱分类

一、怎样划分起涨点的强弱

起涨点的力度强弱以 K 线形态与换手率高低来进行分类：

第一类是强力型的起涨点，特征是：

（1）K 线涨幅与振幅均达 5% 以上。

（2）换手率大盘股 5% 以上，中小盘股 10% 以上。

第二类是普通型的起涨点，特征是：

（1）K 线涨幅与振幅均达 3% 以上。

（2）换手率大盘股 3% 左右，中小盘股 5% 左右。

二、起涨点强弱在实战中的运用

起涨点强弱在实战中有非常重要的作用。对于短线投资者来说，我们要做最强势的品种，因此，就要选择为强力型的起涨点来操作。即使不想做超短线，也要选择强力型的起涨点来操作。因为强力型的起涨点往往走得更远，空间更大，更安全，利润更大。

在实战中，要择强汰弱。同样是起涨点，我们要权衡对比，选择强力型的。

为什么要选择强力型的，你比较一下就知道了。

第三节　起涨点之前的主力试盘行为

起涨点出现之前主力试盘分为四种典型手法：

一是涨停试盘。

二是长上影线试盘。

三是长下影线试盘。

四是打压挖坑试盘。

下边我们详细讲解一下。

一、涨停试盘

所谓涨停试盘，就是指主力通过投入资金拉涨停板，观察抛压盘与跟风盘对比情况，判断筹码稳定度。在盘口方面，涨停板试盘的时候，当天涨停、次日往往放量震荡，第三天，股价下跌或横盘整理。这就是涨停板试盘的重要特征。

注意理解这里的关键词：

一是当天拉涨停。

二是次日放量震荡。

三是第三天下跌或横盘。

图例 086、087、088 就是这样的例子。

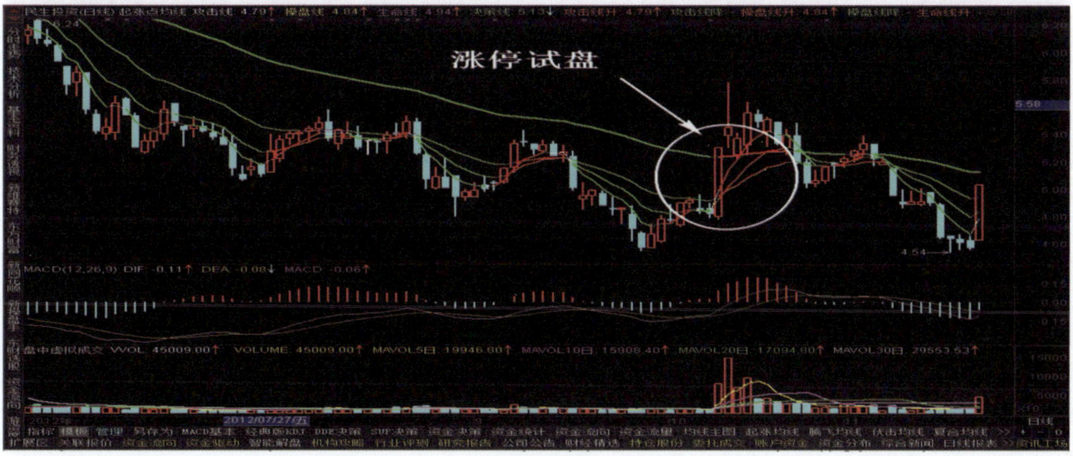

图例 086

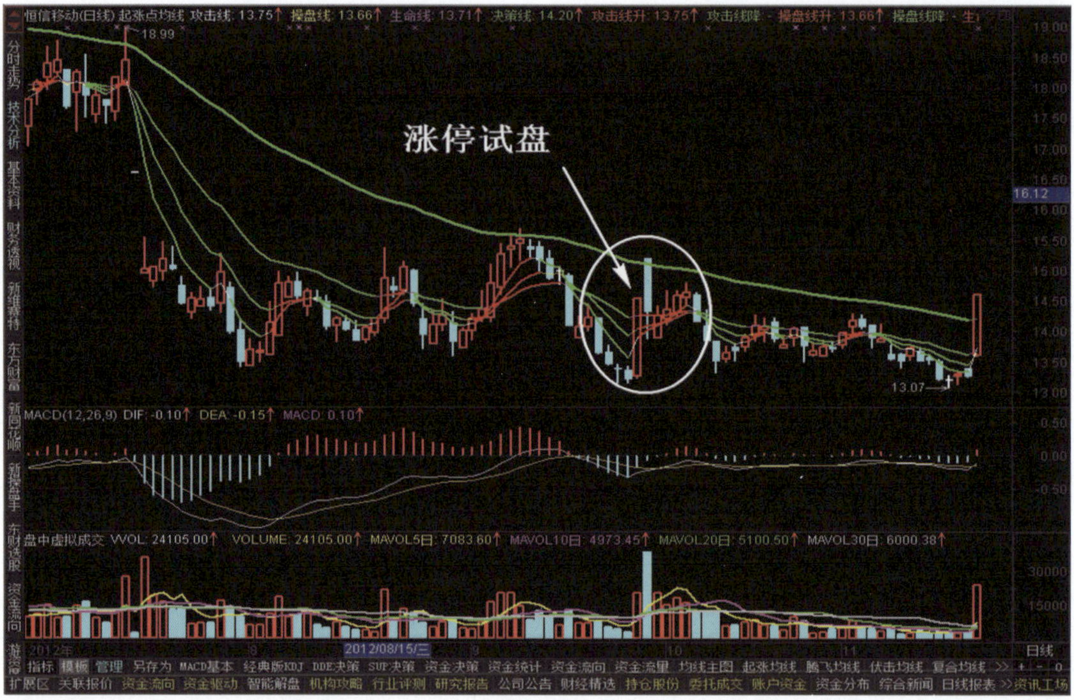
恒信移动(日线) 起涨点均线 攻击线: 13.75↑ 操盘线: 13.66↑ 生命线: 13.71↑ 决策线: 14.20↑
涨停试盘
MACD(12,26,9) DIF: -0.10↑ DEA: -0.15↑ MACD: 0.10↑
盘中虚拟成交 VOL: 24105.00↑ VOLUME: 24105.00↑ MAVOL5日: 7083.60↑ MAVOL10日: 4973.45↑ MAVOL20日: 5100.50↑ MAVOL30日: 6000.38↑

图例 087

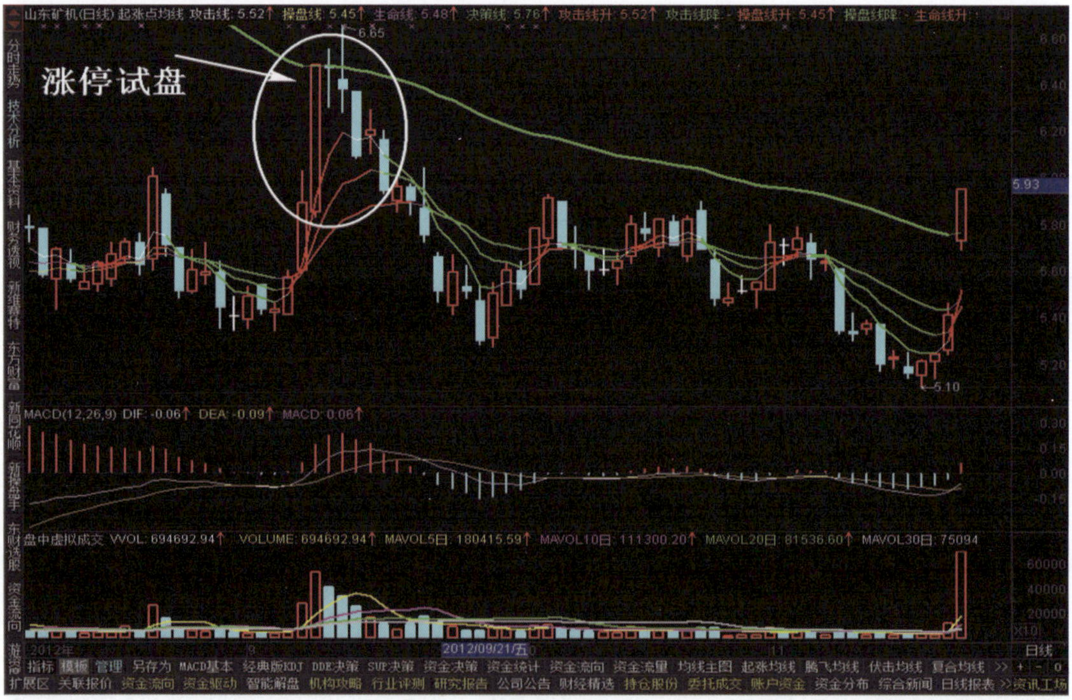
山东矿机(日线) 起涨点均线 攻击线: 5.52↑ 操盘线: 5.45↑ 生命线: 5.48↑ 决策线: 5.76↑
涨停试盘
MACD(12,26,9) DIF: -0.06↑ DEA: -0.09↑ MACD: 0.06↑
盘中虚拟成交 VOL: 694692.94↑ VOLUME: 694692.94↑ MAVOL5日: 180415.59↑ MAVOL10日: 111300.20↑ MAVOL20日: 81536.60↑ MAVOL30日: 75094

图例 088

二、长上影线试盘

长上影线试盘是最常见的试盘方式。

这种试盘通常是这样的：主力在当天放量冲高后回头调整，测试盘中抛压力度，判断筹码稳定程度。表现在波形上，出现长波急拉的情况比较多。表现在量峰上，盘口以冲击型量峰为主。在空间位置的低位，凡是在盘面上出现这样的走势，都属于试盘。

图例 089、090 就是这样的例子。

三、长下影线试盘

长下影线试盘也是主力常用的试盘方式。在空间位置的低位区域，主力在盘中故意砸盘至技术支持位后吸筹，测试支撑。有时候，在进一步加大建仓力度之前，也会采取试盘的方式，测试是否还有其他大资金潜伏在这个品种里。这种测试叫做测试地盘。

长下影线试盘可以出现在不同的时间段，其技术意义和市场含义略有不同。

长下影线试盘可以出现在不同的空间位置，其技术意义和市场含义是不同的。

起涨点技术信号出现之前的试盘，往往是长下影线试盘比较多见。

图例 091、092 就是这样的例子。

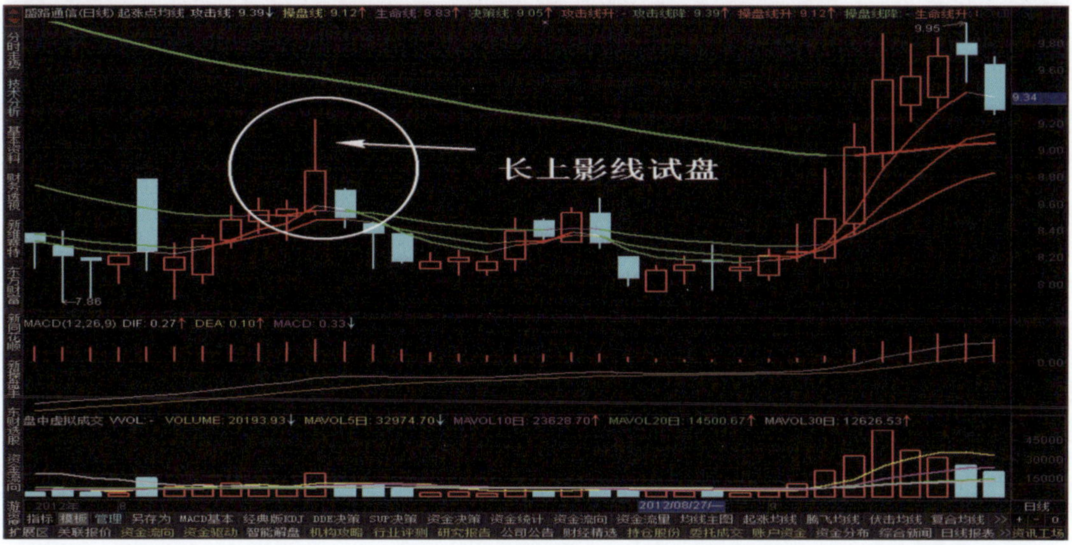

图例 089

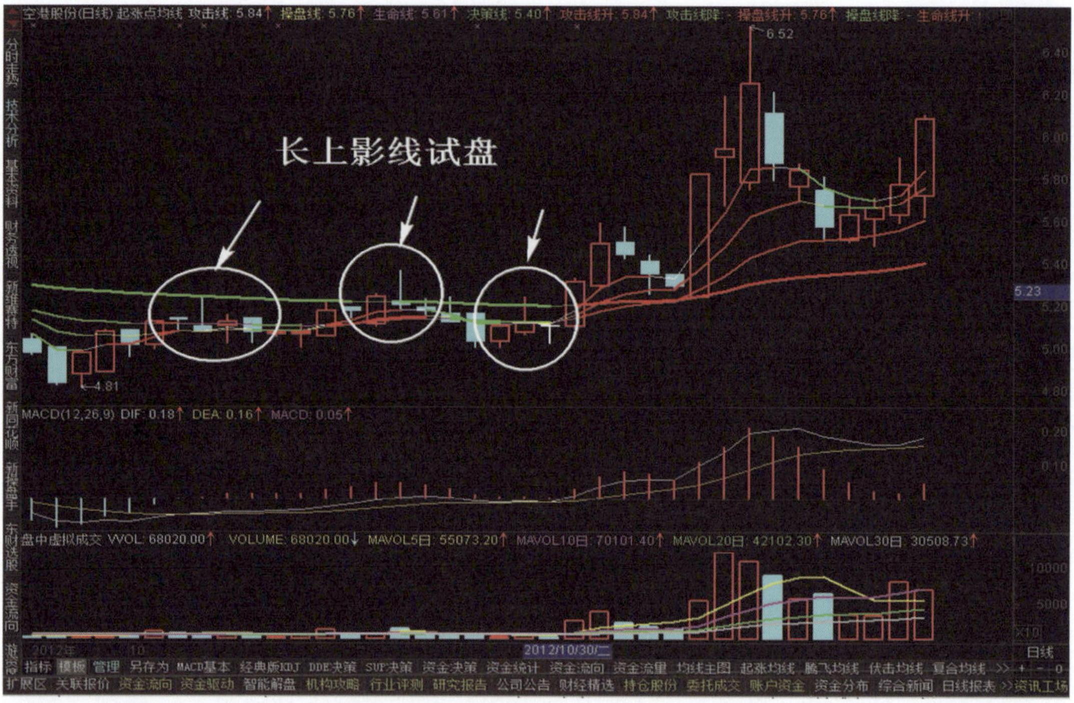

图例 090

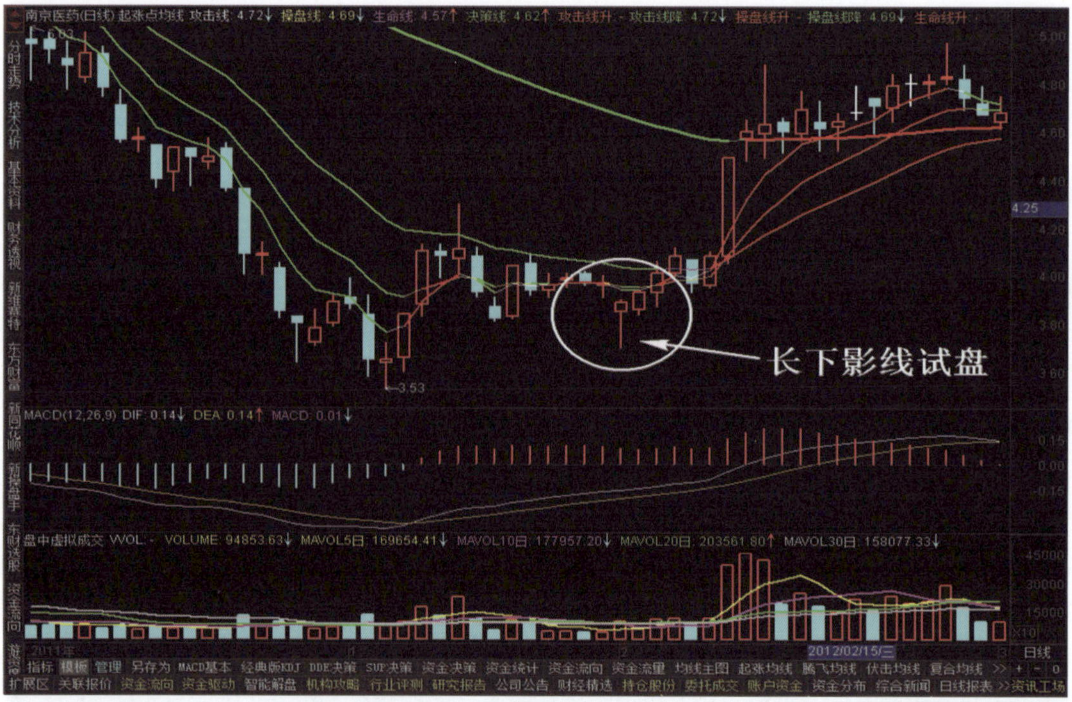

图例 091

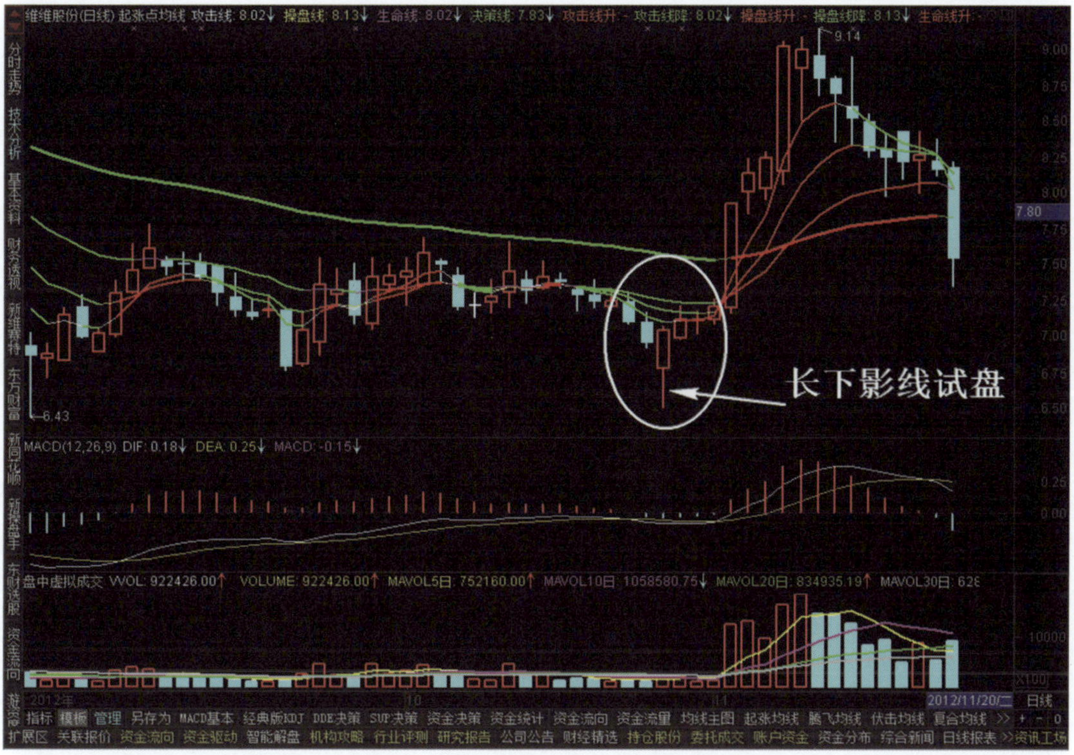

图例 092

四、打压挖坑试盘

打压挖坑兼具试盘与洗盘的双重作用，大单砸盘的目的是测试下档买盘力量的强弱，主力这么干的目的还是为了吸筹。打压的时候成交量持续萎缩，出现地量时洗盘结束。

注意区分打压挖坑与压低出货的区别。

打压挖坑的时候，成交量必须是萎缩的。

压低出货的时候，成交量必然是放大的。

在分析的时候，要注意观察决策线的变化情况。

打压挖坑试盘的时候，决策线是坚挺的。

如果不是，那就说明主力已经在出货，或者出货完毕。

参见图例 093、094 所示。

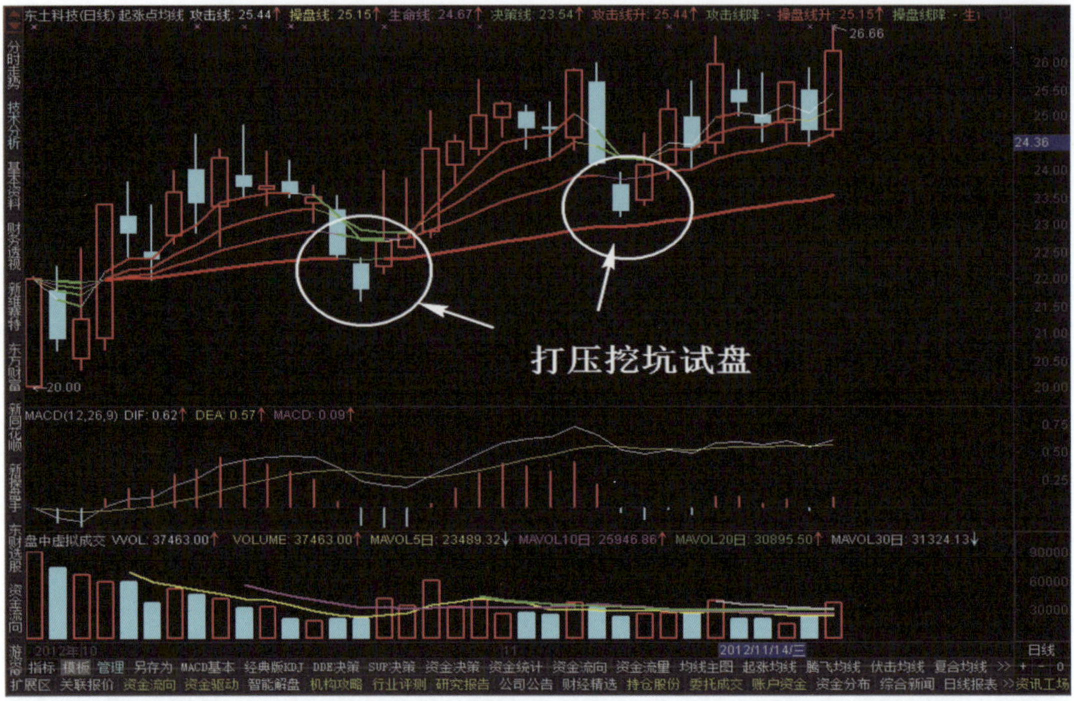

图例 093

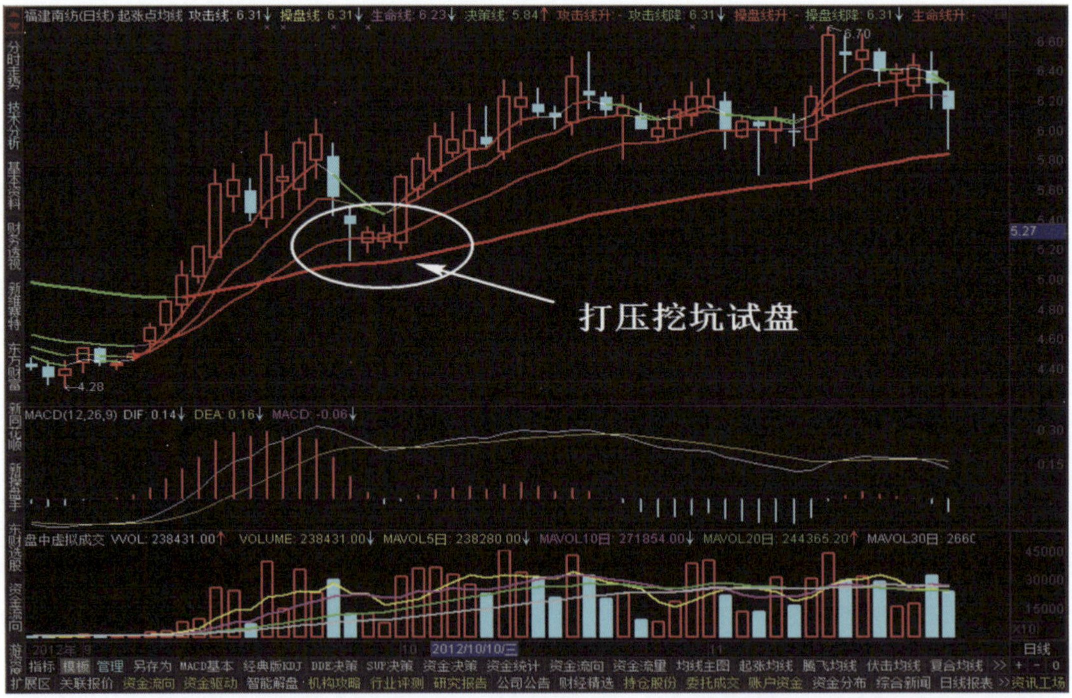

图例 094

第四节　起涨点与主力投人资金量测算

一、从总成交金额来测算

起涨点出现的当天，主力究竟投入了多少资金来操作呢？

可以这样来测算一下：

当天总成交金额乘以 30%，即为主力投入资金量。

二、从 1000 手以上大单计算

计算起涨点主力投入资金量大小的时候，也可以把当天 1000 手以上大单筛选出来，然后把这些大单的总手数乘以 60%，即为主力操盘的资金量。

三、从 500－手大单计算

计算起涨点主力投入的资金量，还可以把当天 500～800 手以上大单筛选出来，把这些大单总手数乘以 50%，即为主力操盘的资金量。

第五节　起涨点与主力基本操盘计划判断

一、起涨点与主力操盘计划

起涨点是主力经过前期建仓、试盘、打压等种种操盘动作完成之后的新一轮操盘行为。

起涨点代表了主力第二阶段操盘计划的开始。我们在分析主力操盘计划的时候，可以通过分析每一次起涨点出现的时间、出现的空间、出现时表现出来的量峰

结果和波形结构等细节，解剖主力运作的思路、隐藏在背后不为人知的操盘秘密。

只要你学会了阅读起涨点，你就彻底看透了主力的操盘计划。

关于这部分内容，我在以前的内部培训中曾经做过详细的讲解。

二、起涨点与主力操盘计划判断方法

起涨点可以分为两大类，一类是强力型起涨点，它直接反映了主力急切的操盘计划正在实施过程中，因此，暴涨也会同时出现。而另一类是普通型起涨点，由于表现温和，通常是中线与中长线主力惯用的手法，这类起涨点后期走势将以震荡盘升格局为主。

从起涨点的类型，就可以判断出主力的类型。长线资金操控的品种、中线资金操控的品种和短线资金操控的品种，在起涨的方式上是明显不同的，要注意分辨。

第六节　起涨点定律

一、起涨点经典定律

起涨点很神奇，也很隐晦，很多人难以理解。这里总结几条定律，供参考。

一是所有在生命线与决策线之下的起涨点，均属于反弹型起涨，主力拉高建仓。

二是所有在生命线与决策线之上的起涨点，均属于主升型起涨，主力拉高套利。

需要注意的是，在熊市大反弹中，经过两个主升起涨行情之后，第三个主升型起涨点为拉高出货阶段。这时候要特别注意观察盘口的表现，不要中招。

二、起涨点经典定律的实战应用

起涨点经典定律在实战中的优势非常明显，能够帮助我们在最短的时间内识别盘口的变化，提高我们的实战能力，帮助我们获得更好的业绩。因此，我在以前的操盘手内训课程中，每一次授课都把这部分内容作为重点讲解。图例 095、096、

097、098、099、100 都是很经典的起涨点，请各位读者对照软件，反复揣摩其中的奥妙。

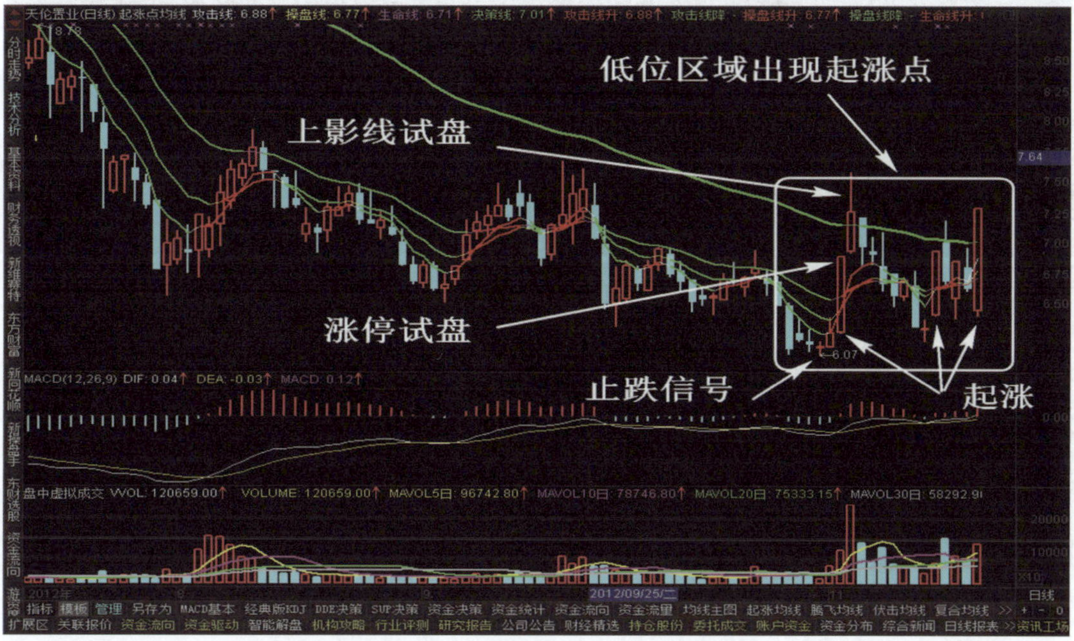

图例 095

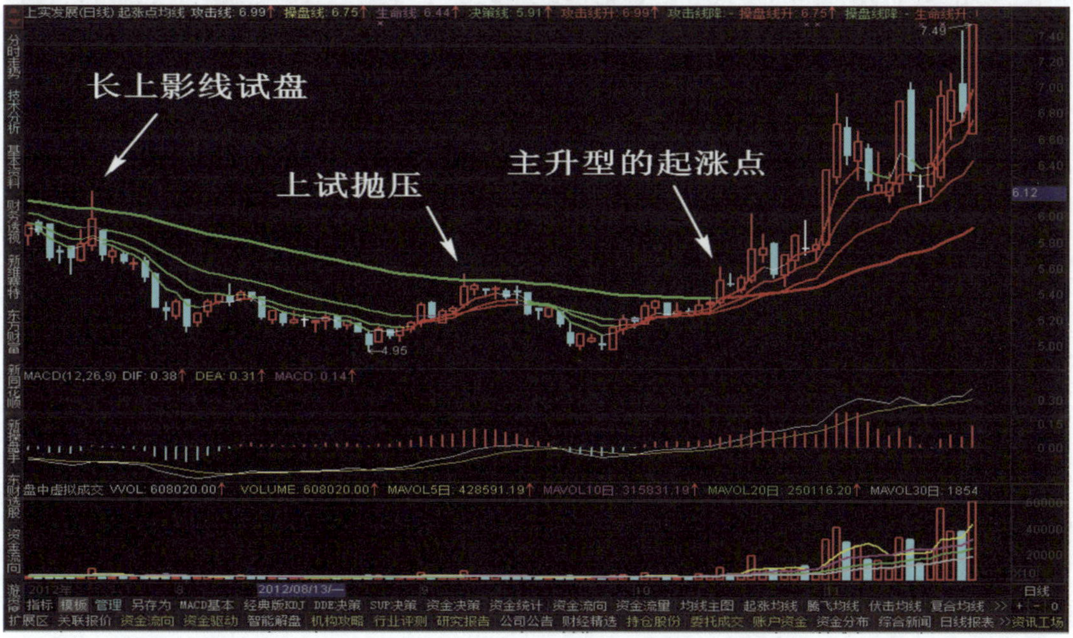

图例 096

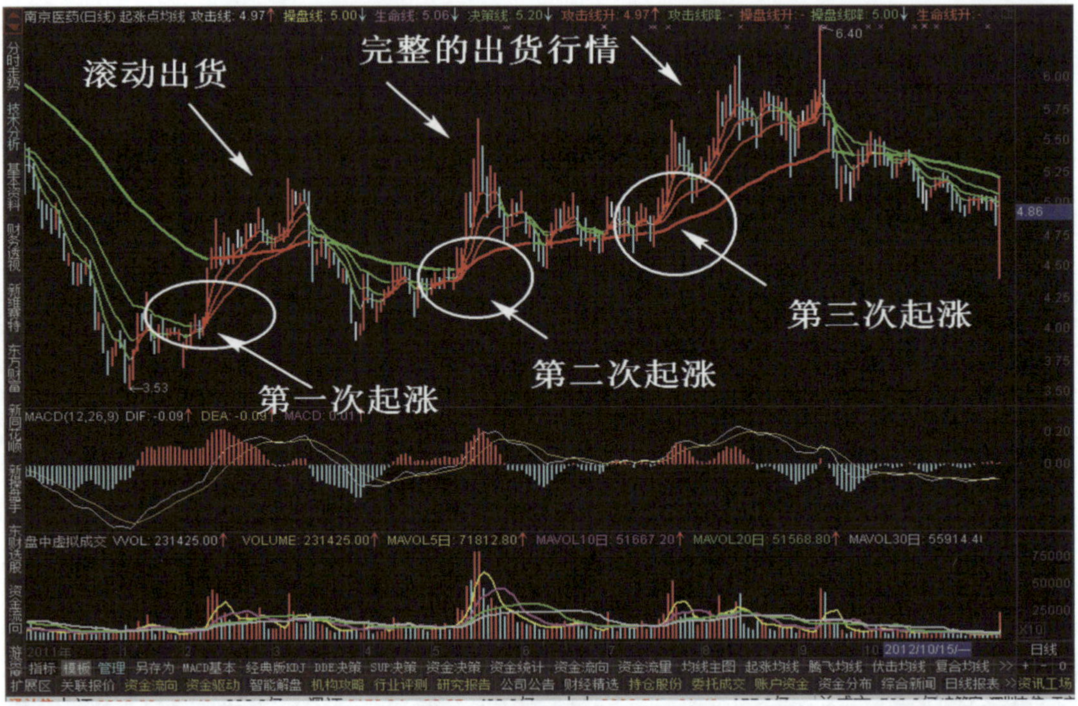

图例 097

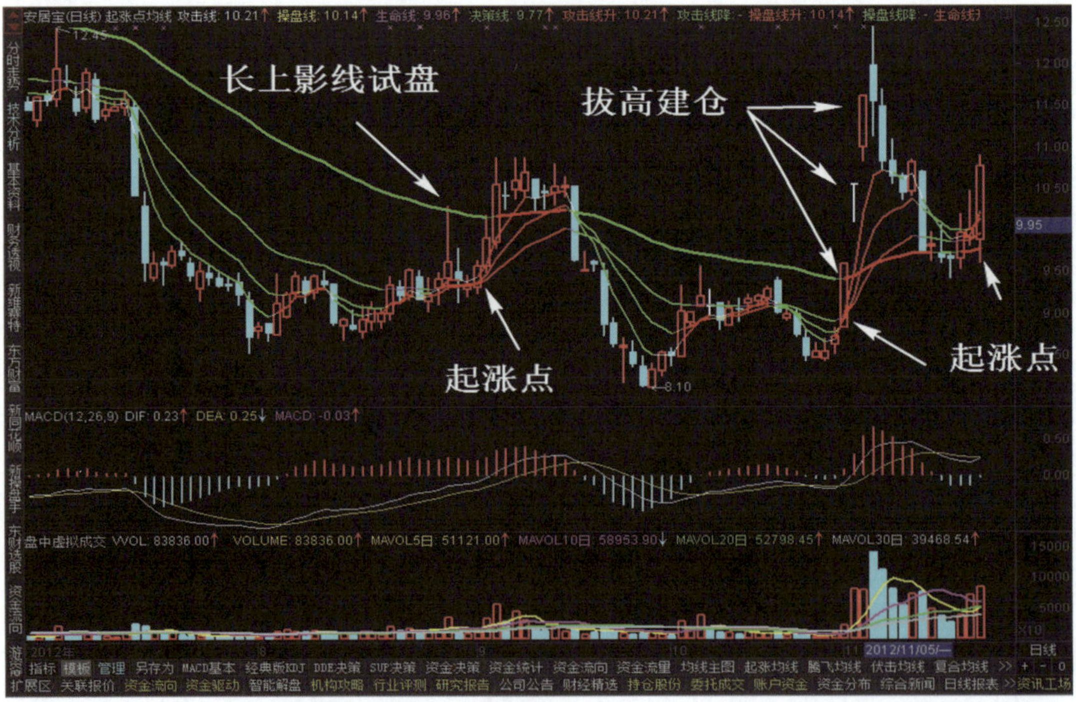

图例 098

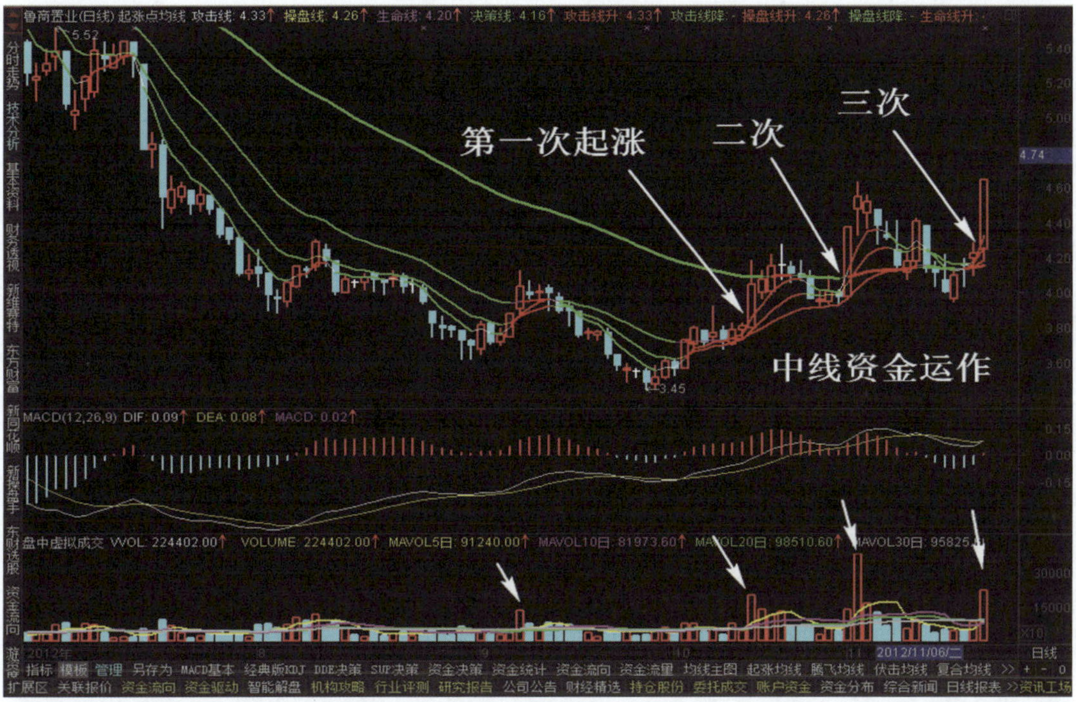
鲁南置业(日线) 起涨点均线
第一次起涨
二次
三次
中线资金运作

图例 099

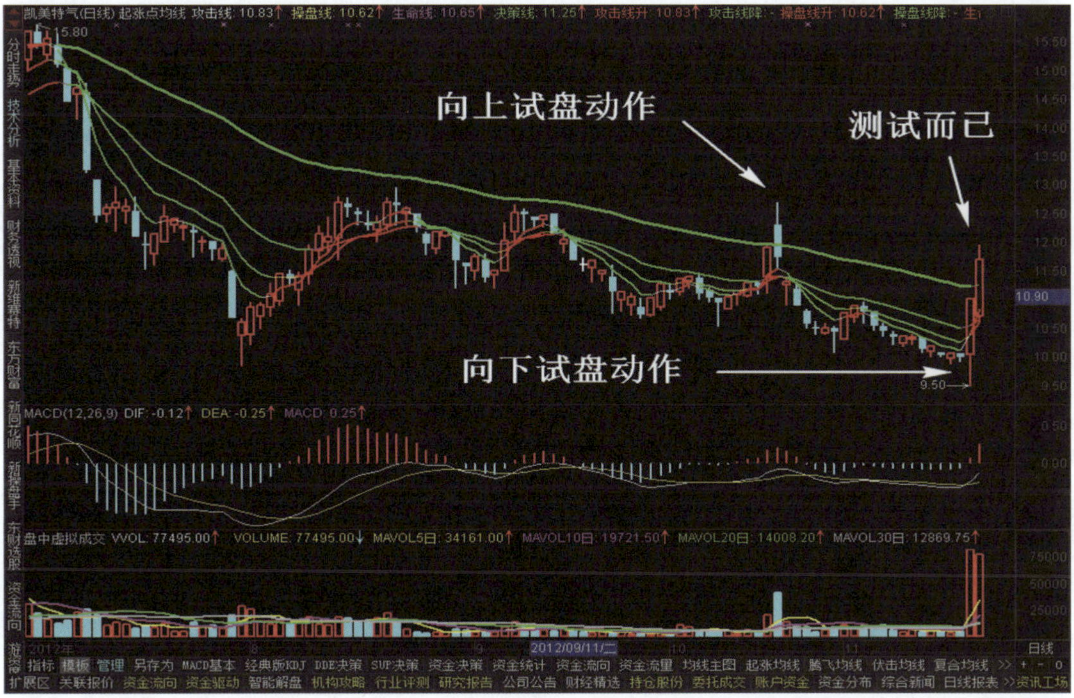
凯美特气(日线) 起涨点均线
向上试盘动作
测试而已
向下试盘动作

图例 100

第七章
起涨点与风险控制法则

本章学习要点

一、了解和掌握起涨点与风险控制措施的关系。

二、了解和掌握起涨点与资金调配的逻辑关系。

三、了解和掌握起涨点与仓位配置之间的关系。

第一节　起涨点与资金及仓位分配原则

一、起涨点资金配置原则

起涨点技术信号出现的时候，要根据它的类型进行资金配置。

如果是反弹型的起涨点，那么要留足资金，做好防御。

如果是主升型的起涨点，那么要进足底仓，把收益最大化。

二、起涨点仓位分配原则

根据起涨点的资金管理原则，普通型的起涨点资金配置比例为3：4：3。这样配置的好处是防御作用比较突出，属于稳健的做法。强力型的起涨点资金配置比例为5：3：2。这样配置资金的目的在于谋求短线收益最大化，同时兼顾防范风险。

参见图例101、102、103、104所示。

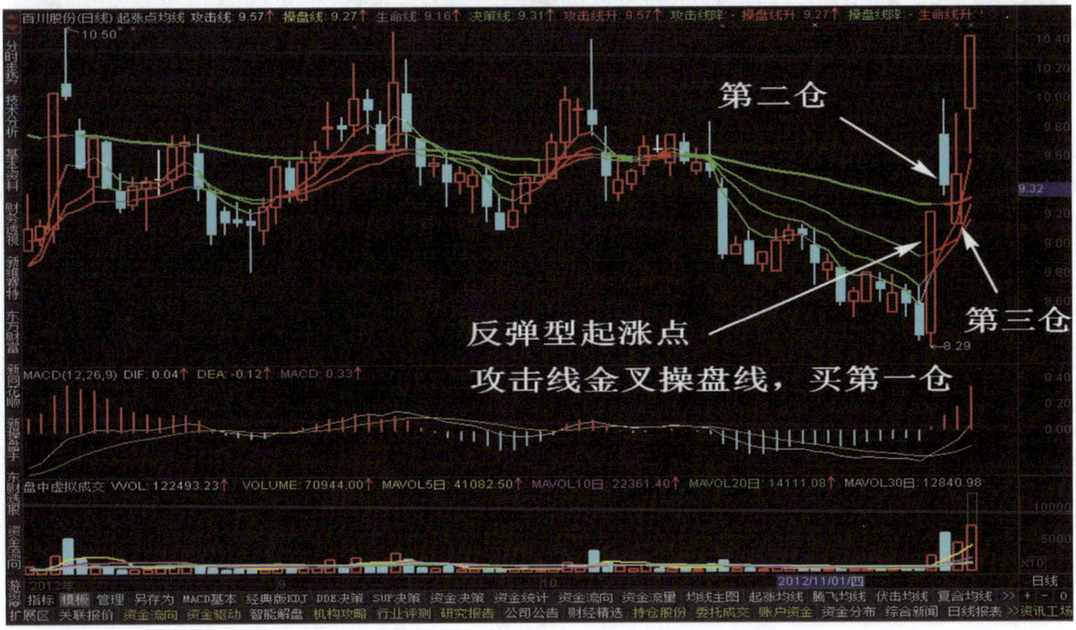

图例101

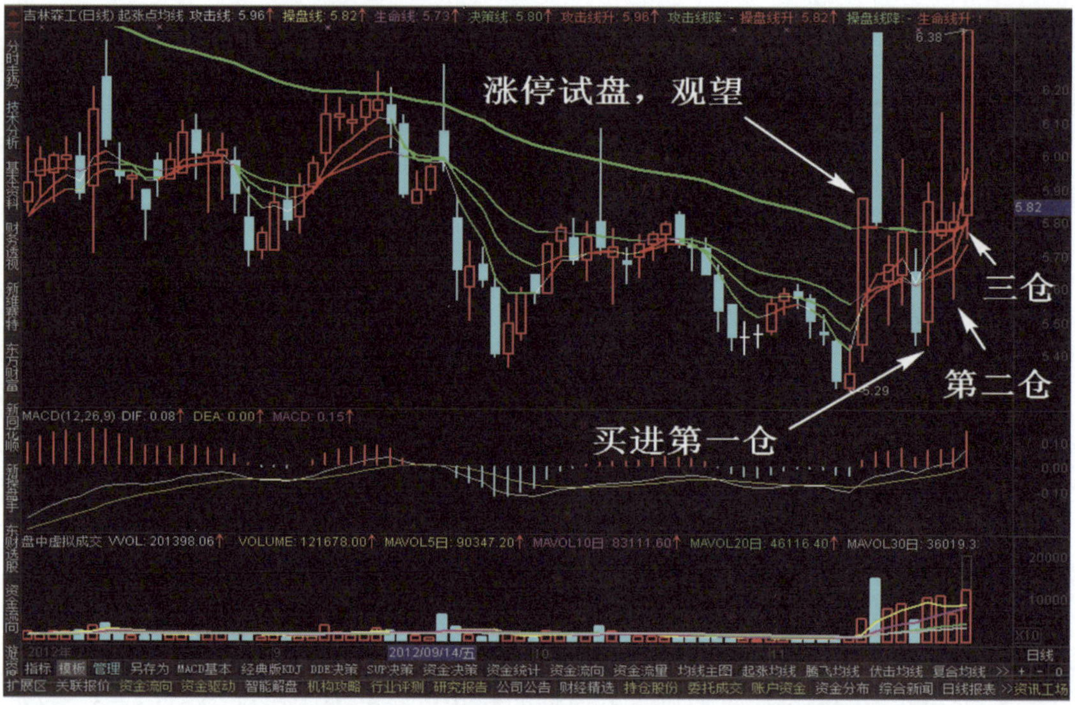

图例 102

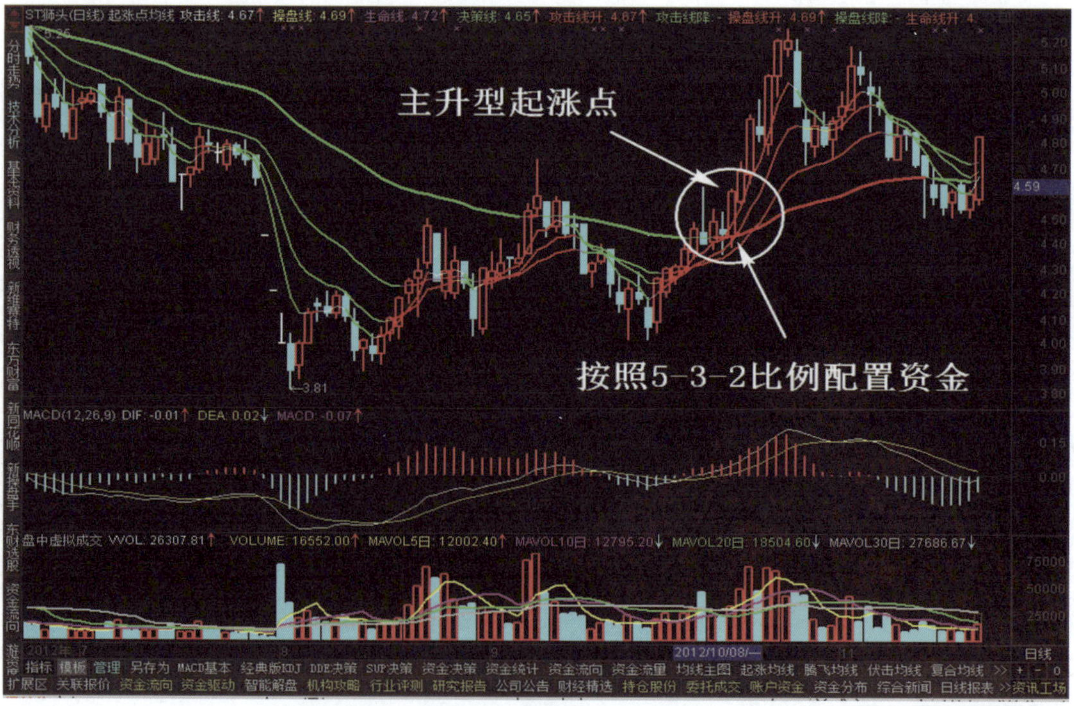

图例 103

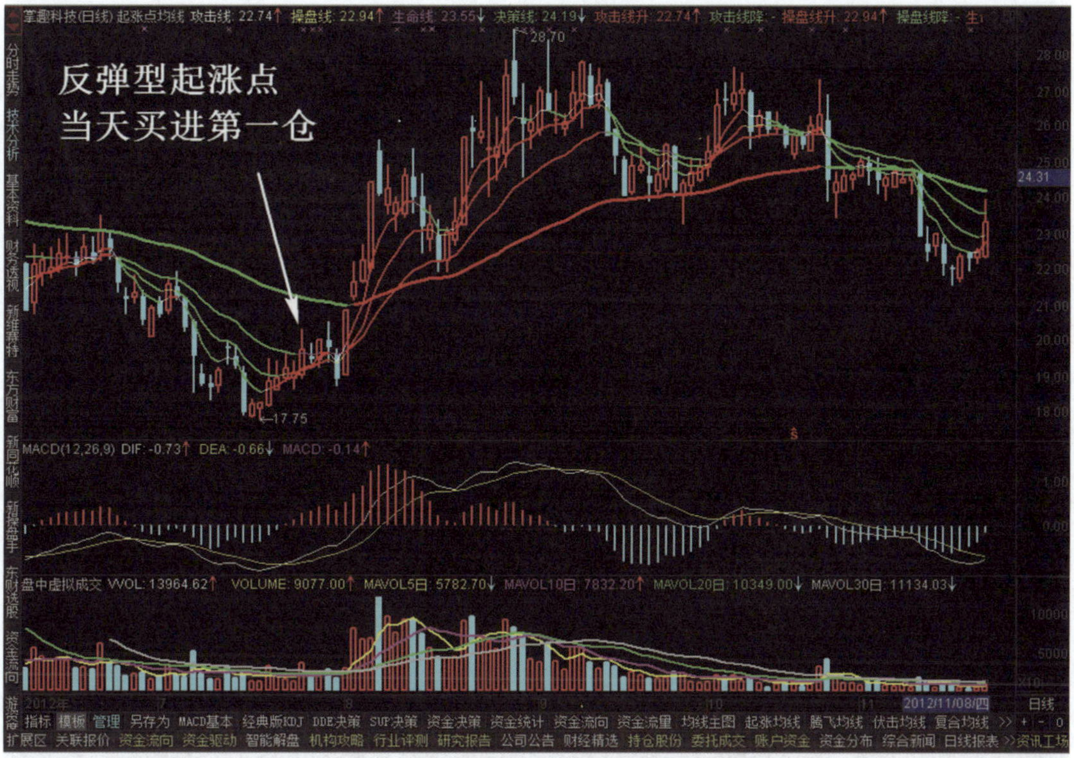

图例 104

第二节　起涨点与第一仓风险控制法则

一、起涨点出现时如何买进第一仓

起涨点形成的当天盘中或收盘前坚决介入第一仓，这是确保让资金上轿。在特殊情况下，为预防大盘不确定性风险，因此，必须对第一仓实施保护措施。

因此，如果是反弹型的起涨点，买进第一仓的时间尽量选择尾盘。

如果是主升型的起涨点，可以考虑在盘中买进，但要严格按技术规范操作。

二、起涨点第一仓风险控制方法

起涨点第一仓风险控制办法如下：A

其一是次日股价下跌，观察下跌是否缩量。

如果缩量，则在操盘线支撑点介入第二仓补救。

其二是如果股价放量击穿操盘线（收盘价），则要考虑止损。

其三是如果股价还在调整阶段，则可以在生命线处介入第二仓补救。

其四是也可以利用 60 分钟技术系统在决策线支撑处介入第二仓，条件是 60 分钟 KDJ 之 J 值进入负值区以下超跌后介入。

参见图例 105、106、107、108 所示。

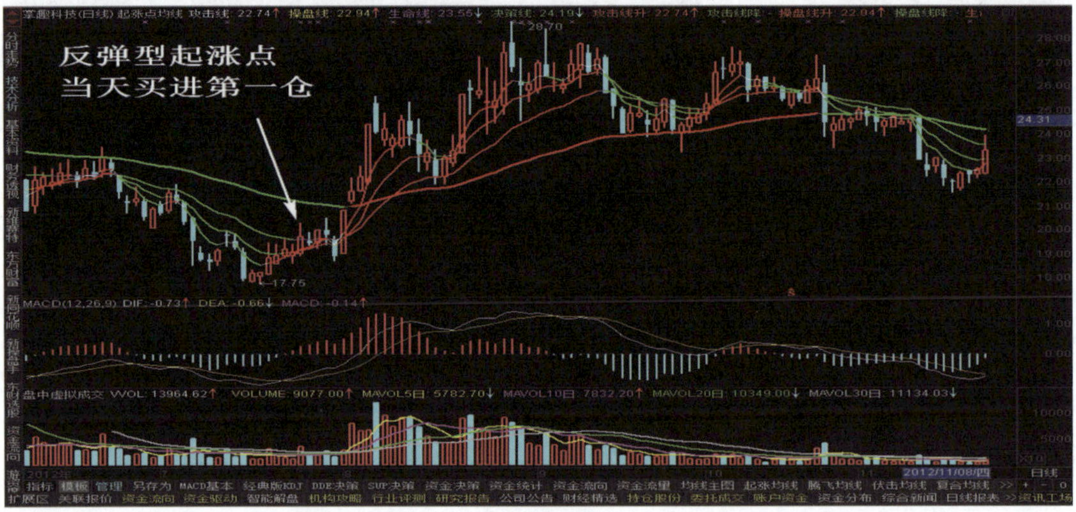

图例 105

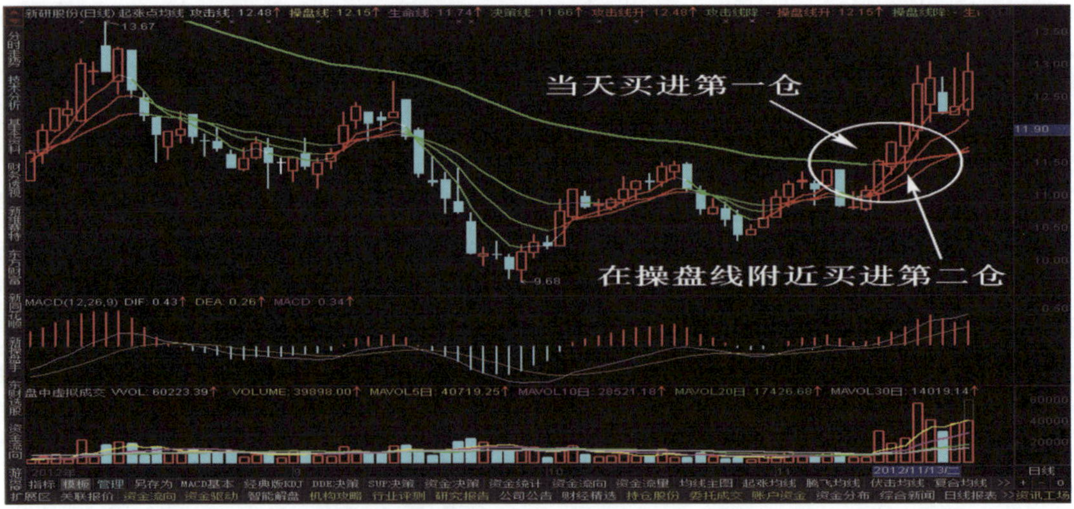

图例 106

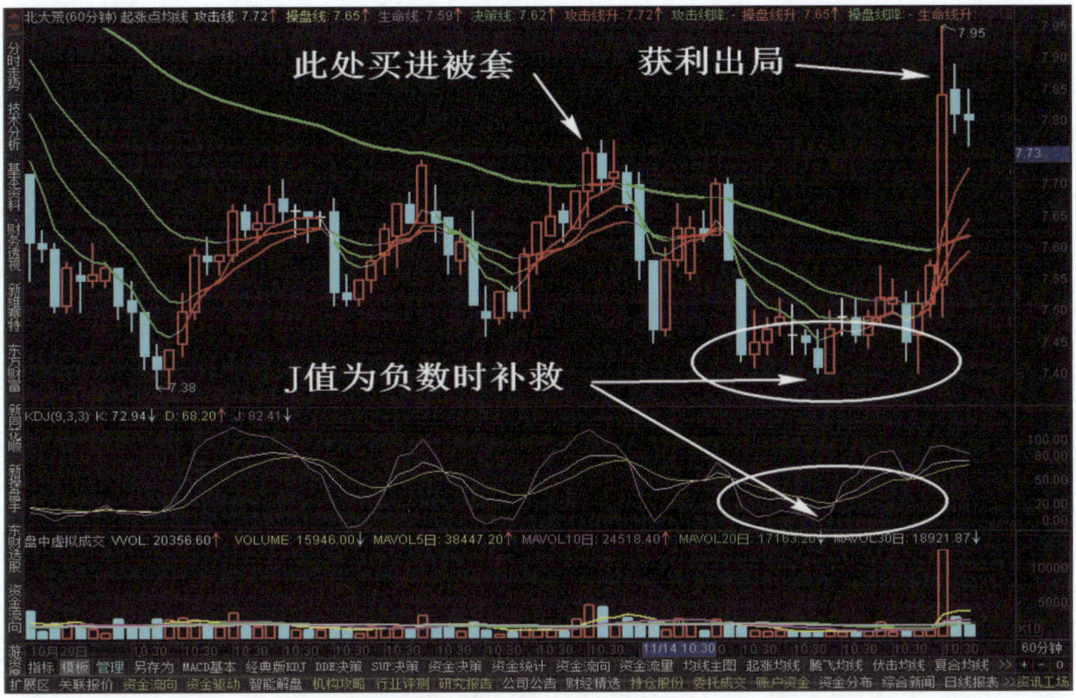

图例 107

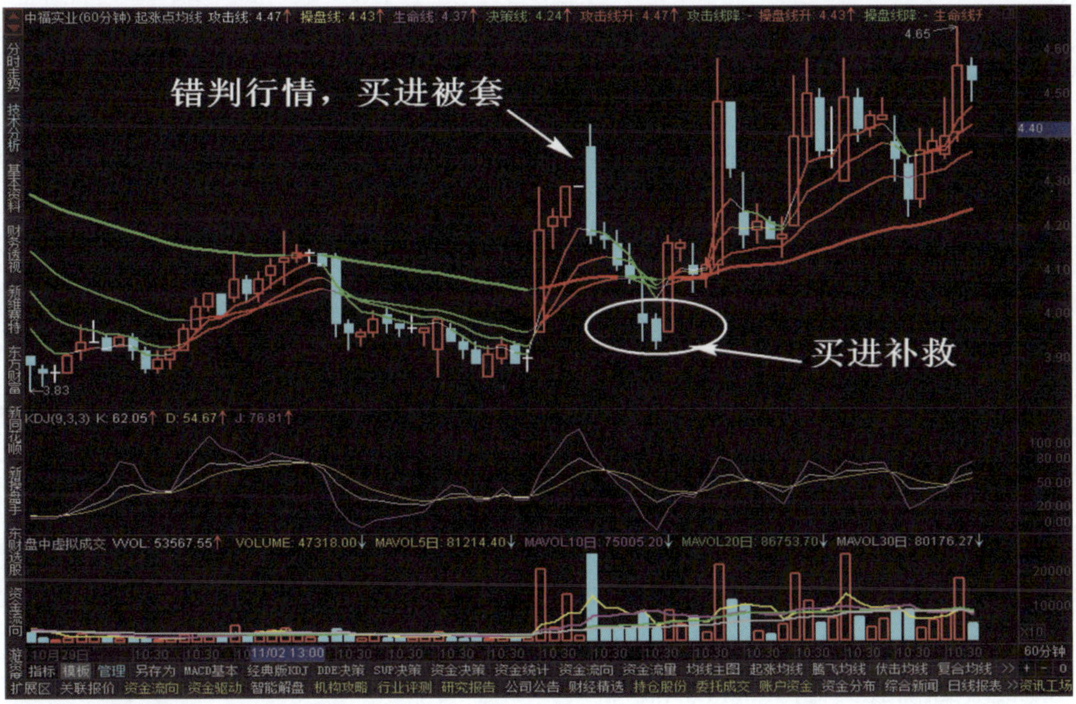

图例 108

第三节　起涨点与第二仓风险控制法则

一、起涨点出现时如何买进第二仓

起涨点第二仓产生在第一仓之后的加仓区或补救区。

起涨点第二仓加仓区的位置设计如下：

其一是股价脱离第一仓成本5%～8%空间位。

其二是股价已经站稳操盘线三天以上，确定上涨趋势。

其三是采用逢阴线加仓原则，即在股价调整洗盘时加仓。

二、起涨点第二仓风险控制方法

起涨点补救区的位置设计如下：

其一是股价击穿第一仓成本8%左右空间位。

其二是股价仍然处在生命线之上，生命线与决策线金叉结构，趋势向上。

需要注意的是如生命线与决策线死叉结构，则不可实施第二仓补救。

第二仓的风险主要集中在于补救仓，原因是受大盘环境发生变化所致，导致主力操盘计划进行调整。因此，在进行补救的时候，要注意有关条件。

对第二仓实施补救的前提条件：

其一是日K线生命线与决策线仍然保持金叉结构，趋势向上。

其二是周K线已经突破生命线或决策线封锁，生命线与决策线构成回档支撑力。

对第二仓实施补救的补救办法：

其一是如第二仓在生命线支撑介入后，股价仍然下跌，导致第二仓套牢，则应等待股价缩量下跌至决策线支撑处，介入第三仓补救。其二是可以利用60分钟技术系统在趋势120线或250线支撑处介入第二仓，条件是60分钟KDJ之J值进入负值区以下超跌后介入。

参见图例109、110、111、112所示。

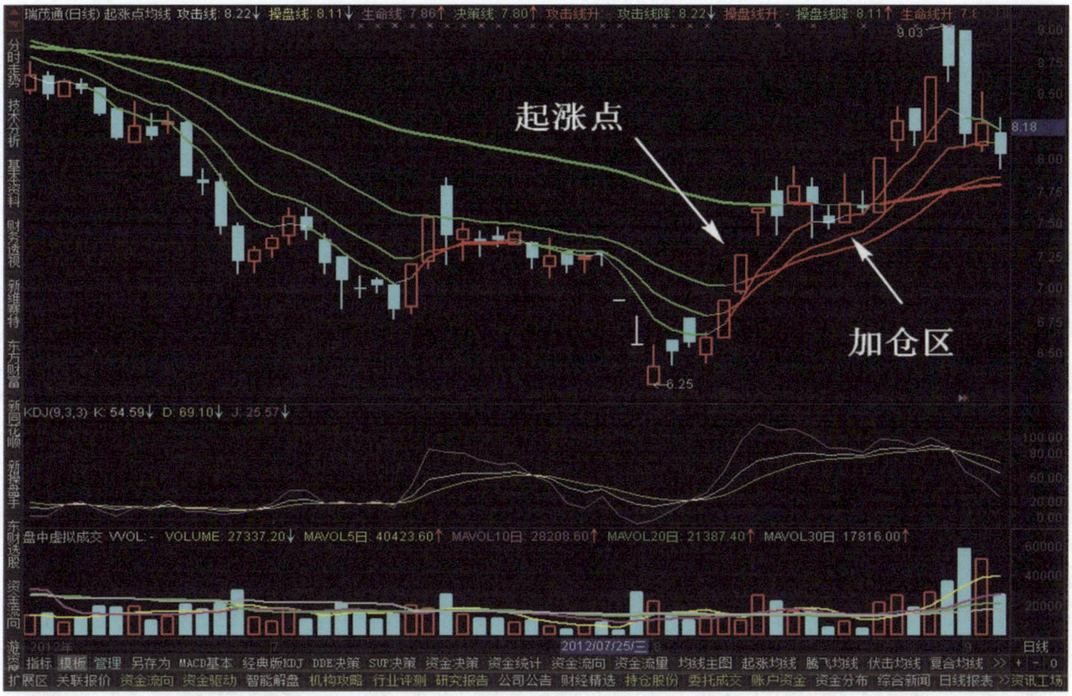

图例 109

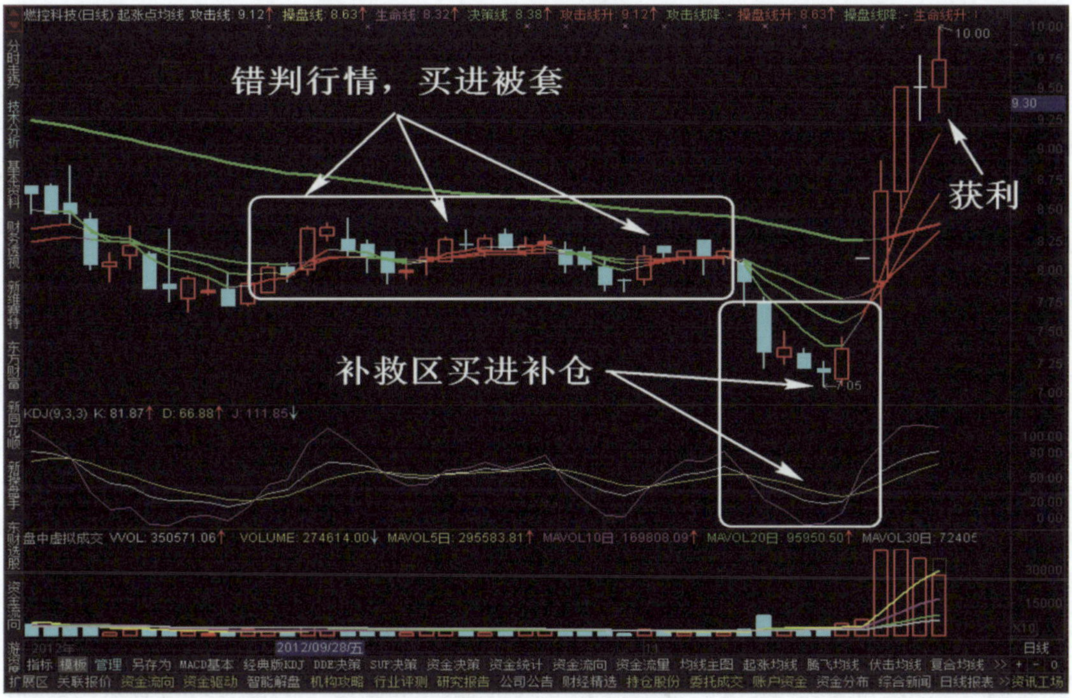

图例 110

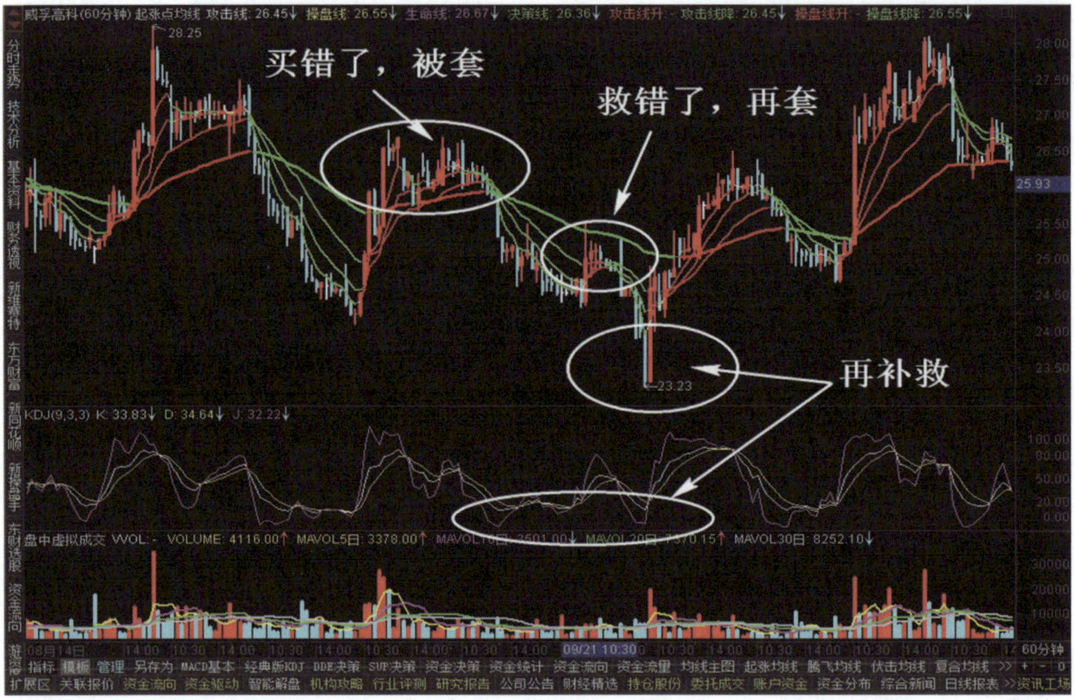

图例 111

图例 112

第四节　起涨点与第三仓风险控制法则

一、起涨点出现时如何买进第三仓

与第二仓一样，第三仓产生在第二仓之后的加仓区或补救区。

加仓区的位置可以设计如下：

其一是股价脱离第二仓成本 5% ~8% 空间位。

其二是股价已经形成上升通道。

其三是采用逢阴线加仓原则，即在股价调整洗盘时加仓。

二、起涨点第三仓风险控制方法

起涨点第三仓补救区的位置设计如下：

其一是股价击穿第二仓成本 8% 左右空间位。

其二是股价仍然处在决策线之上，生命线与决策线金叉结构，趋势向上。

在操盘界，第三仓通常也叫机动仓，是用来高抛低吸滚动操盘之用的。机动仓是调节第一仓与第二仓的持仓成本，保障前二仓的持仓安全，实现最大化盈利。

第三仓风险主要在补救区，必须是与最低价误差控制在 3% 以内。

第三仓介入的时机可以设计如下：

（1）个股 60 分钟 KDJ 已经进入 20 以下，J 值进入负值区，并背离最佳。

（2）大盘 60 分钟 KDJ 也进入 20 以下，其 J 值也进人负值区，即将反弹。

（3）第三仓介入后，如遇大盘继续下跌，则耐心等待反弹机会的到来。

（4）大盘反弹时，第三仓获利达到 5% ~8% 左右水平应迅速撤出，保留现金。

参见图例 113、114、115、116 所示。

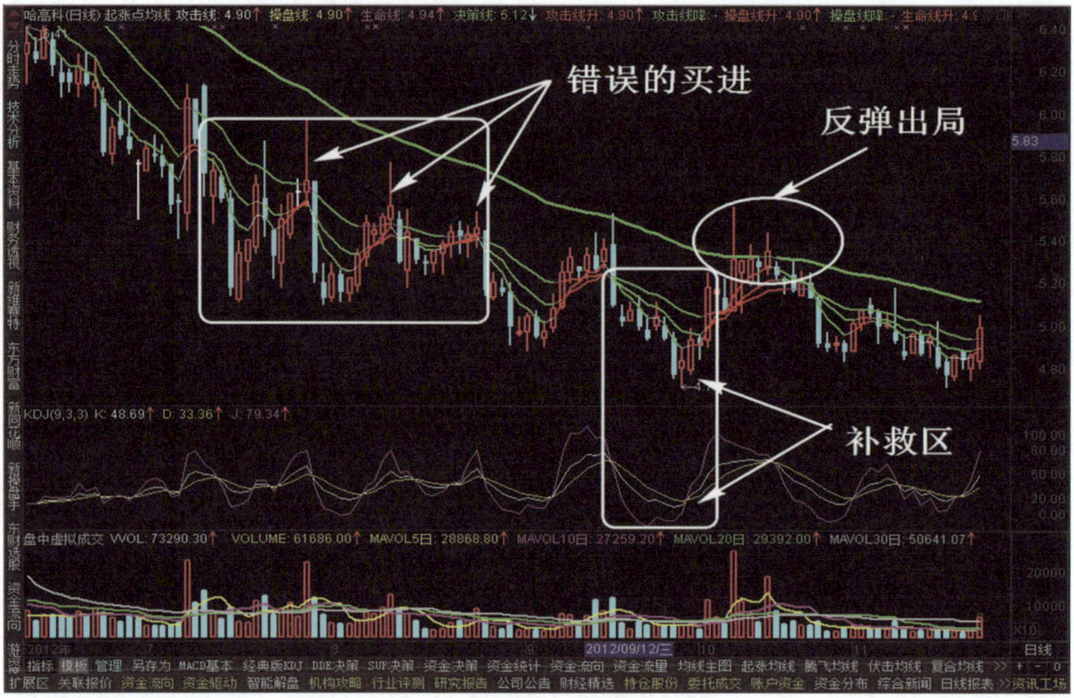

图例 113

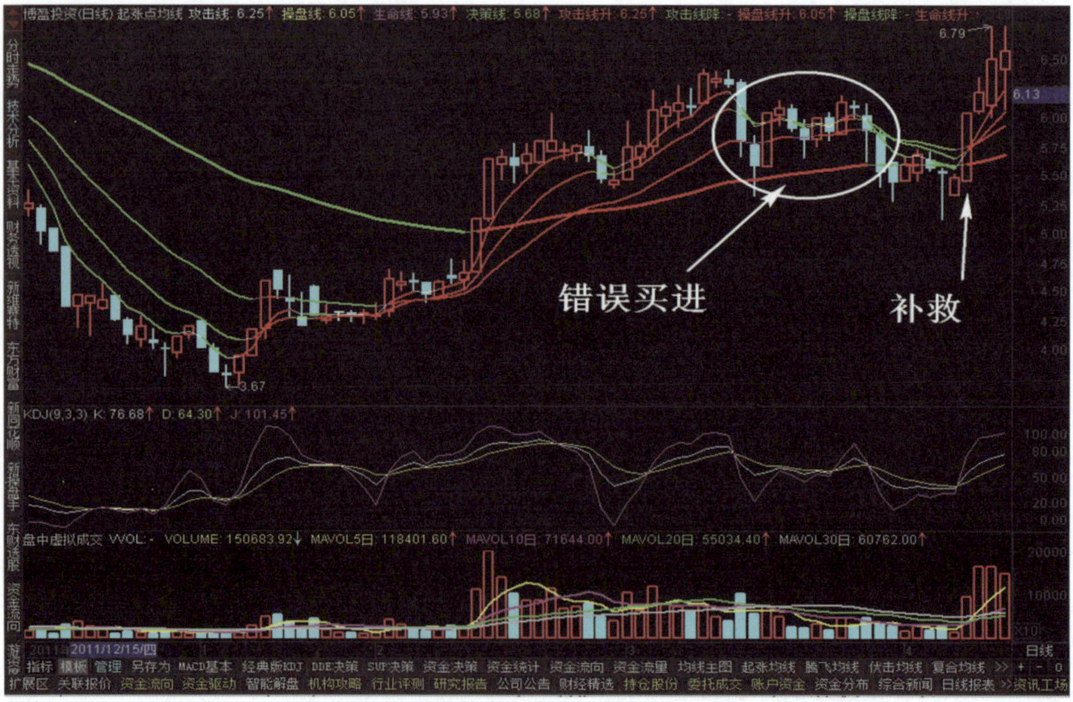

图例 114

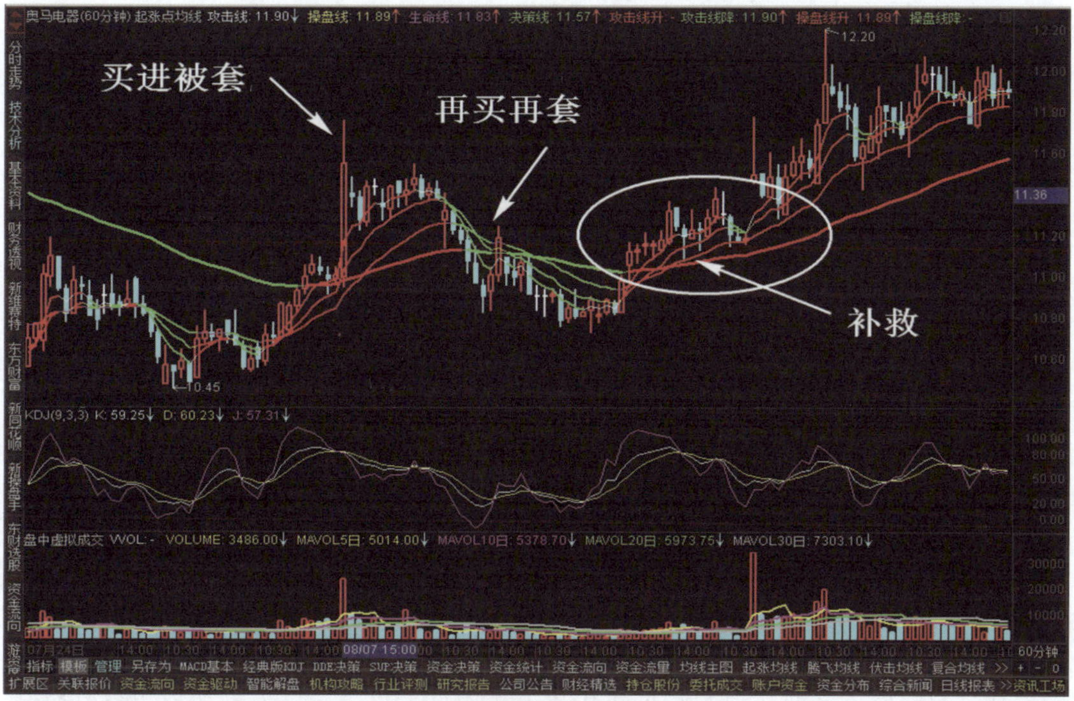
奥马电器(60分钟) 起涨点均线
买进被套
再买再套
补救
12.20
10.45

图例 115

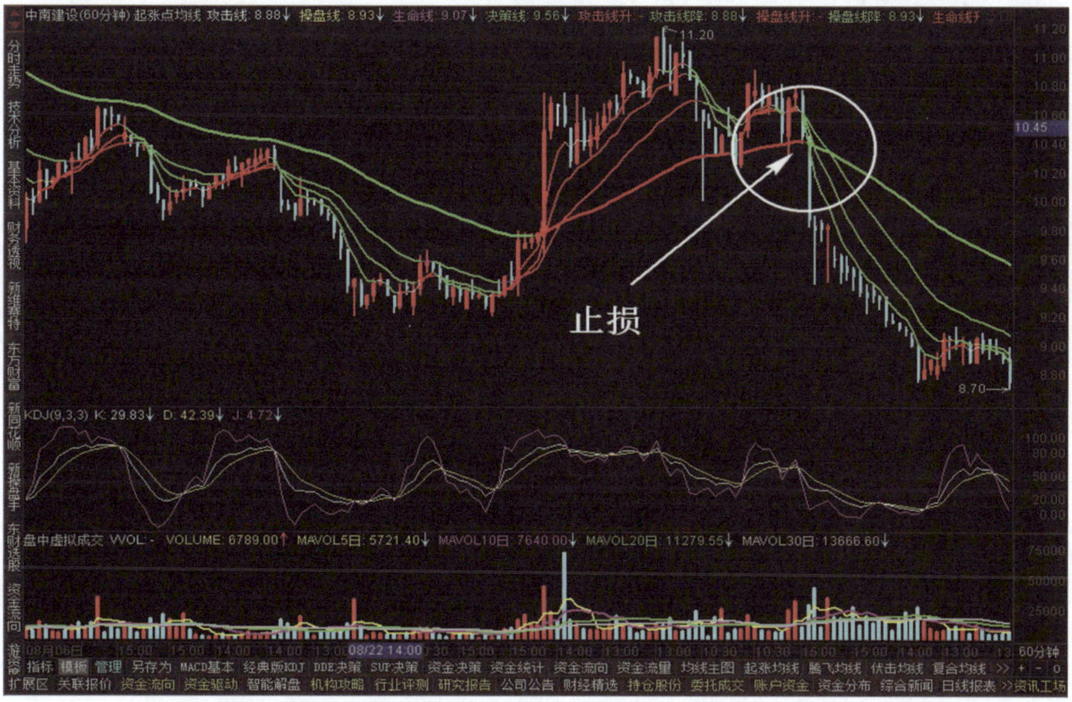
中南建设(60分钟) 起涨点均线
止损
11.20
8.70

图例 116

第五节　起涨点操盘失误的补救措施总结

一、起涨点操作失误补救方法

熊市反弹型起涨点，如果收盘击穿日 K 线操盘线，应及时止损。

熊市主升型起涨点，如果收盘击穿操盘线，应在生命线与决策线实施第二仓或第三仓补救；此时主升行情尚未结束，主力还会进一步拉升，所以可以补救。

牛市反弹型起涨点，如果收盘击穿操盘线，应等待下跌至前底支撑位补救第二仓。

牛市主升型起涨点，如果收盘击穿操盘线，应在生命线与决策线实施第二仓或第三仓补救。因为此时主升行情尚未结束，主力还会进一步拉升，所以可以补救。

二、起涨点操作失误补救方法对比表

<table>
<tr><th>反弹型起涨点</th><th>主升型起涨点</th><th>起涨点失误要点</th></tr>
<tr><td>生命线与决策线呈死叉向下</td><td>生命线与决策线金叉向上</td><td rowspan="2">当日无板块热点。
并非板块热点中的领涨龙头。
当日大盘处于下降通道中震荡盘跌。
大盘结束上涨，当天处于单边暴跌状态，并已经击穿日 K 线操盘线。
个股起涨后，在数日内再度迅速向下击穿操盘线支撑。
个股起涨次日之后，成交量持续减小，缺乏续航性攻击力。</td></tr>
<tr><td colspan="2">攻击线与操盘线呈金叉向上。
涨幅与量能指标均符合起涨点要求。
当日具备板块热点。
属于板块热点中的领涨龙头。
当日大盘处于横盘或震荡上涨状态。</td></tr>
</table>

第八章
起涨点技术基础训练方案

本章学习要点

一、学习和掌握起涨点与项目运作的关系。

二、学习和掌握起涨点与实盘训练的关系。

三、在操盘实战中反复演练并掌握起涨点技术。

第一节　训练标的股：600127 金健米业

一、历史上起涨点技术信号出现当天相关数据

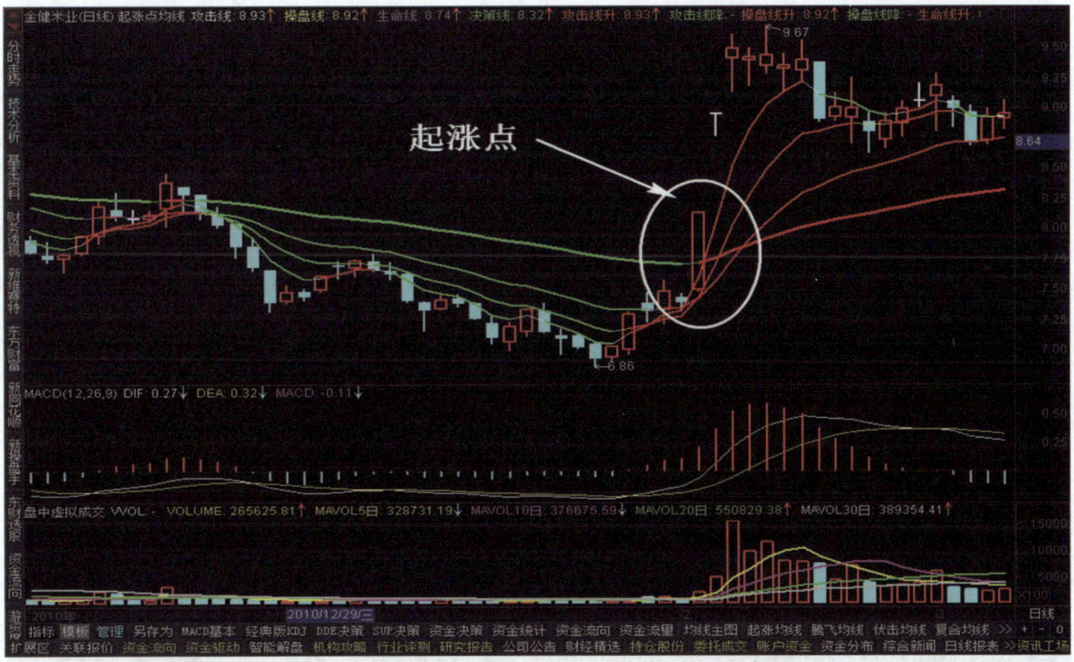

图例 117

打开软件，找到金健米业（600127）在 2011 年 2 月 9 日的走势图，参见图例 117 所示，然后独立完成下边的基础训练题。

A. 涨幅：＿＿＿＿＿＿＿＿

B. 换手：＿＿＿＿＿＿＿＿

C. 振幅：＿＿＿＿＿＿＿＿

D. 成交金额：＿＿＿＿＿＿

E. 成交手数：＿＿＿＿＿＿

F. 收盘价格：＿＿＿＿＿＿

完成这道基础训练题之后，继续阅读下边的文字。

二、历史上起涨点技术信号出现当天技术特征

（一）K 线特征：标准大阳线。

（二）炒作题材：农业减产概念、大米价格提升概念、资产置入题材。

（三）操作技术：起涨点精准操盘术。

（四）波段目标：本波行情预计上涨目标价位为 10 元左右。

（五）上涨趋势：中线主力从底部启动，可能以震荡盘升策略为主。

三、起涨点技术信号出现前后相关图表

（一）从月线图查看历史上走势全貌

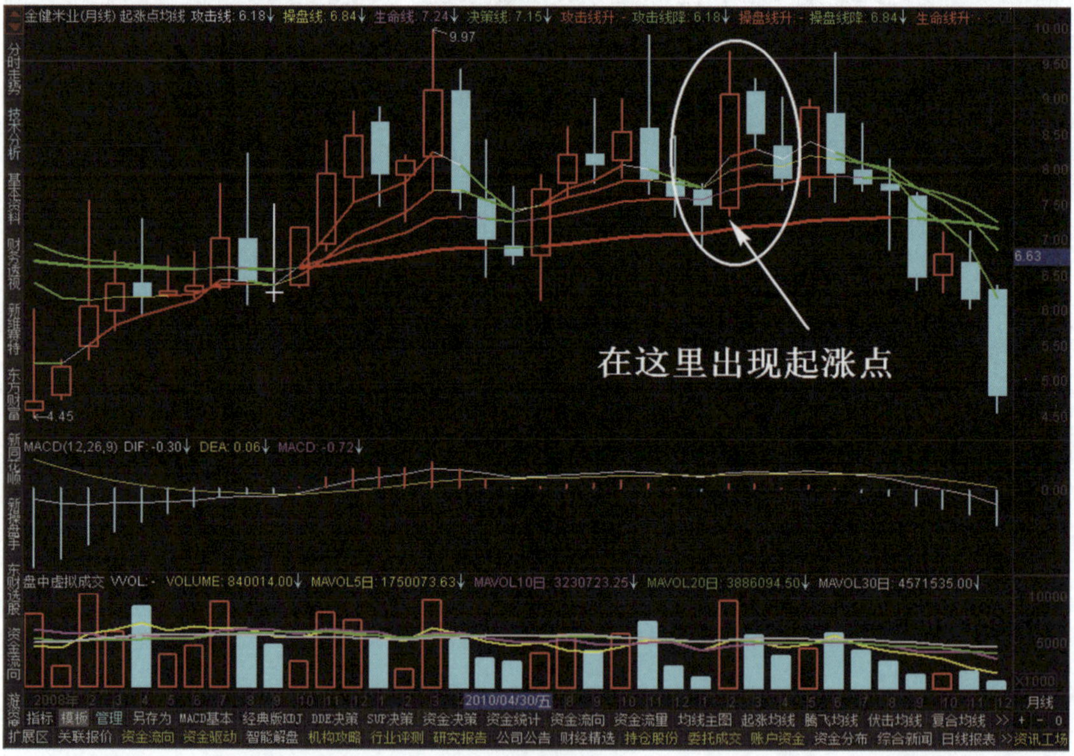

图例 118

（二）从周线图查看历史上走势全貌

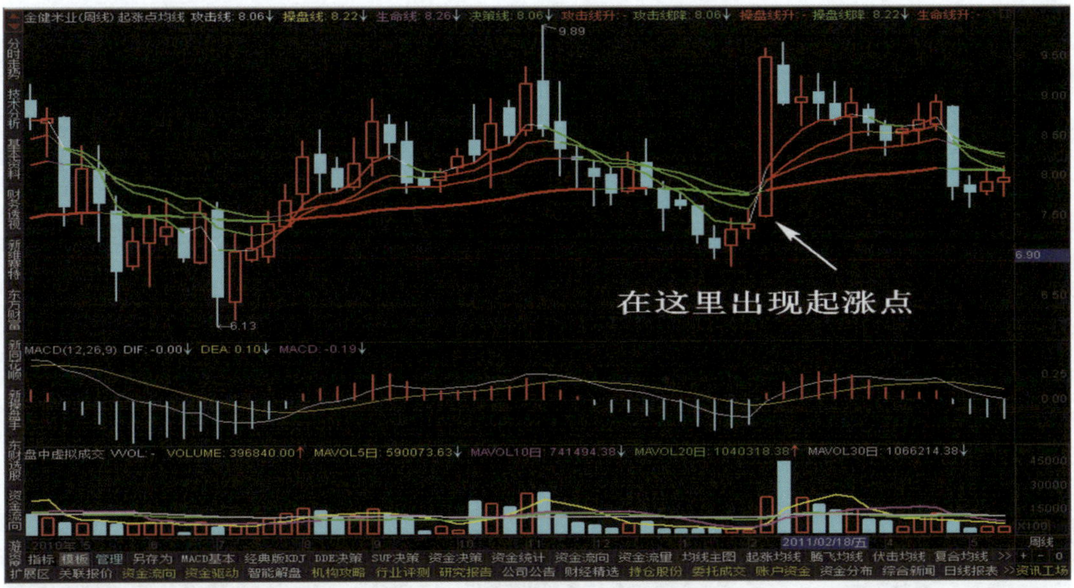

图例 119

（三）从日线图查看当前阶段性走势

认真观察下边的图例，并按要求撰写实训日记。

职业操盘手实训日记模版

________年________月________ 日 星期________ 实训操盘手：________

今日实训要点（请各位参加实训的交易员把当天的实训计划记录在下边，录以备忘）：

上午实训计划：

（一）______________________________

（二）______________________________

上午实训小结：

下午实训计划：

（一）______________________________

（二）______________________________

下午实训小结：

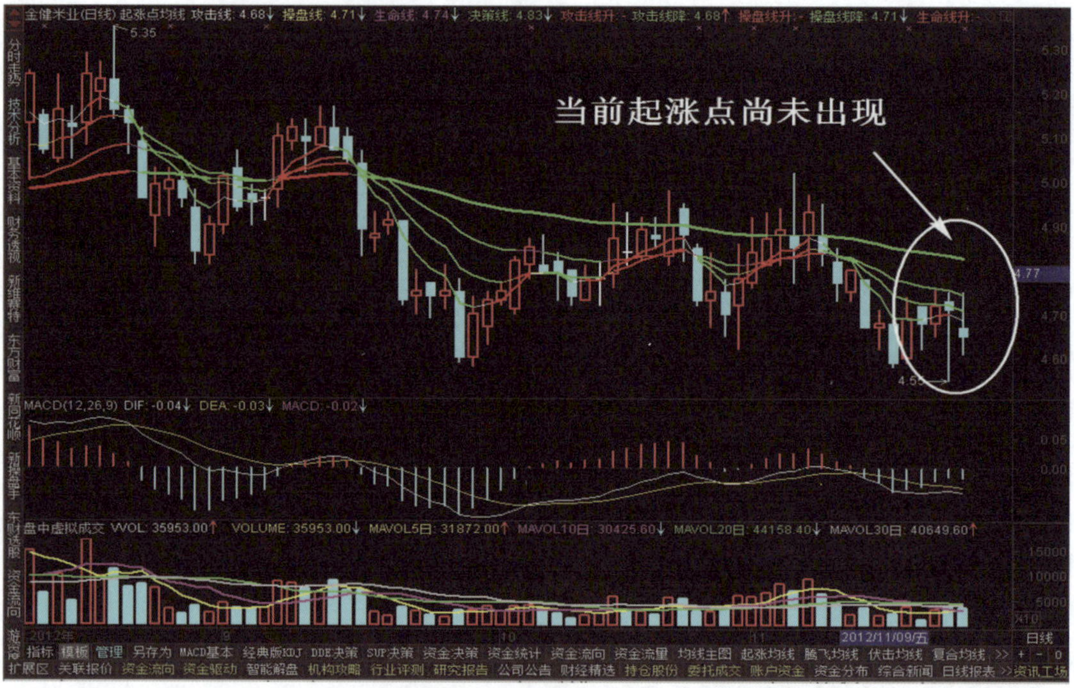

图例 120

（四）从 60 分钟图查看当前阶段性走势

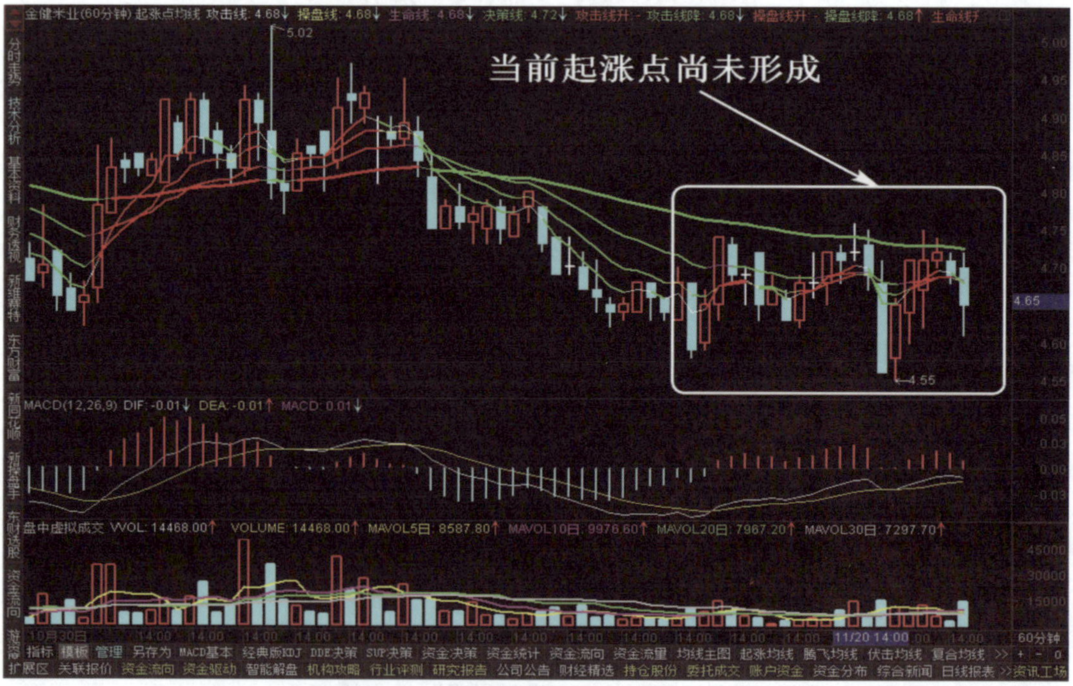

图例 121

（五）从分时图查看当前日内买卖点位置

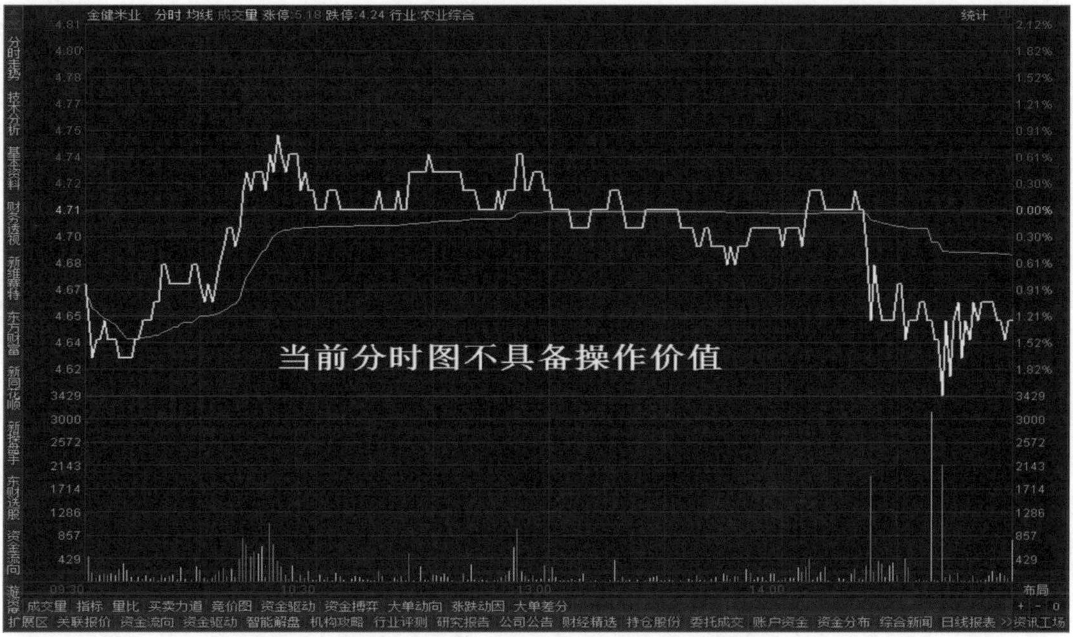

图例 122

（六）从多日分时图查看当前滚动套利区间

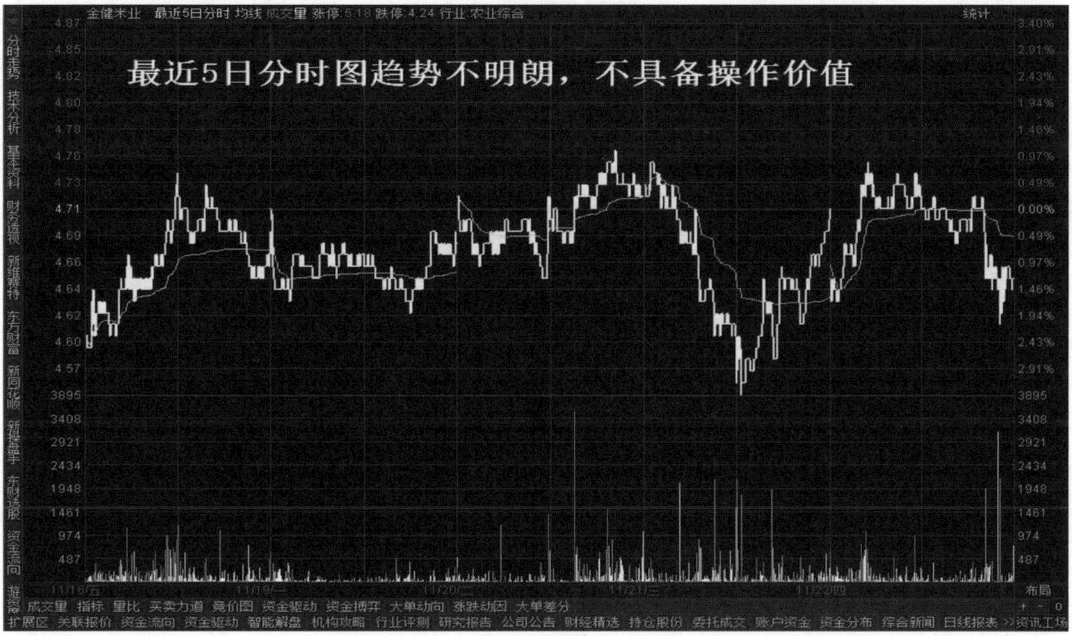

图例 123

实训复盘作业：

结合当天的实训操作，认真撰写实训复盘作业，并定期汇总成册，存档备查。

职业操盘手实训复盘作业模版

______年______月______日　星期______　实训操盘手：______

今日实训复盘：

（一）今日市场热点：______

（二）今日交易异动：______

（三）今日操作过程：______

（四）今日操作总结：______

（五）明日交易计划：______

第二节　训练标的股：600829 三精制药

一、历史上起涨点技术信号出现当天相关数据

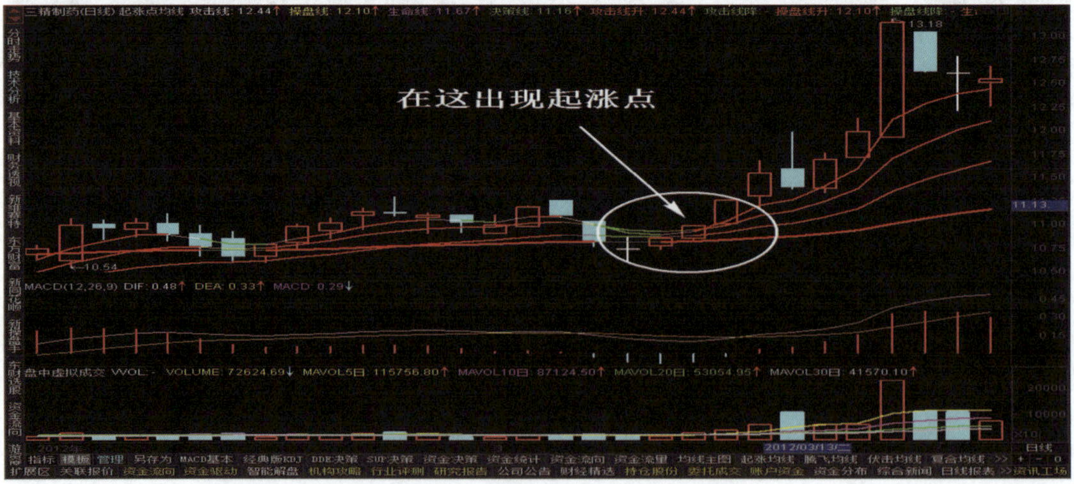

图例 124

打开软件，找到三精制药（600829）在 2012 年 3 月 9 日的走势图，参见图例 124 所示，然后独立完成下边的基础训练题。

A. 涨幅：__________________

B. 换手：__________________

C. 振幅：__________________

D. 成交金额：______________

E. 成交手数：______________

F. 收盘价格：______________

完成这道基础训练题之后，继续阅读下边的文字。

二、历史上起涨点技术信号出现当天技术特征

（一）K 线特征：带下影线的小阳线。

（二）炒作题材：业绩预增、甲流概念。

（三）操作技术：起涨点精准操盘术。

（四）波段目标：本波行情预计上涨目标价位为 13 元左右。

（五）上涨趋势：中长线基金主力可能以震荡盘升策略为主。

三、起涨点技术信号出现前后相关图表

（一）从月线图查看历史上走势全貌

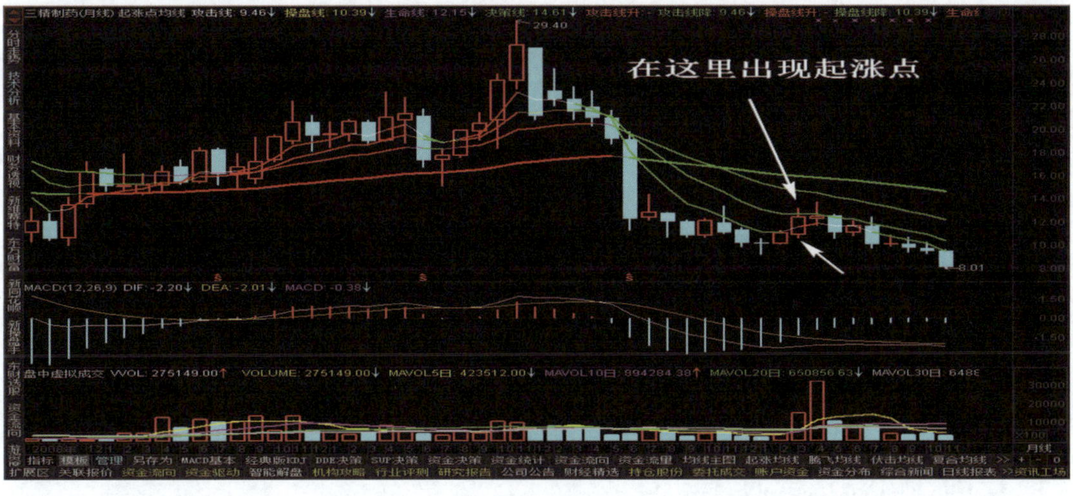

图例 125

（二）从周线图查看历史上走势全貌

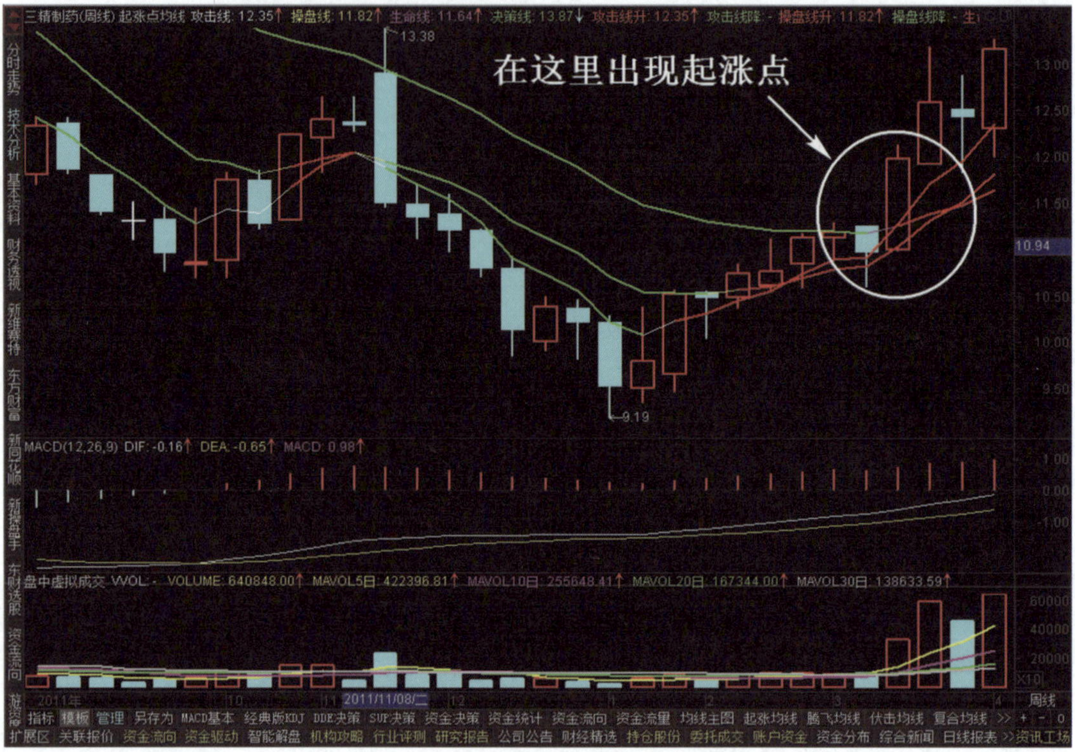

图例 126

（三）从日线图查看当前阶段性走势

认真观察下边的图例，并按要求撰写实训日记。

职业操盘手实训日记模版

________年________月________日　星期________　实训操盘手：________

今日实训要点（请各位参加实训的交易员把当天的实训计划记录在下边，录以备忘）：

上午实训计划：

（一）____

（二）____

上午实训小结：

下午实训计划：

（一）____

（二）____

下午实训小结：

图例 127

（四）从 60 分钟图查看当前阶段性走势

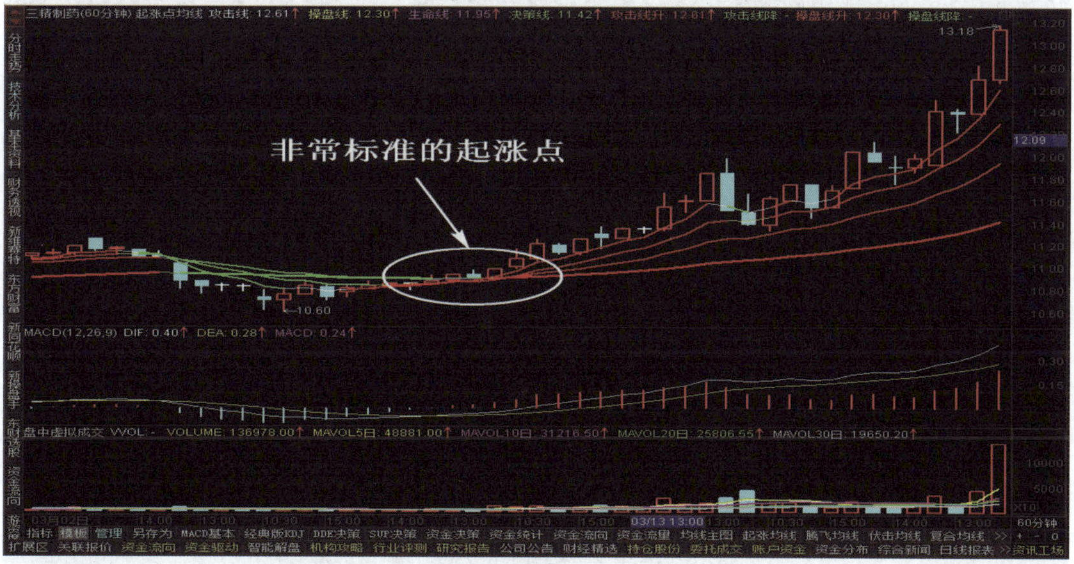

图例 128

（五）从分时图查看当前日内买卖点位置

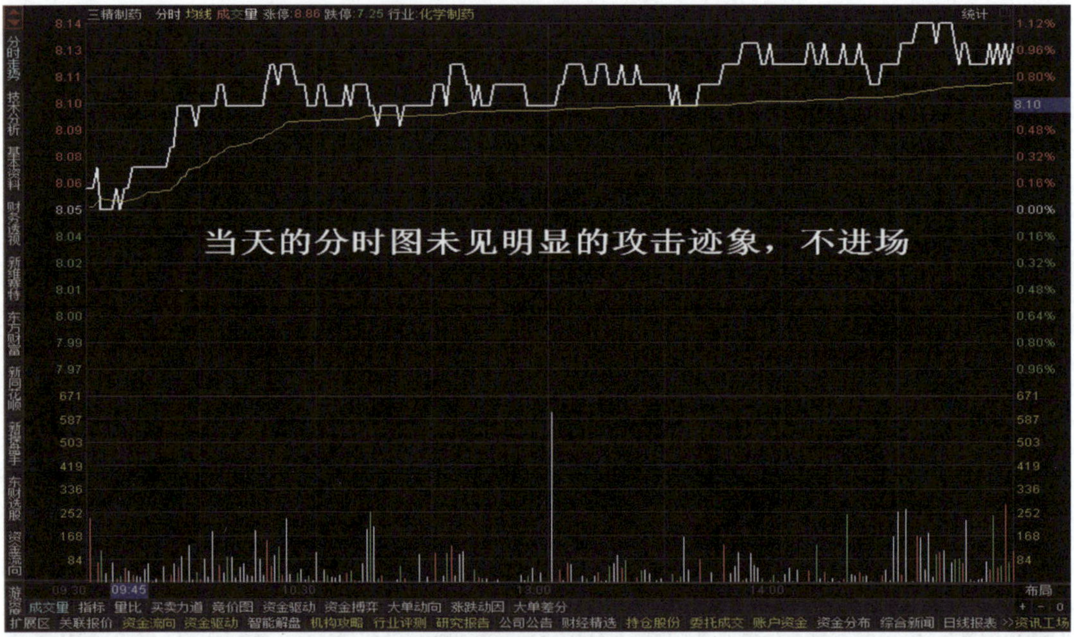

图例 129

（六）从多日分时图查看当前滚动套利区间

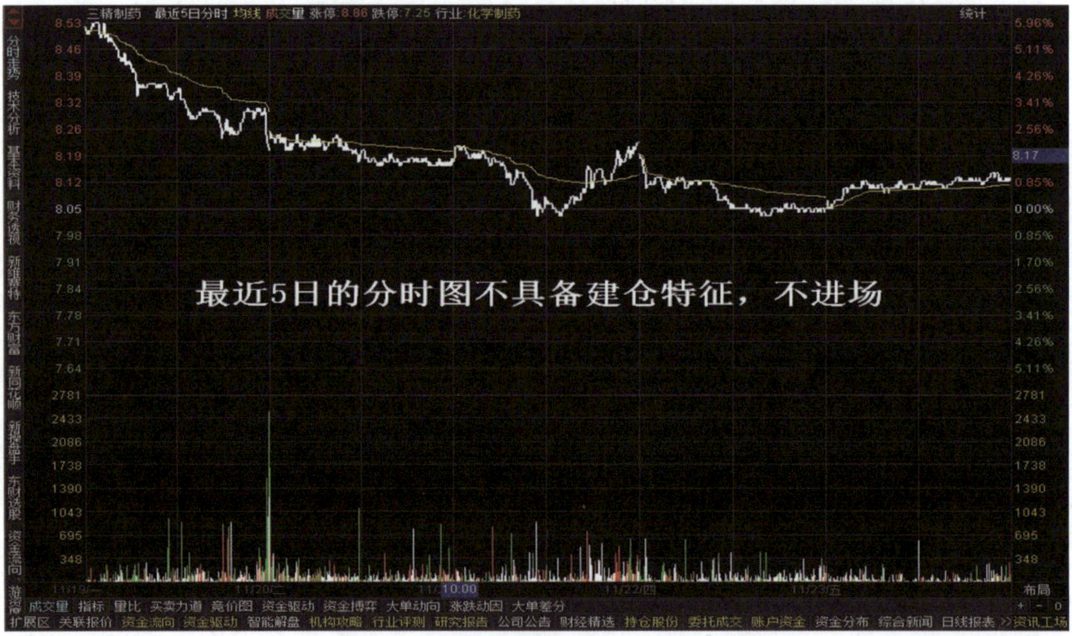

图例 130

实训复盘作业：

结合当天的实训操作，认真撰写实训复盘作业，并定期汇总成册，存档备查。

职业操盘手实训复盘作业模版

________年________月________ 日 星期________ 实训操盘手：________

今日实训复盘：

（一）今日市场热点：____

（二）今日交易异动：____

（三）今日操作过程：____

（四）今日操作总结：____

（五）明日交易计划：____

第三节 训练标的股：600838 上海九百

一、历史上起涨点技术信号出现当天相关数据

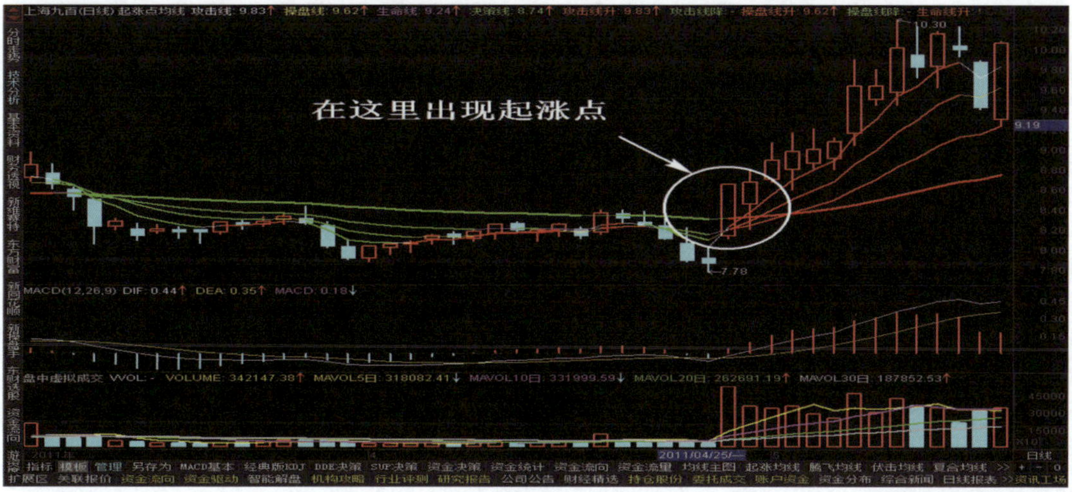

图例 131

打开软件，找到上海九百（600838）在2011年4月28日的走势图，参见图例131所示，然后独立完成下边的基础训练题。

A. 涨幅：________________

B. 换手：________________

C. 振幅：________________

D. 成交金额：____________

E. 成交手数：____________

F. 收盘价格：____________

完成这道基础训练题之后，继续阅读下边的文字。

二、历史上起涨点技术信号出现当天技术特征

（一）K线特征：标准大阳线。

（二）炒作题材：迪斯尼概念、世博概念、重组题材。

（三）操作技术：起涨点操盘术。

（四）目标价位：本波行情预计上涨幅度在10元左右。

（五）上涨趋势：本轮行情可能以震荡盘升为主，可以考虑滚动操作。

三、起涨点技术信号出现前后相关图表

（一）从月线图查看历史上走势全貌

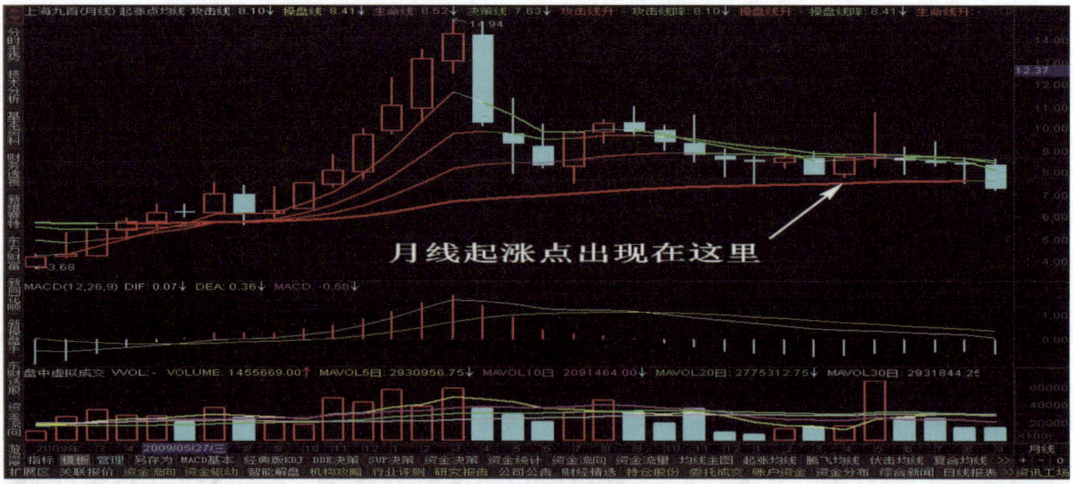

图例132

（二）从周线图查看历史上走势全貌

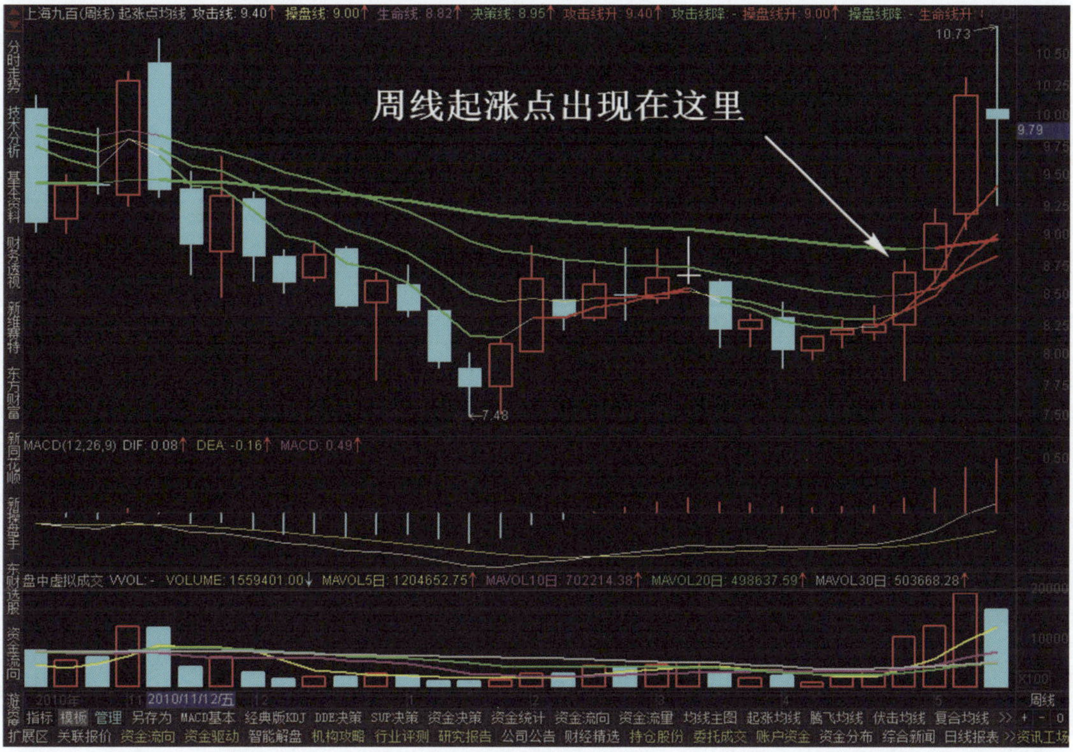

图例 133

（三）从日线图查看当前阶段性走势

认真观察下边的图例，并按要求撰写实训日记。

职业操盘手实训日记模版

________年________月________　日　星期________　实训操盘手：________

今日实训要点（请各位参加实训的交易员把当天的实训计划记录在下边，录以备忘）：

上午实训计划：

（一）____

（二）____

上午实训小结：

下午实训计划：

（一）____

（二）____

下午实训小结：

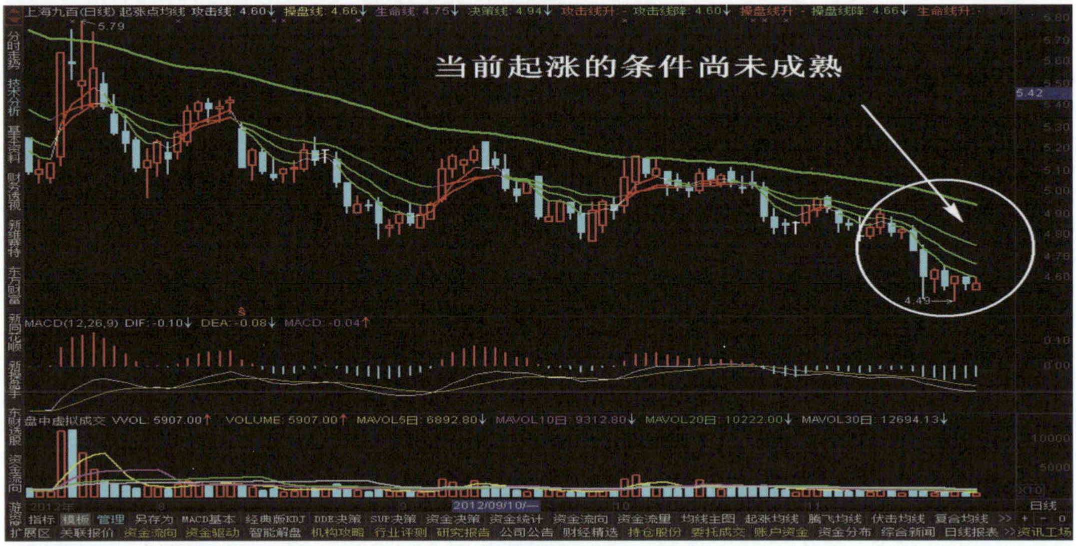

图例 134

（四）从 60 分钟图查看当前阶段性走势

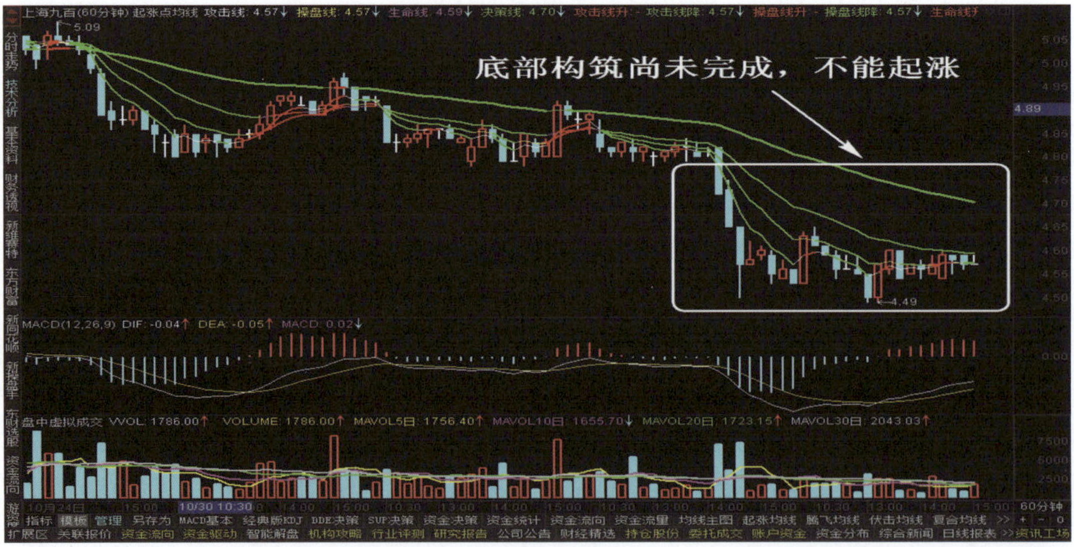

图例 135

（五）从分时图查看当前日内买卖点位置

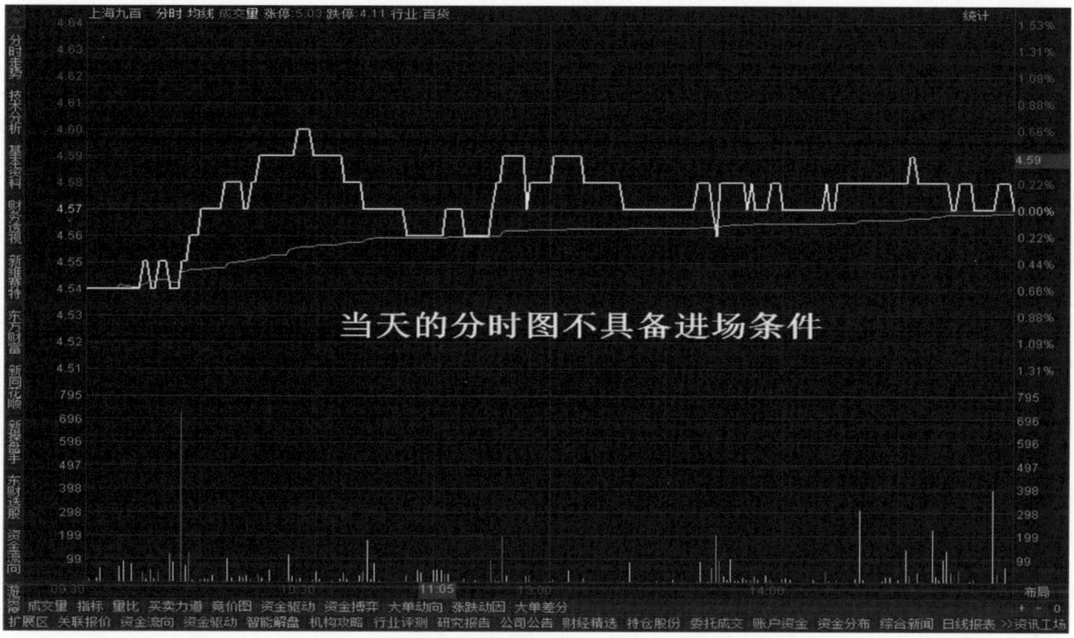

图例 136

（六）从多日分时图查看当前滚动套利区间

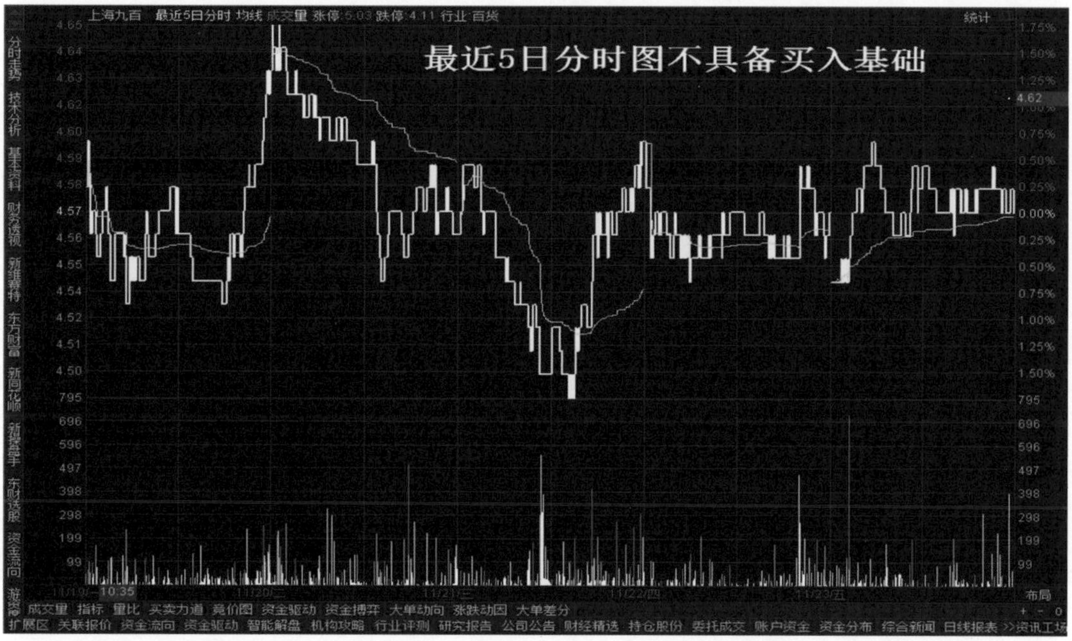

图例 137

实训复盘作业：

结合当天的实训操作，认真撰写实训复盘作业，并定期汇总成册，存档备查。

职业操盘手实训复盘作业模版

________年________月________ 日 星期________ 实训操盘手：________

今日实训复盘：

（一）今日市场热点：________________

（二）今日交易异动：________________

（三）今日操作过程：________________

（四）今日操作总结：________________

（五）明日交易计划：________________

第四节 训练标的股：600810 神马实业

一、历史上起涨点技术信号出现当天相关数据

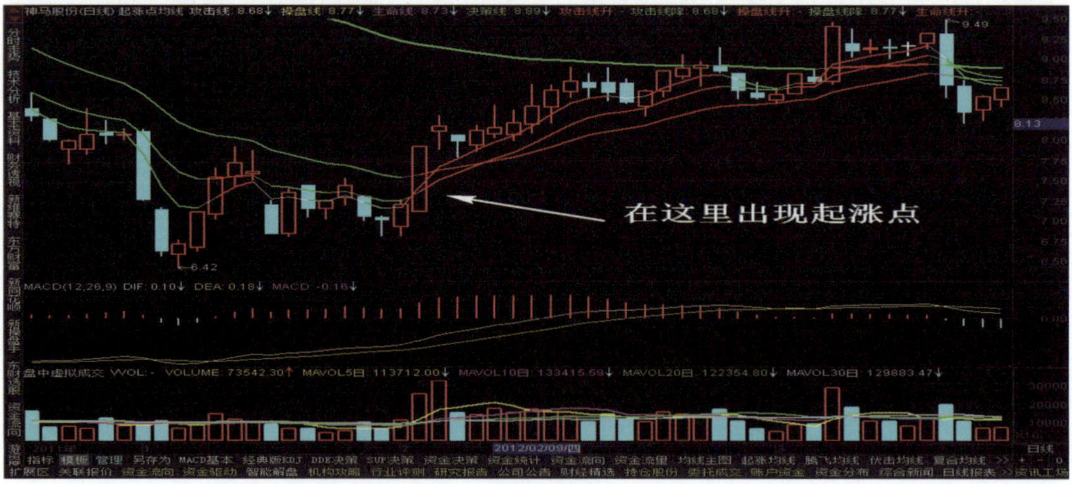

图例 138

打开软件，找到神马实业（600810）在 2012 年 2 月 3 日的走势图，参见图例 138 所示，然后独立完成下边的基础训练题。

A. 涨幅：________________

B. 换手：________________

C. 振幅：________________

D. 成交金额：____________

E. 成交手数：____________

F. 收盘价格：____________

完成这道基础训练题之后，继续阅读下边的文字。

二、历史上起涨点技术信号出现当天技术特征

（一）K 线特征：标准大阳线。

（二）炒作题材：重组题材。

（三）操作技术：起涨点精准操盘技术。

（四）目标价位：本波行情预计目标价位在 10 元左右。

（五）上涨趋势：中线主力可能短期快速暴涨加波段滚动方式为主。

三、起涨点技术信号出现前后相关图表

（一）从月线图查看历史上走势全貌

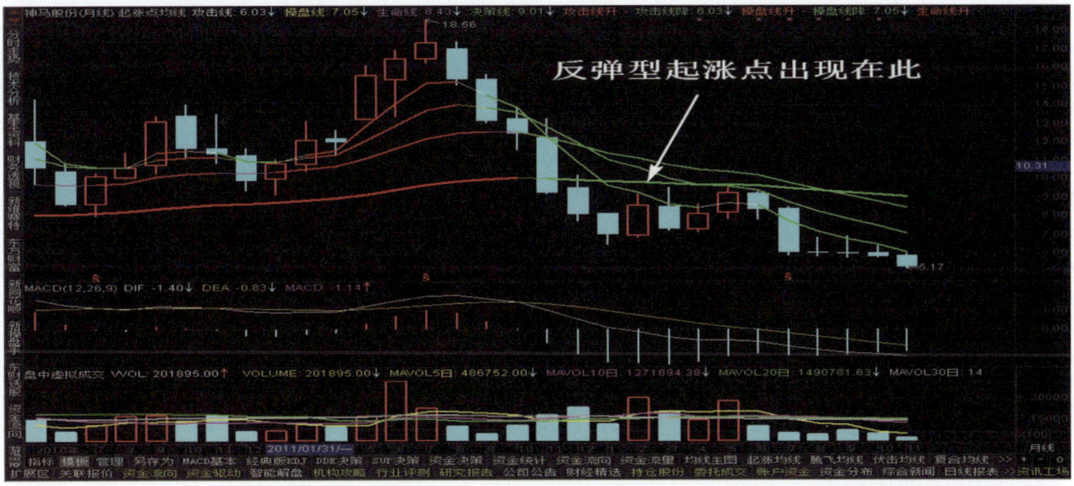

图例 139

（二）从周线图查看历史上走势全貌

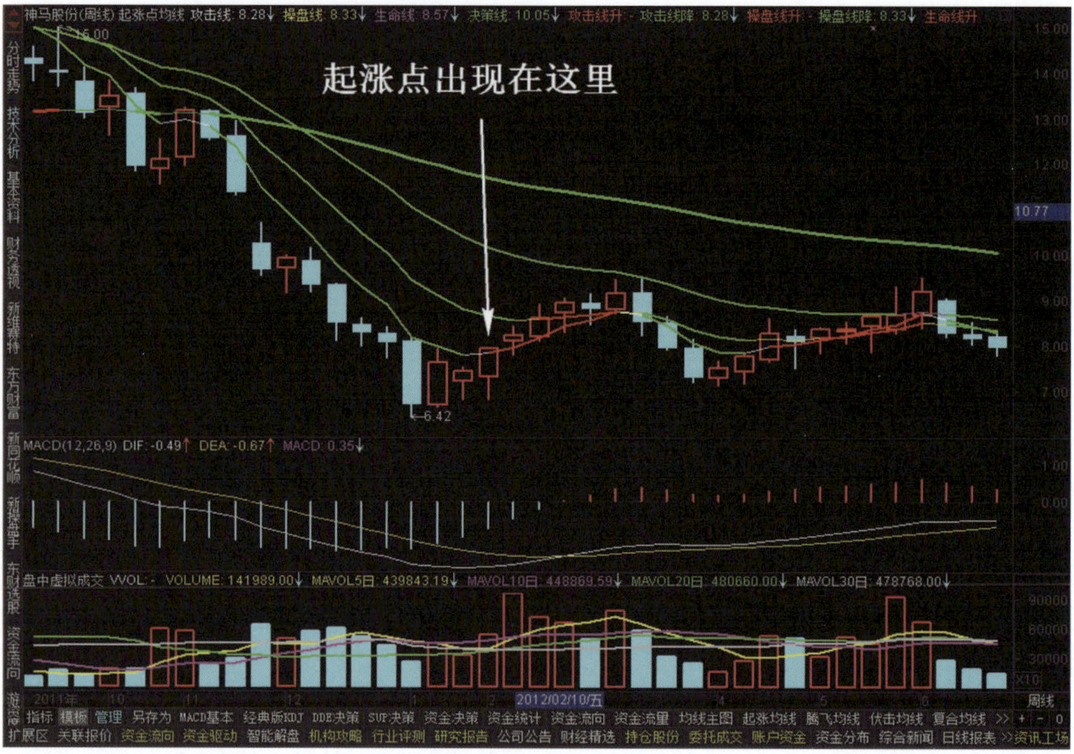

图例 140

（三）从日线图查看当前阶段性走势

认真观察下边的图例，并按要求撰写实训日记。

职业操盘手实训日记模版

________年________月________日　星期________　实训操盘手：________

今日实训要点（请各位参加实训的交易员把当天的实训计划记录在下边，录以备忘）：

上午实训计划：

（一）____

（二）____

上午实训小结：

下午实训计划：

（一）________________________________

（二）________________________________

下午实训小结：

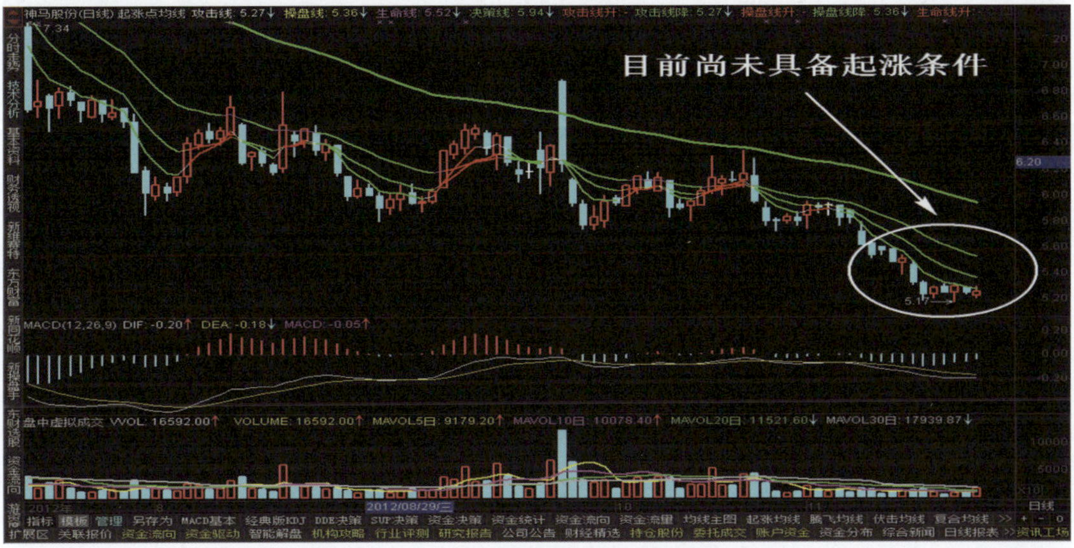

图例 141

（四）从 60 分钟图查看当前阶段性走势

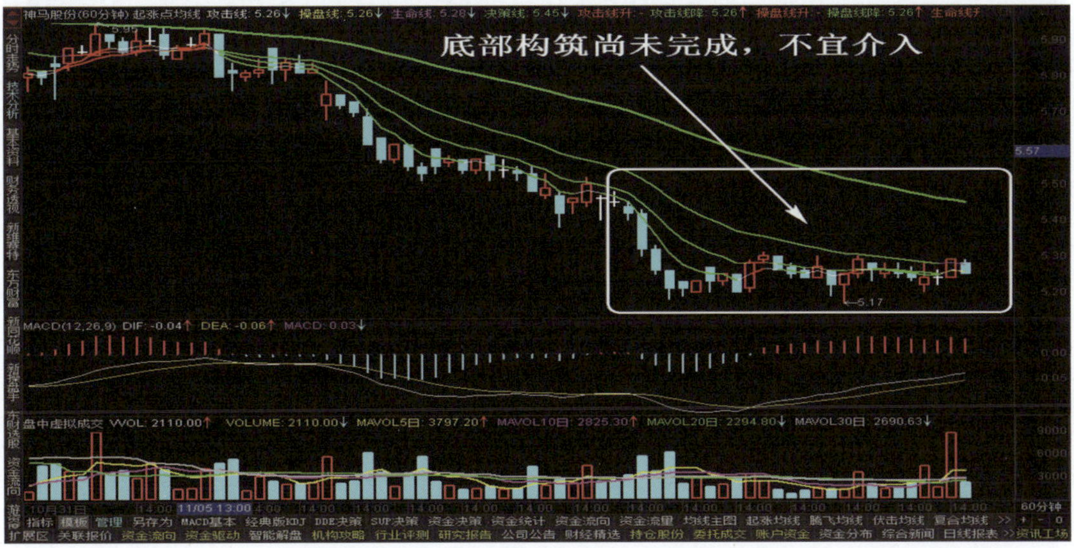

图例 142

（五）从分时图查看当前日内买卖点位置

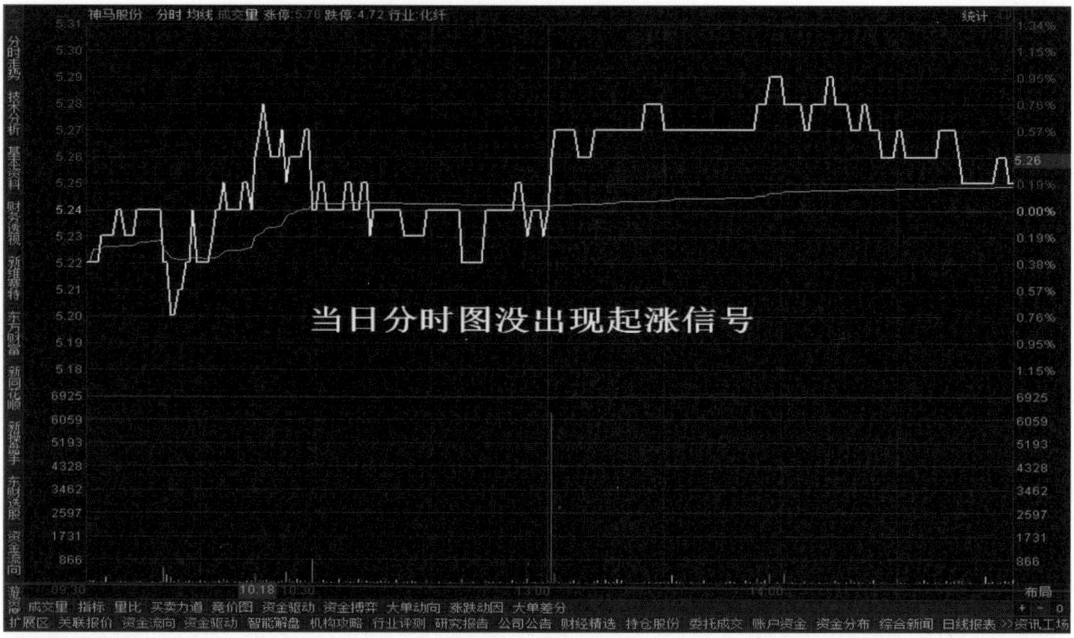

图例 143

（六）从多日分时图查看当前滚动套利区间

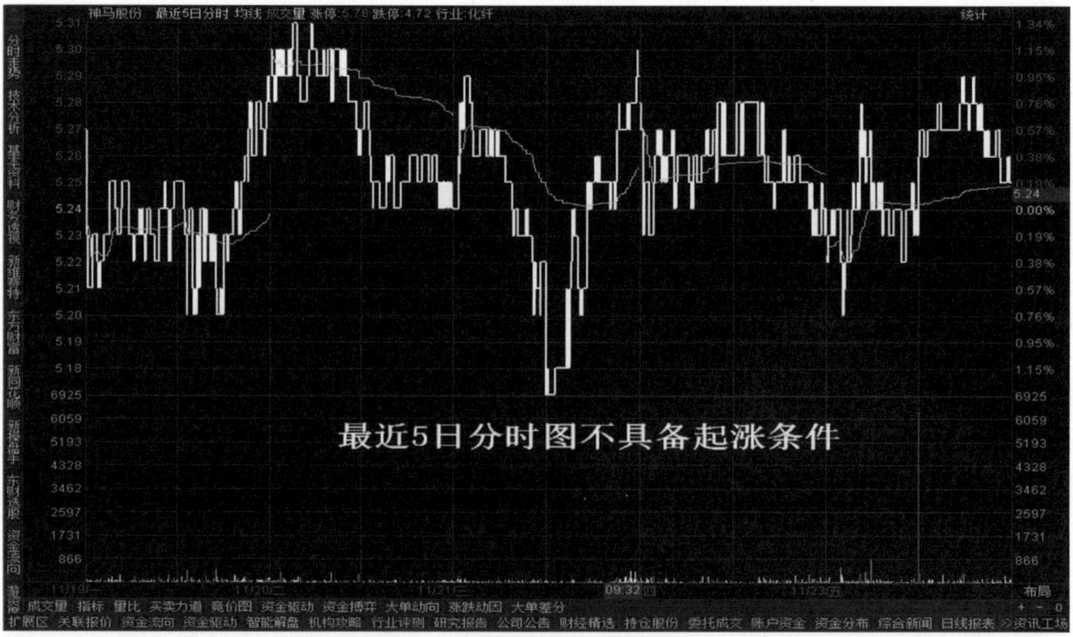

图例 144

实训复盘作业：

结合当天的实训操作，认真撰写实训复盘作业，并定期汇总成册，存档备查。

职业操盘手实训复盘作业模版

________年________月________日　星期________　实训操盘手：________

今日实训复盘：

（一）今日市场热点：____

（二）今日交易异动：____

（三）今日操作过程：____

（四）今日操作总结：____

（五）明日交易计划：____

第五节　训练标的股：600630 龙头股份

一、历史上起涨点技术信号出现当天相关数据

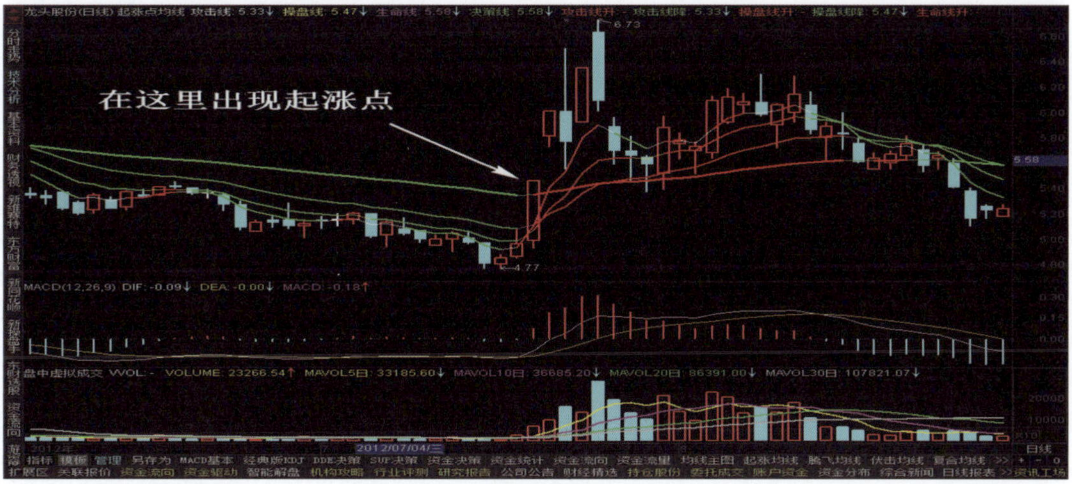

图例 145

打开软件，找到龙头股份（600630）在2012年7月19日的走势图，参见图例145所示，然后独立完成下边的基础训练题。

A. 涨幅：____________

B. 换手：____________

C. 振幅：____________

D. 成交金额：__________

E. 成交手数：__________

F. 收盘价格：__________

完成这道基础训练题之后，继续阅读下边的文字。

二、历史上起涨点技术信号出现当天技术特征

（一）K线特征：标准大阳线。

（二）炒作题材：创投概念＼迪斯尼概念。

（三）操作技术：起涨点操盘技术。

（四）波段目标：本波行情预计上涨目标7元左右。

（五）上涨趋势：中线主力可能以短线暴涨加震荡盘升策略为主。

三、起涨点技术信号出现前后相关图表

（一）从月线图查看历史上走势全貌

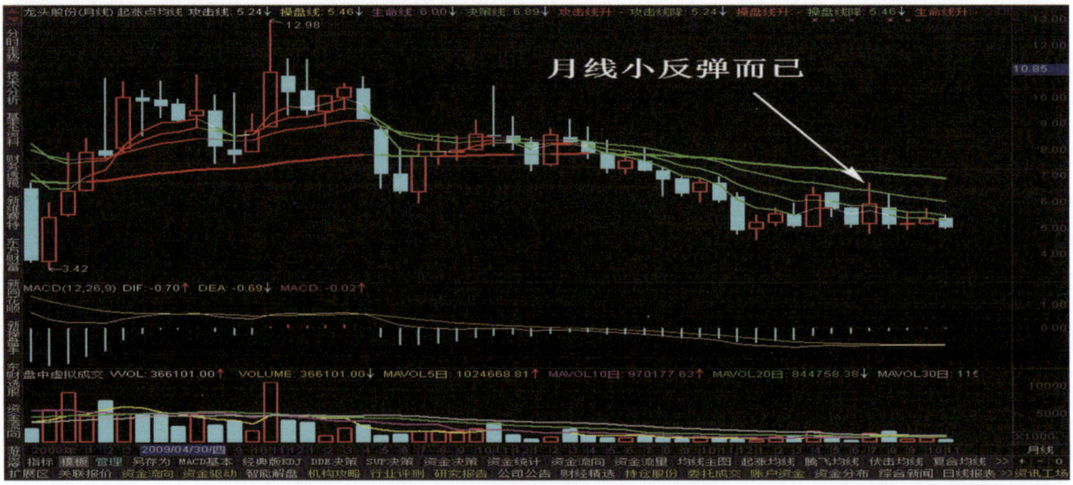

图例146

（二）从周线图查看历史上走势全貌

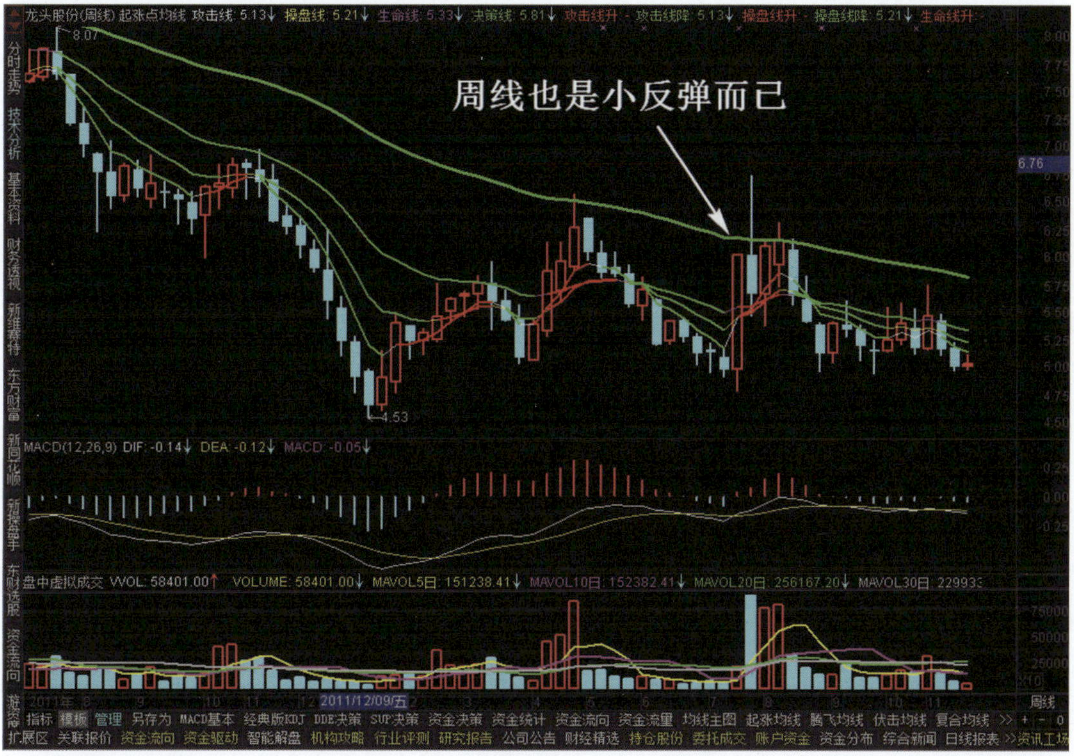

图例 147

（三）从日线图查看当前阶段性走势

认真观察下边的图例，并按要求撰写实训日记。

职业操盘手实训日记模版

________年________月________ 日 星期________ 实训操盘手：________

今日实训要点（请各位参加实训的交易员把当天的实训计划记录在下边，录以备忘）：

上午实训计划：

（一）____

（二）____

上午实训小结：

下午实训计划：

（一）______

（二）______

下午实训小结：

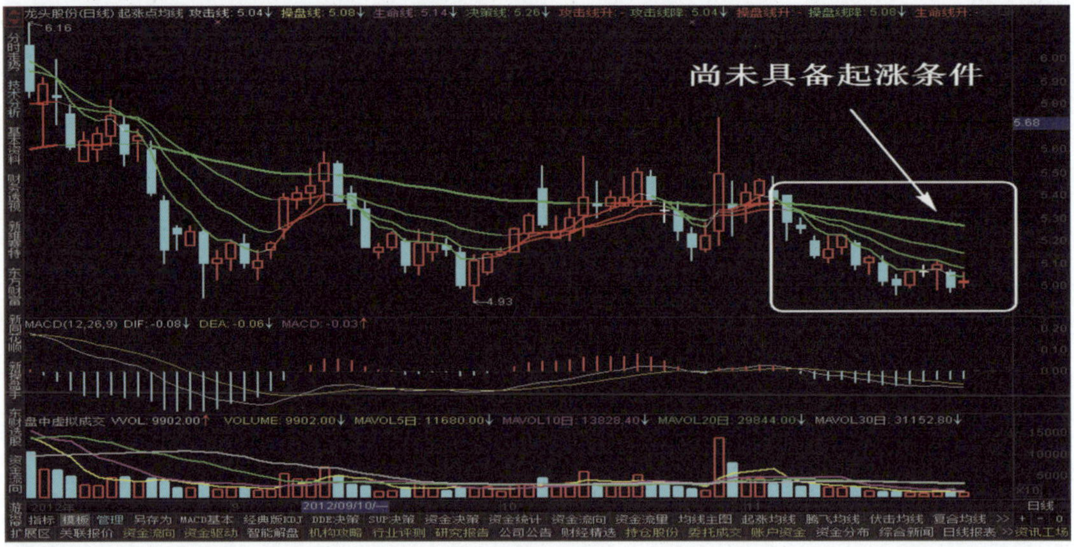

图例 148

（四）从 60 分钟图查看当前阶段性走势

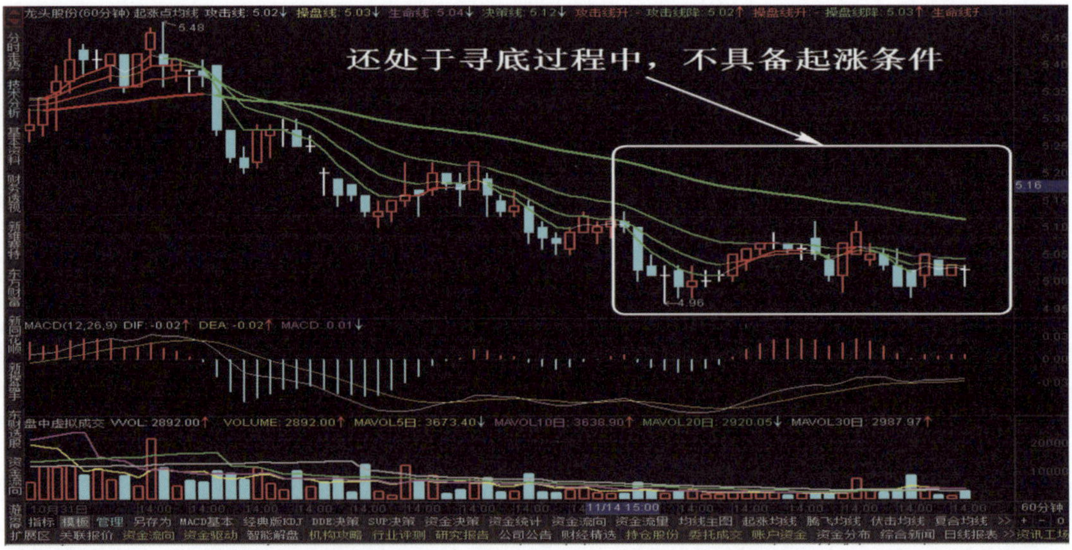

图例 149

（五）从分时图查看当前日内买卖点位置

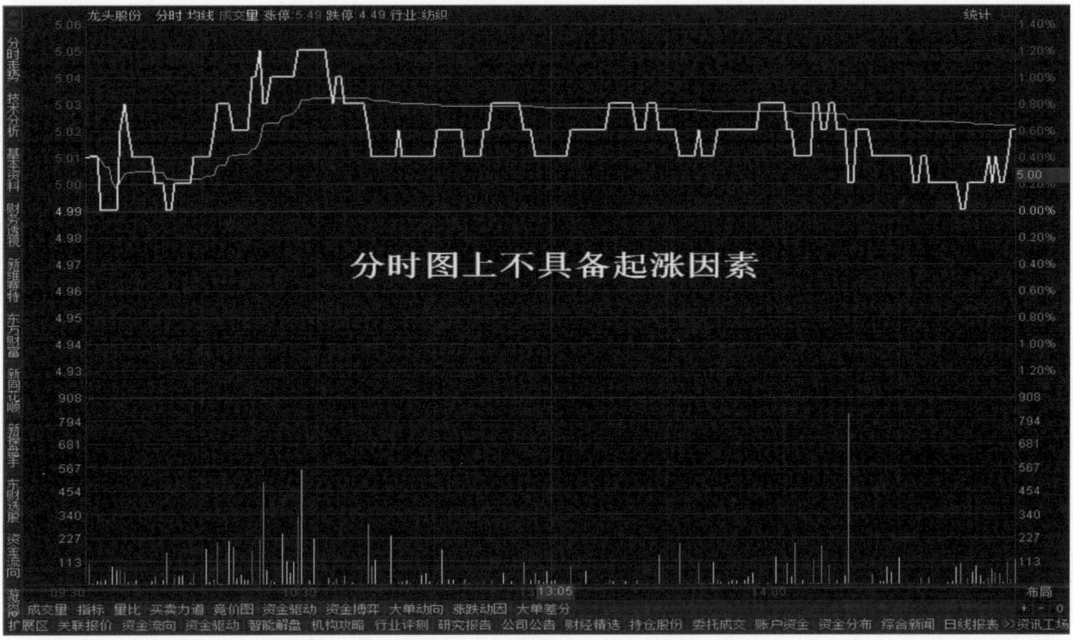

图例 150

（六）从多日分时图查看当前滚动套利区间

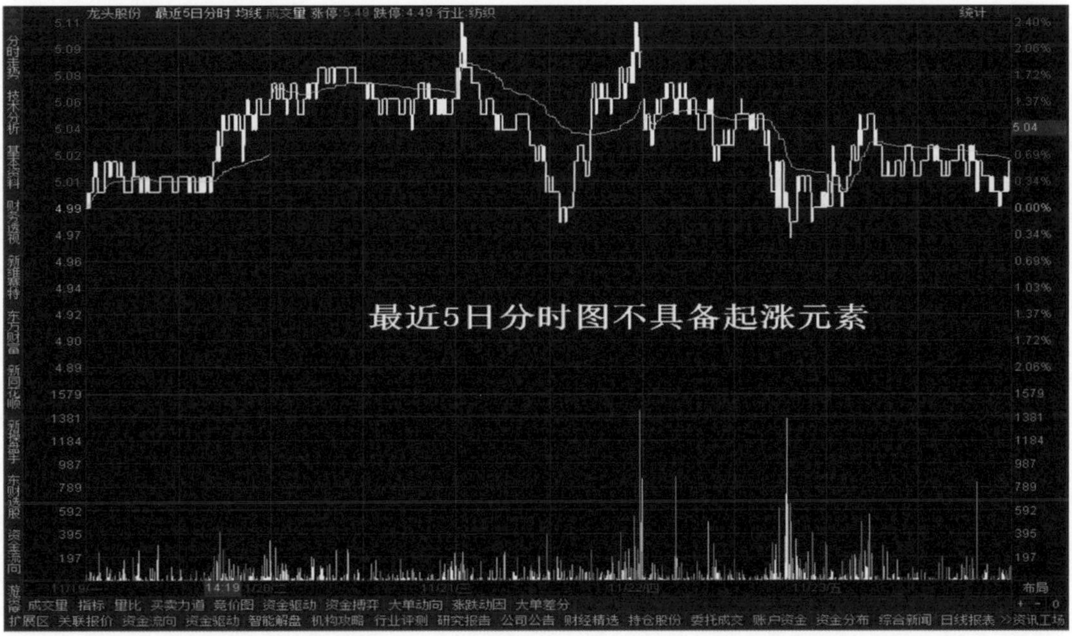

图例 151

实训复盘作业：

结合当天的实训操作，认真撰写实训复盘作业，并定期汇总成册，存档备查。

职业操盘手实训复盘作业模版

________年________月________日　星期________　实训操盘手：________

今日实训复盘：

（一）今日市场热点：________

（二）今日交易异动：________

（三）今日操作过程：________

（四）今日操作总结：________

（五）明日交易计划：________

第六节　训练标的股：000836 鑫茂科技

一、历史上起涨点技术信号出现当天相关数据

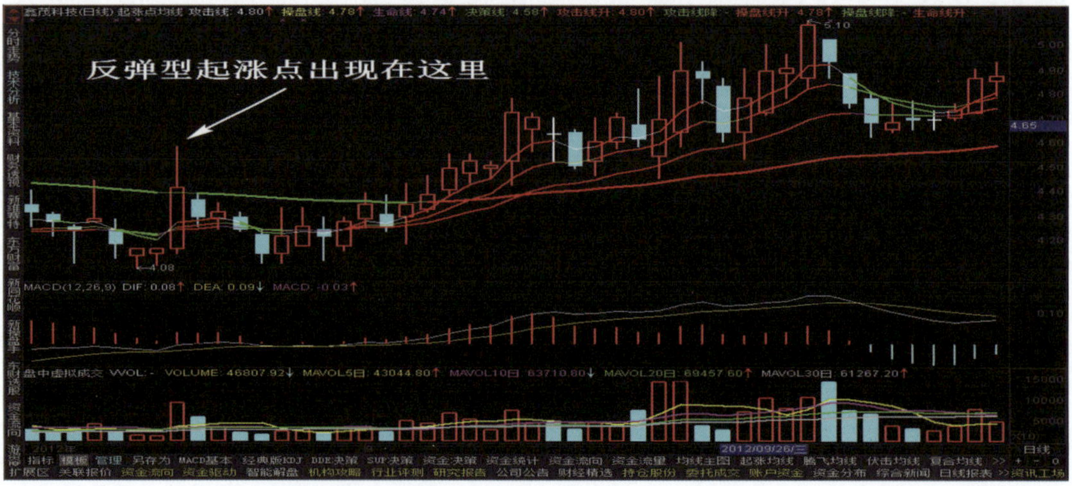

图例 152

打开软件，找到鑫茂科技（000836）在 2012 年 8 月 21 日的走势图，参见图例 152 所示，然后独立完成下边的基础训练题。

A. 涨幅：______________

B. 换手：______________

C. 振幅：______________

D. 成交金额：__________

E. 成交手数：__________

F. 收盘价格：__________

完成这道基础训练题之后，继续阅读下边的文字。

二、历史上起涨点技术信号出现当天技术特征

（一）K 线特征：普通中阳线。

（二）炒作题材：新能源风电题材。

（三）操作技术：起涨点操盘术。

（四）目标价位：本波行情预计目标价位在 5 元左右。

（五）上涨趋势：中线主力可能以震荡盘升方式为主。

三、起涨点技术信号出现前后相关图表

（一）从月线图查看历史上走势全貌

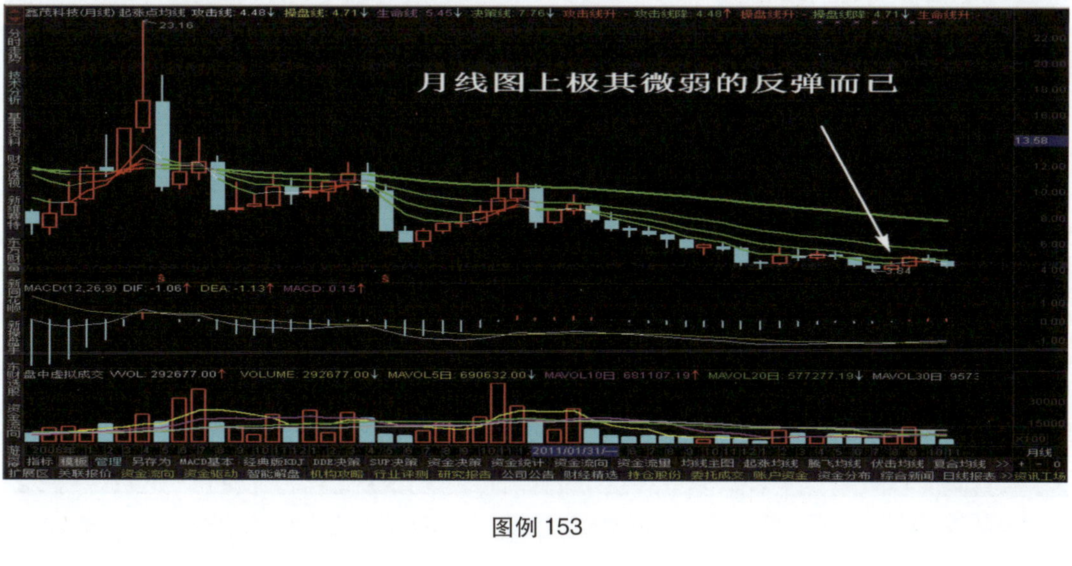

图例 153

（二）从周线图查看历史上走势全貌

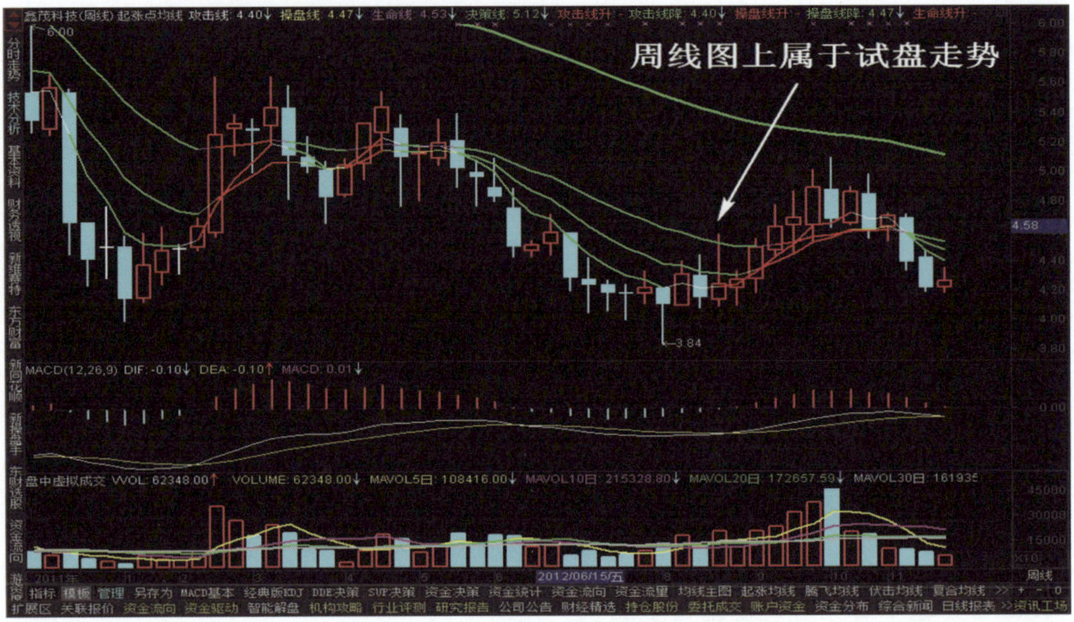

图例 154

（三）从日线图查看当前阶段性走势

认真观察下边的图例，并按要求撰写实训日记。

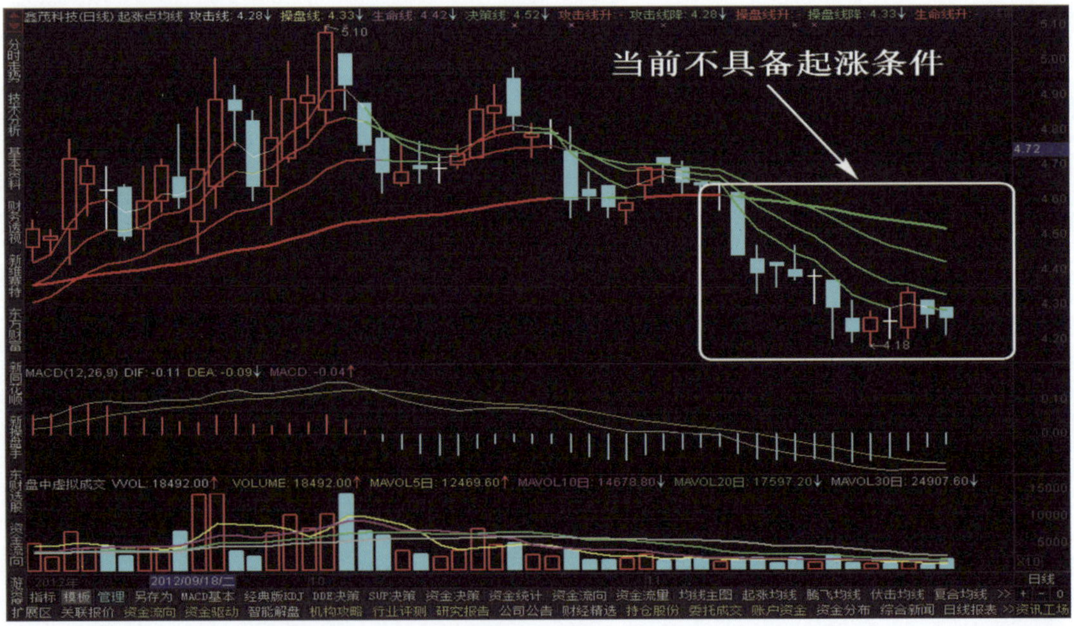

图例 155

职业操盘手实训日记模版

________年________月________日　星期________　实训操盘手：________

今日实训要点（请各位参加实训的交易员把当天的实训计划记录在下边，录以备忘）：

上午实训计划：

（一）________________________________

（二）________________________________

上午实训小结：

下午实训计划：

（一）________________________________

（二）________________________________

下午实训小结：

（四）从 60 分钟图查看当前阶段性走势

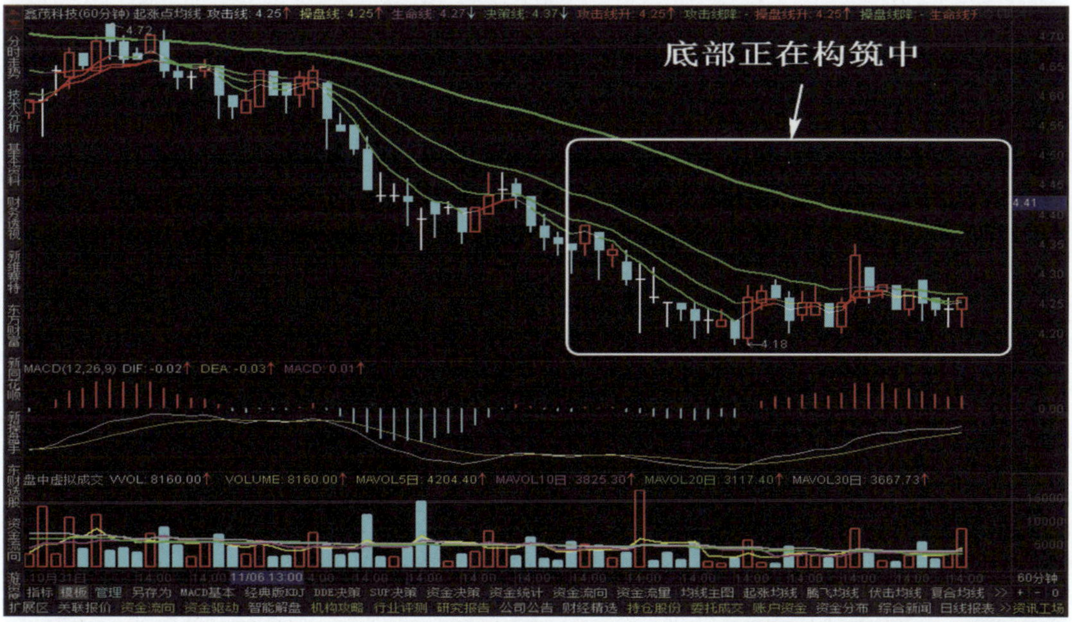

图例 156

（五）从分时图查看当前日内买卖点位置

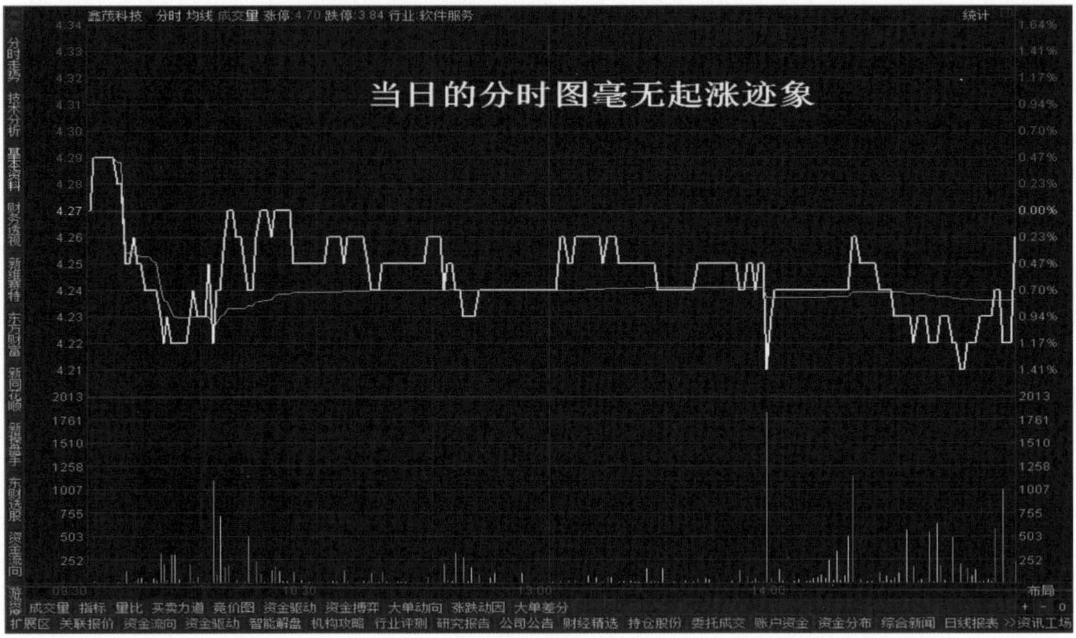

图例 157

（六）从多日分时图查看当前滚动套利区间

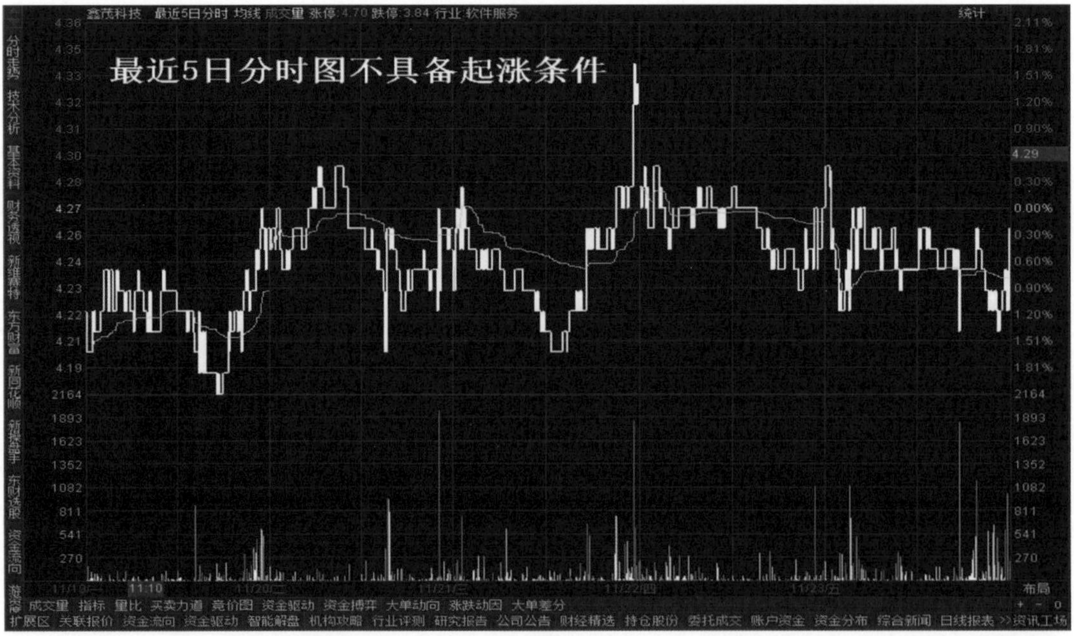

图例 158

实训复盘作业：

结合当天的实训操作，认真撰写实训复盘作业，并定期汇总成册，存档备查。

职业操盘手实训复盘作业模版

________年________月________日 星期________ 实训操盘手：________

今日实训复盘：

（一）今日市场热点：____

（二）今日交易异动：____

（三）今日操作过程：____

（四）今日操作总结：____

（五）明日交易计划：____

第七节　训练标的股：002122 天马股份

一、历史上起涨点技术信号出现当天相关数据

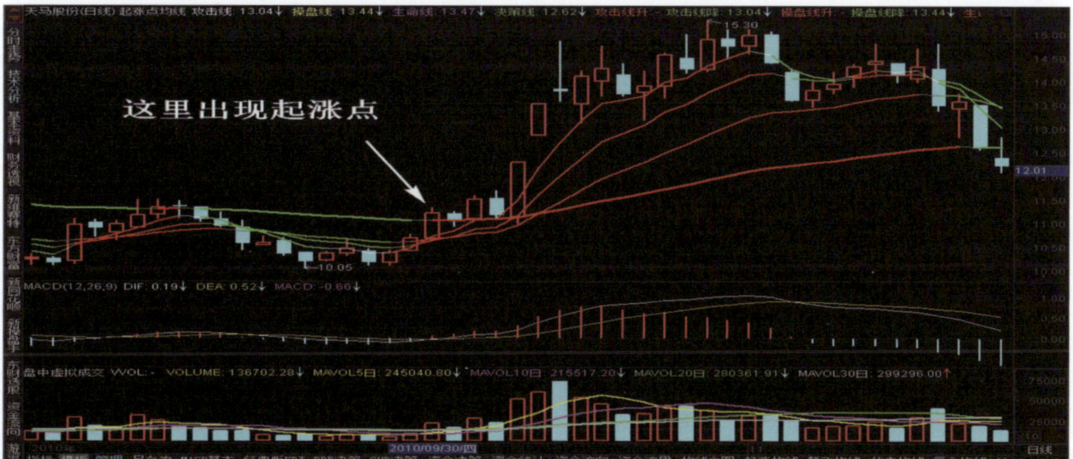

图例 159

打开软件，找到天马股份（002122）在 2010 年 10 月 11 日的走势图，参见图例 159 所示，然后独立完成下边的基础训练题。

A. 涨幅：____________

B. 换手：____________

C. 振幅：____________

D. 成交金额：__________

E. 成交手数：__________

F. 收盘价格：__________

完成这道基础训练题之后，继续阅读下边的文字。

二、历史上起涨点技术信号出现当天技术特征

（一）K 线特征：普通中阳线。

（二）炒作题材：新能源风电概念。

（三）操作技术：起涨点操盘技术。

（四）波段目标：本波行情预计上涨目标价位 15 元左右。

（五）上涨趋势：中线主力可能以短线暴涨加震荡盘升策略为主。

三、起涨点技术信号出现前后相关图表

（一）从月线图查看历史上走势全貌

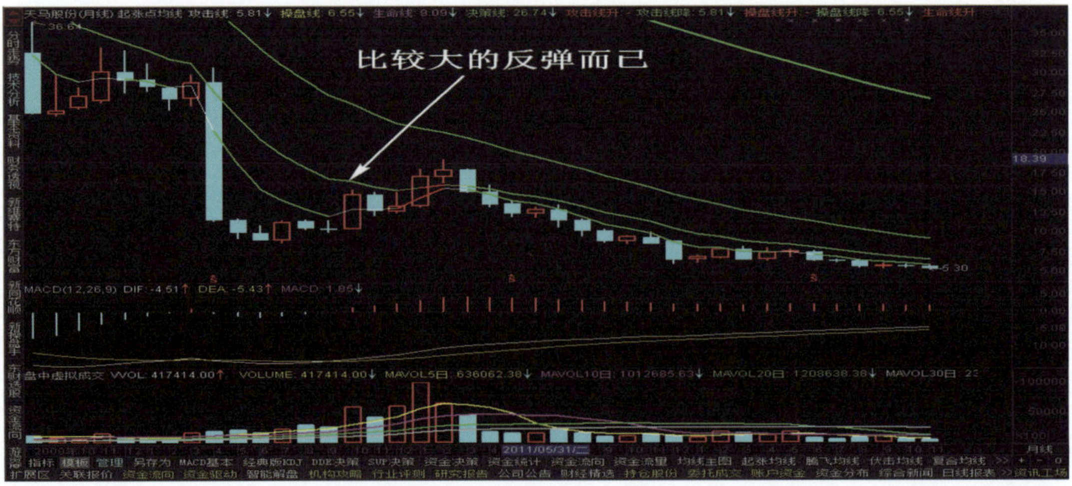

图例 160

（二）从周线图查看历史上走势全貌

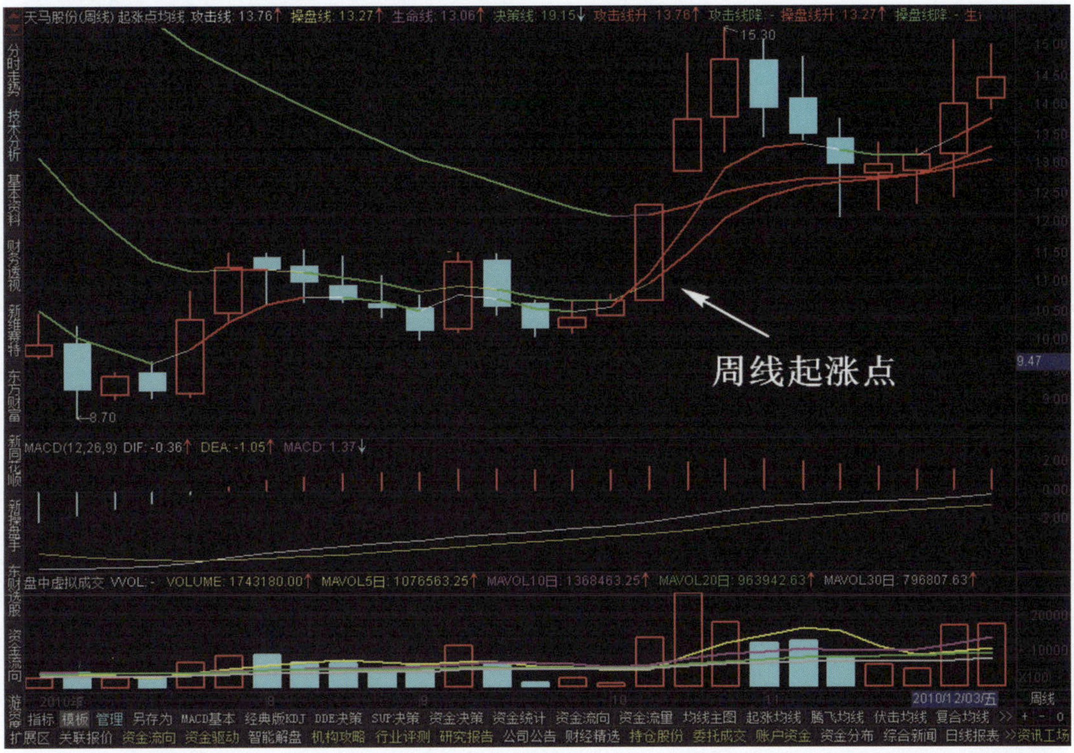

图例 161

（三）从日线图查看当前阶段性走势

认真观察下边的图例，并按要求撰写实训日记。

职业操盘手实训日记模版

________年________月________ 日 星期________ 实训操盘手：________

今日实训要点（请各位参加实训的交易员把当天的实训计划记录在下边，录以备忘）：

上午实训计划：

（一）____

（二）____

上午实训小结：

下午实训计划：

（一）______________________________

（二）______________________________

下午实训小结：

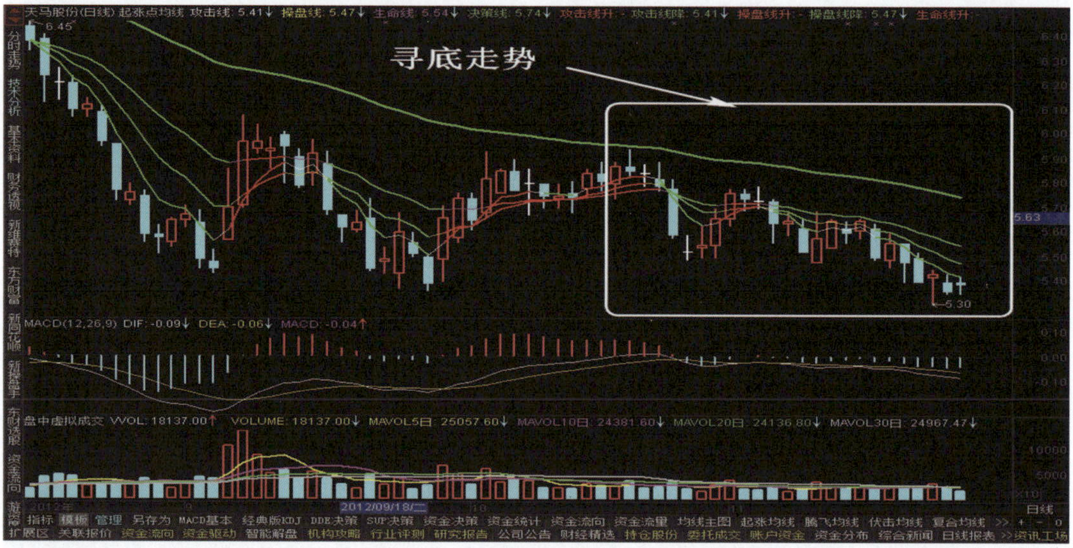

图例 162

（四）从 60 分钟图查看当前阶段性走势

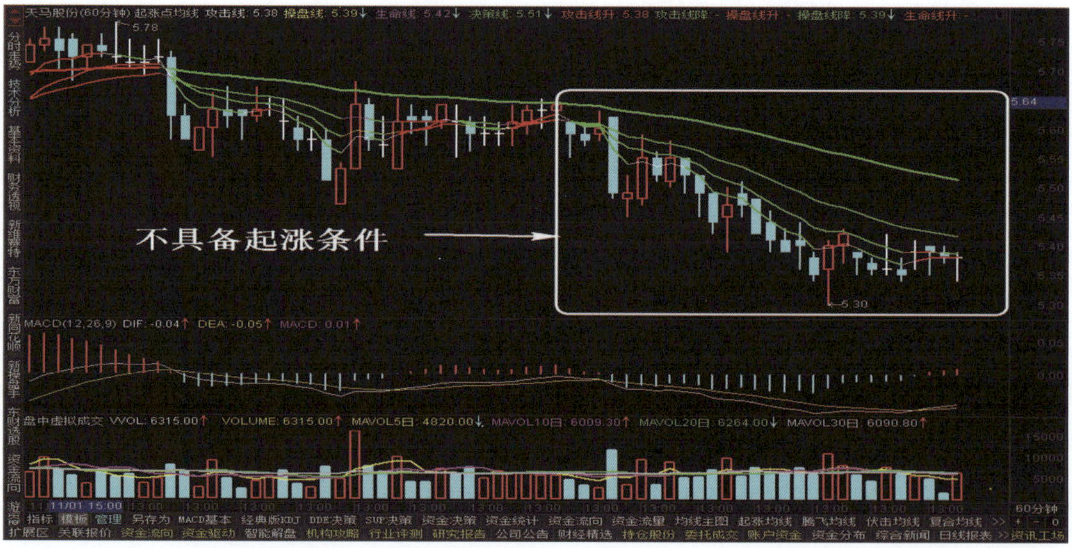

图例 163

（五）从分时图查看当前日内买卖点位置

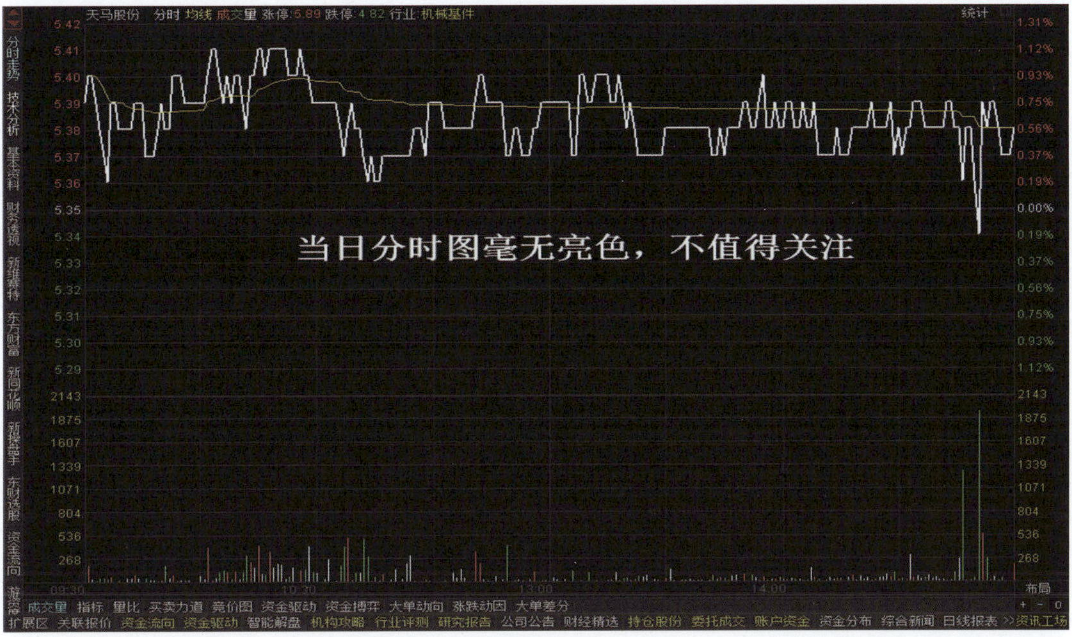

图例 164

（六）从多日分时图查看当前滚动套利区间

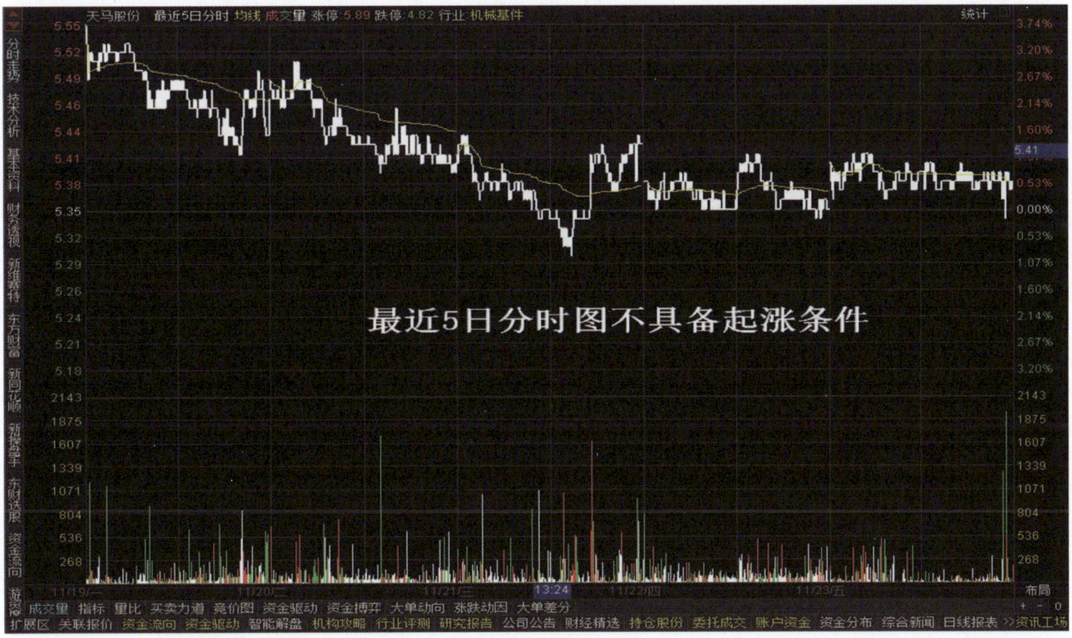

图例 165

实训复盘作业：

结合当天的实训操作，认真撰写实训复盘作业，并定期汇总成册，存档备查。

职业操盘手实训复盘作业模版

________年________月________ 日 星期________ 实训操盘手：________

今日实训复盘：

（一）今日市场热点：________________________________

（二）今日交易异动：________________________________

（三）今日操作过程：________________________________

（四）今日操作总结：________________________________

（五）明日交易计划：________________________________

第八节 训练标的股：002076 雪莱特

一、历史上起涨点技术信号出现当天相关数据

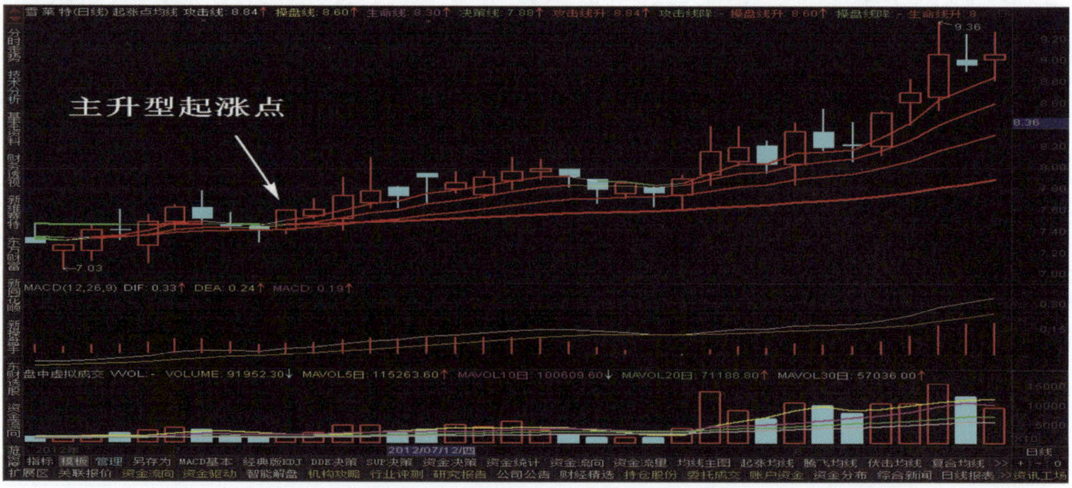

图例 166

打开软件，找到雪莱特（002076）在2012年7月6日的走势图，参见图例166所示，然后独立完成下边的基础训练题。

A. 涨幅：________

B. 换手：________

C. 振幅：________

D. 成交金额：________

E. 成交手数：________

F. 收盘价格：________

完成这道基础训练题之后，继续阅读下边的文字。

二、历史上起涨点技术信号出现当天技术特征

（一）K线特征：标准小阳线。

（二）炒作题材：节能概念、汽车工业链配件龙头。

（三）操作技术：起涨点精准操盘技术。

（四）波段目标：本波行情预计上涨目标价位10元左右。

（五）上涨趋势：中线主力可能以震荡盘升策略为主。

三、起涨点技术信号出现前后相关图表

（一）从月线图查看历史上走势全貌

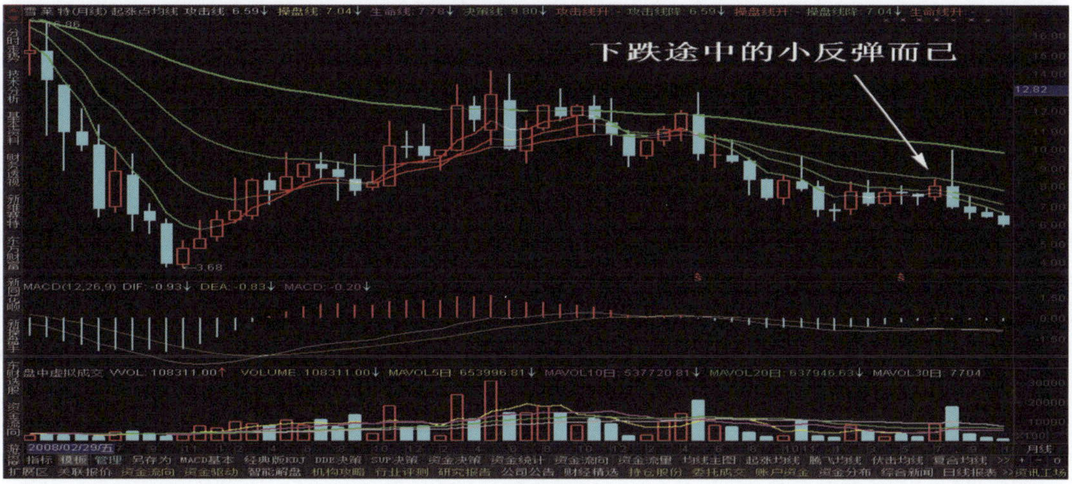

图例 167

（二）从周线图查看历史上走势全貌

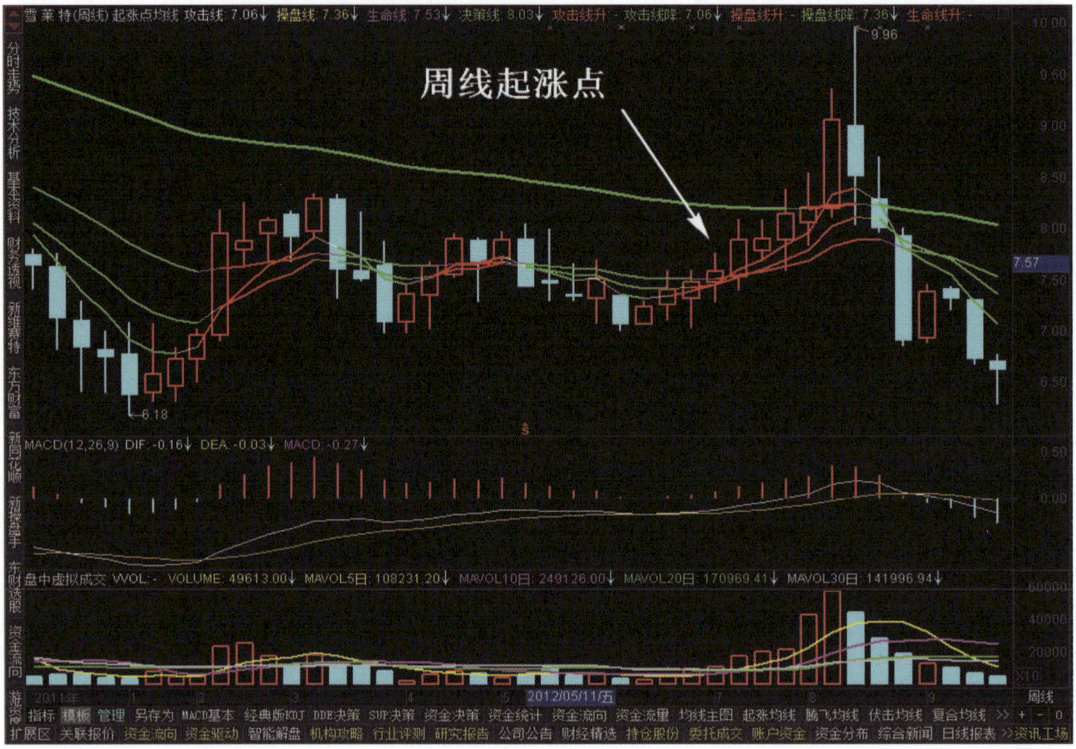

图例 168

（三）从日线图查看当前阶段性走势

认真观察下边的图例，并按要求撰写实训日记。

职业操盘手实训日记模版

________年________月________ 日　星期________　实训操盘手：________

今日实训要点（请各位参加实训的交易员把当天的实训计划记录在下边，录以备忘）：

上午实训计划：

（一）________________________________

（二）________________________________

上午实训小结：

下午实训计划：

（一）______________________________

（二）______________________________

下午实训小结：

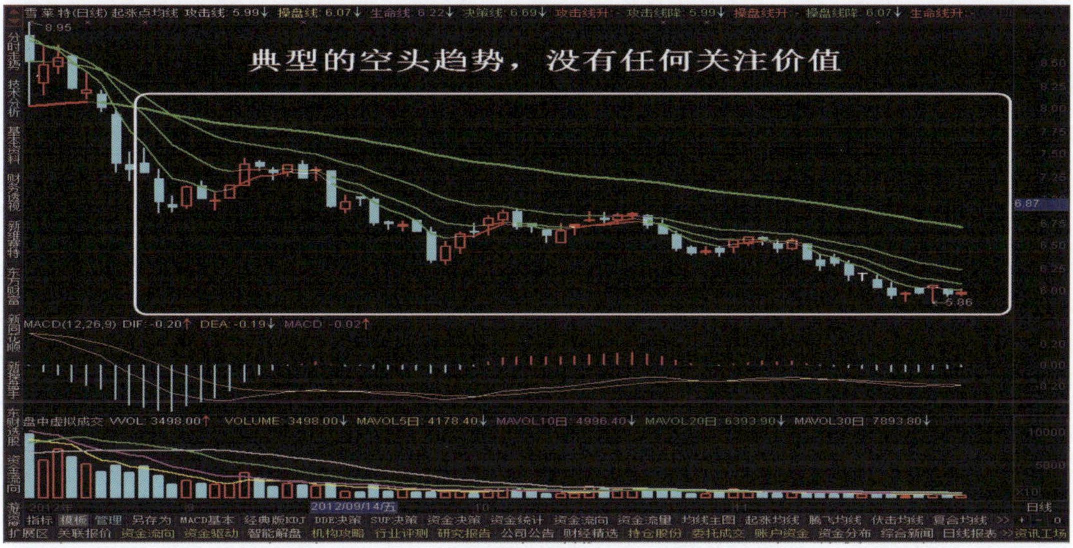

图例 169

（四）从 60 分钟图查看当前阶段性走势

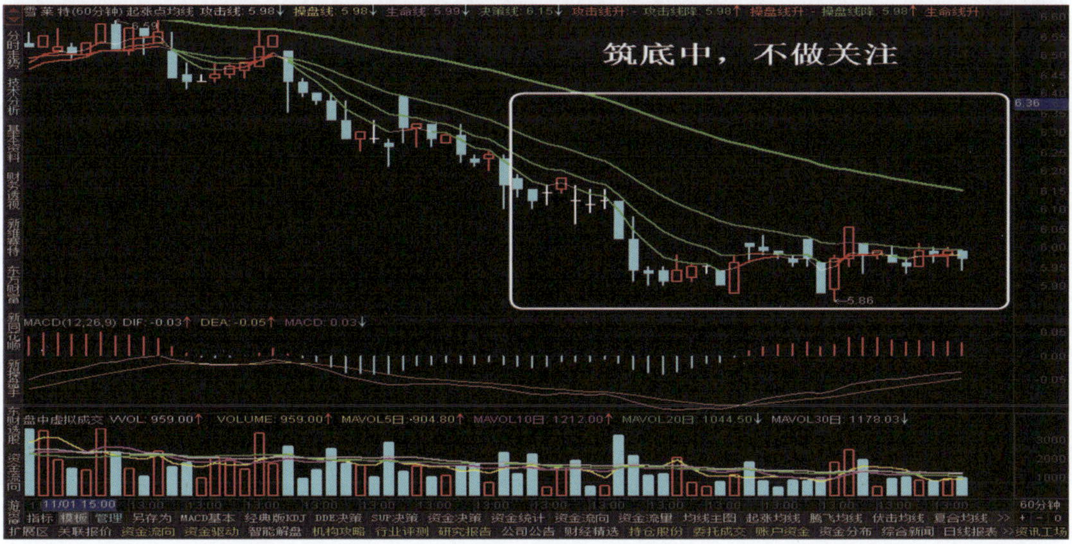

图例 170

（五）从分时图查看当前日内买卖点位置

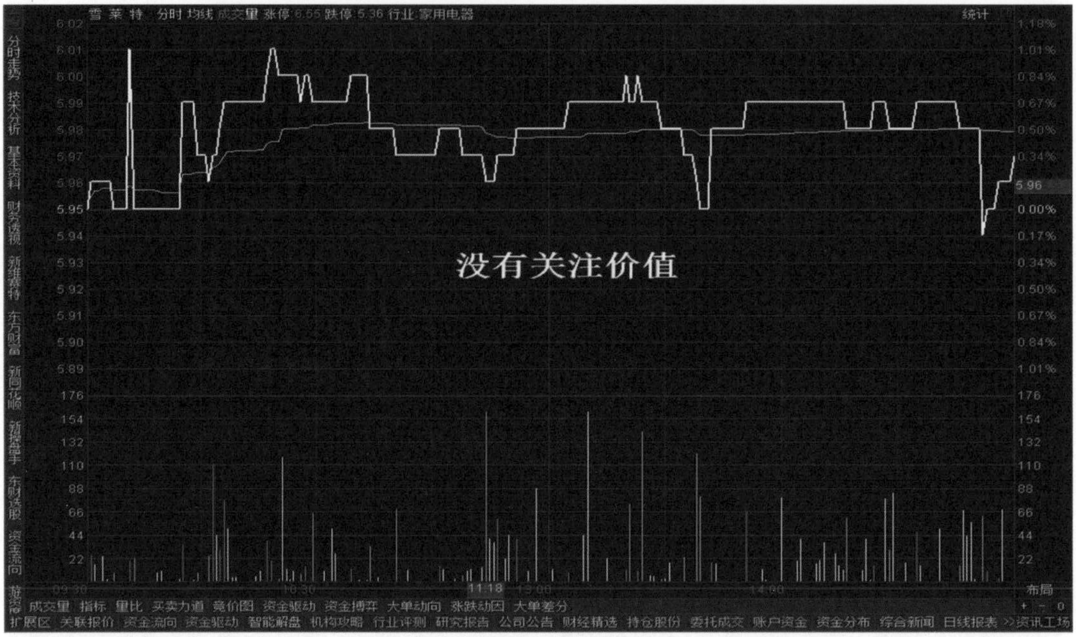

图例 171

（六）从多日分时图查看当前滚动套利区间

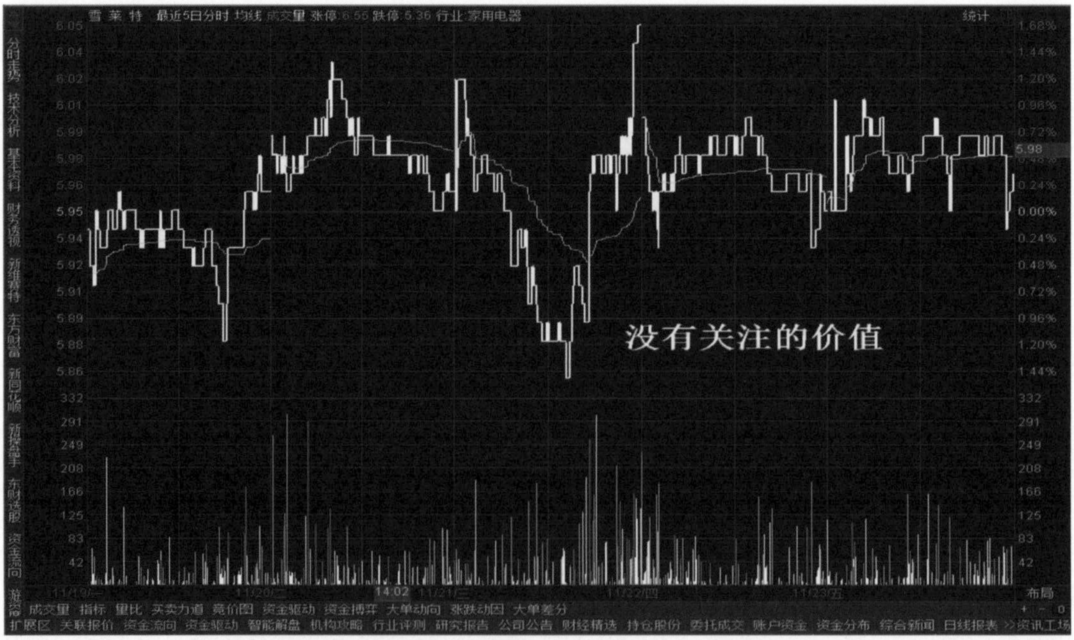

图例 172

实训复盘作业：

结合当天的实训操作，认真撰写实训复盘作业，并定期汇总成册，存档备查。

职业操盘手实训复盘作业模版

________年________月________　日　星期________　实训操盘手：________

今日实训复盘：

（一）今日市场热点：____

（二）今日交易异动：____

（三）今日操作过程：____

（四）今日操作总结：____

（五）明日交易计划：____

第九节　训练标的股：000950 建峰化工

一、历史上起涨点技术信号出现当天相关数据

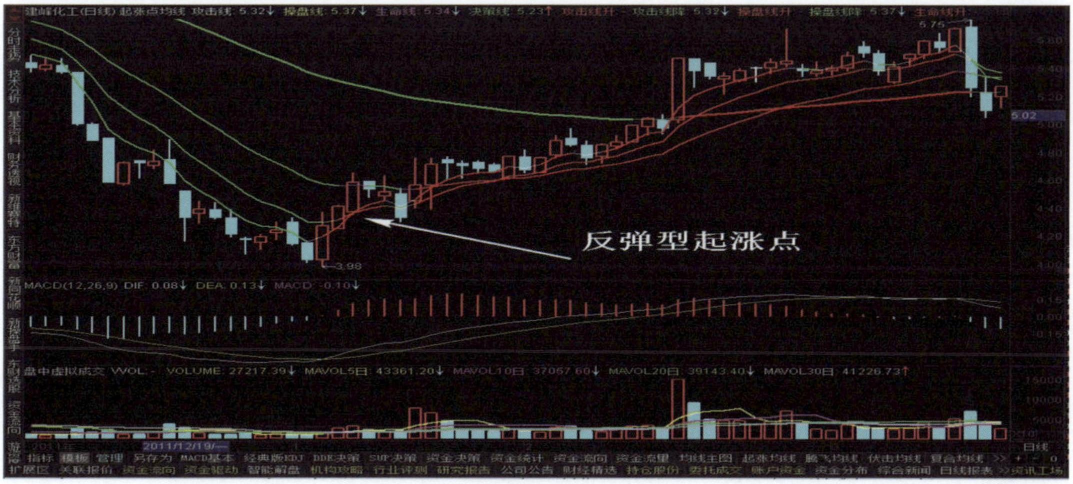

图例 173

打开软件，找到建峰化工（000950）在 2012 年 1 月 10 日的走势图，参见图例 173 所示，然后独立完成下边的基础训练题。

A. 涨幅：________________

B. 换手：________________

C. 振幅：________________

D. 成交金额：____________

E. 成交手数：____________

F. 收盘价格：____________

完成这道基础训练题之后，继续阅读下边的文字。

二、历史上起涨点技术信号出现当天技术特征

（一）K 线特征：普通中阳线。

（二）炒作题材：业绩预增、农业受惠题材。

（三）操作技术：起涨点精准操盘技术。

（四）波段目标：本波行情预计上涨目标 6 元左右。

（五）上涨趋势：中线主力可能以震荡盘升策略为主。

三、起涨点技术信号出现前后相关图表

（一）从月线图查看历史上走势全貌

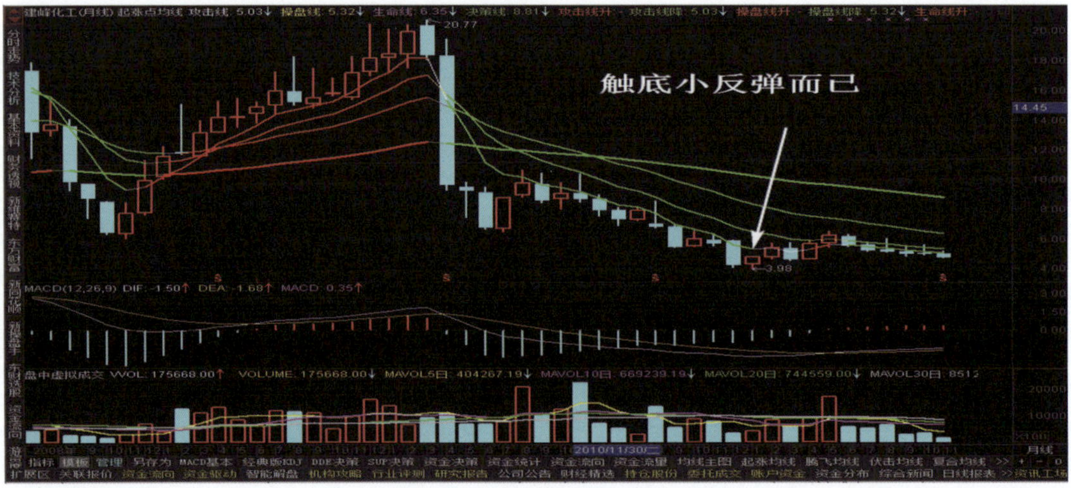

图例 174

（二）从周线图查看历史上走势全貌

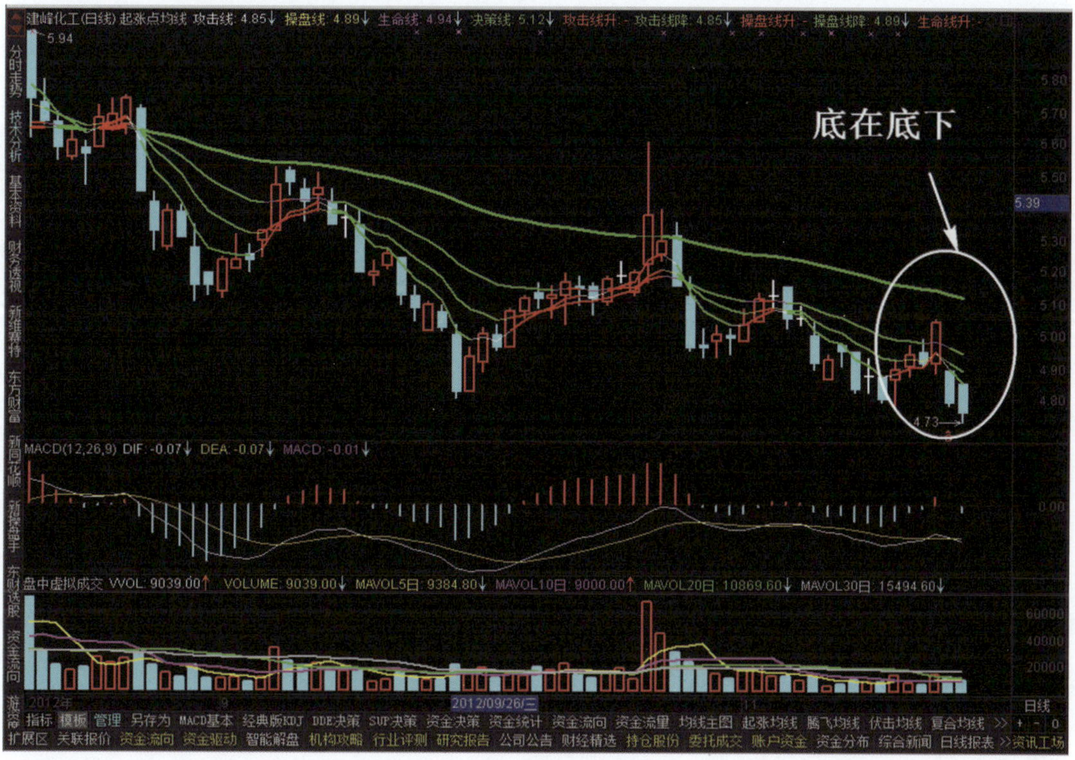

图例 175

（三）从日线图查看当前阶段性走势

认真观察下边的图例，并按要求撰写实训日记。

职业操盘手实训日记模版

________年________月________ 日 星期________ 实训操盘手：________

今日实训要点（请各位参加实训的交易员把当天的实训计划记录在下边，录以备忘）：

上午实训计划：

（一）____

（二）____

上午实训小结：

下午实训计划：

（一）______________________________

（二）______________________________

下午实训小结：

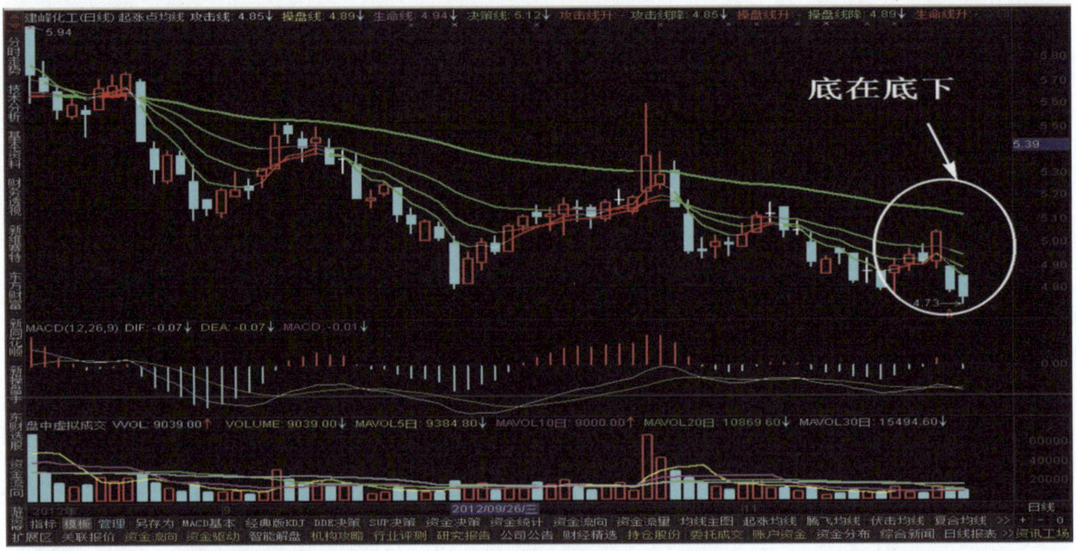

图例 176

（四）从 60 分钟图查看当前阶段性走势

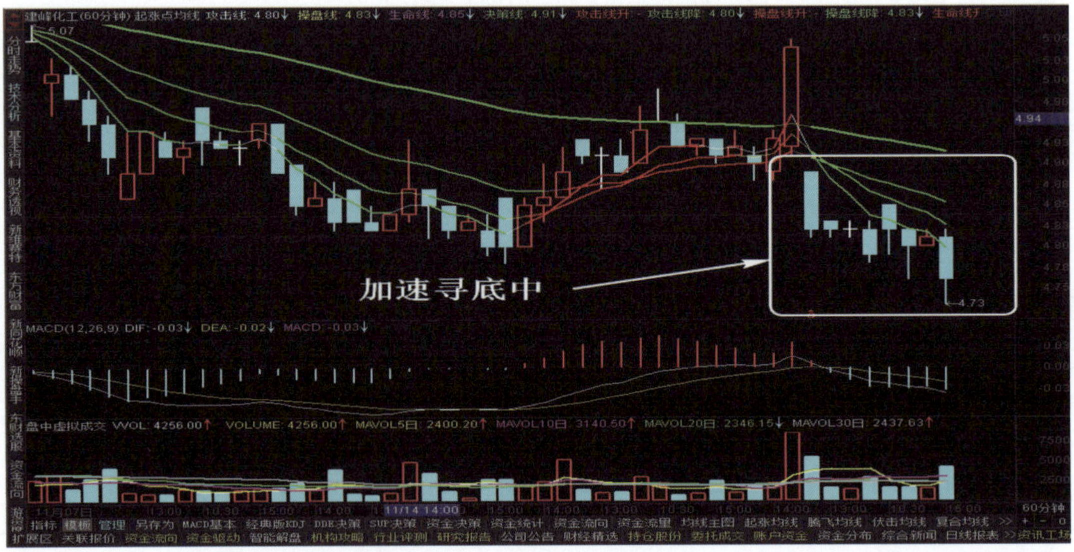

图例 177

（五）从分时图查看当前日内买卖点位置

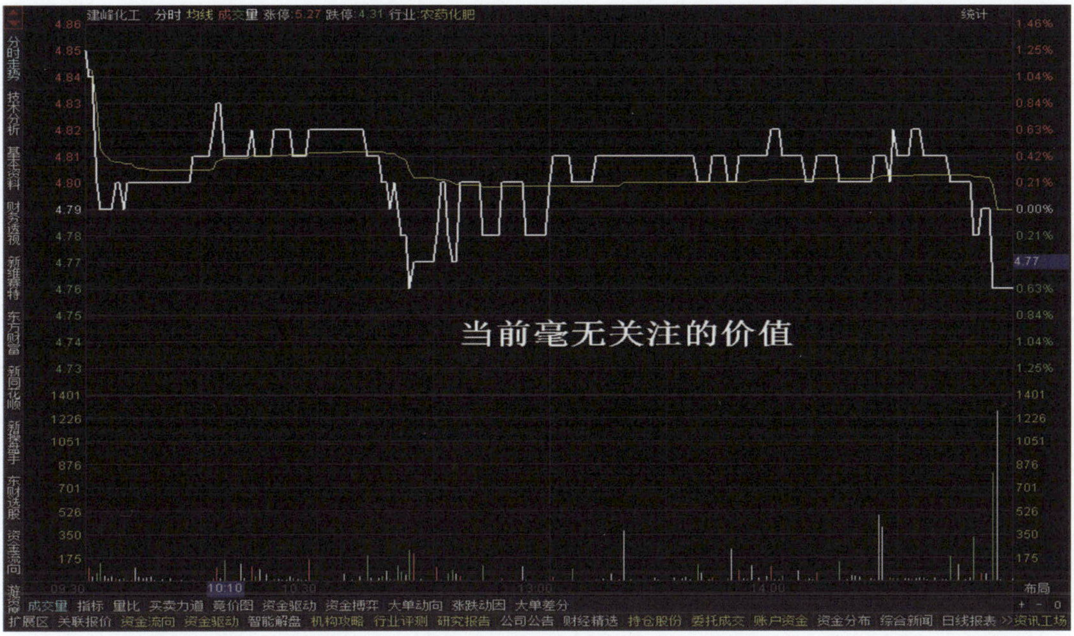

图例 178

（六）从多日分时图查看当前滚动套利区间

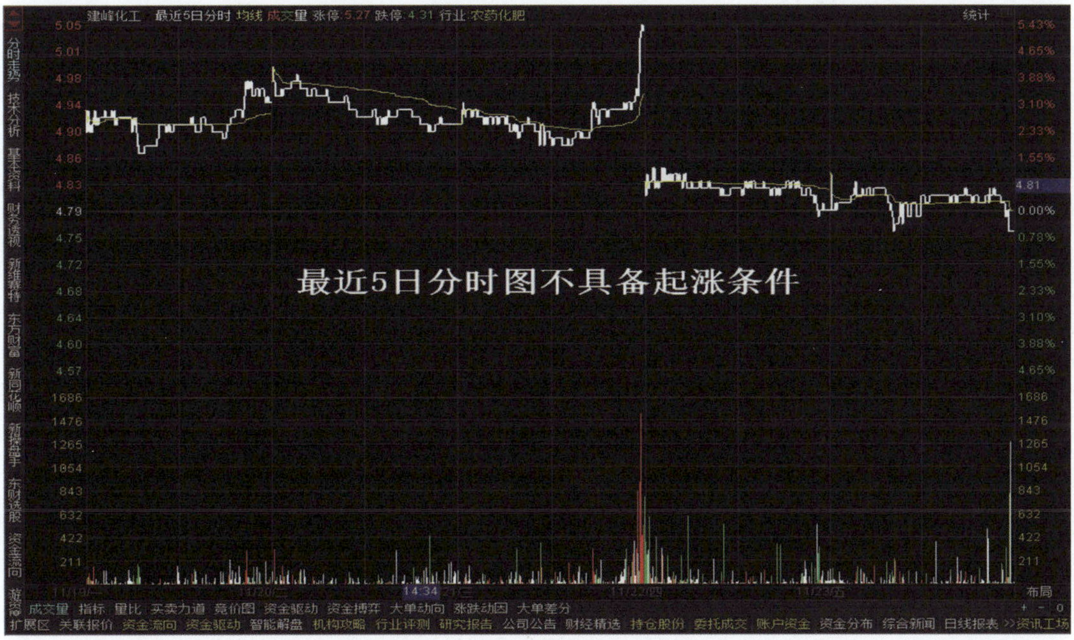

图例 179

实训复盘作业：

结合当天的实训操作，认真撰写实训复盘作业，并定期汇总成册，存档备查。

职业操盘手实训复盘作业模版

________年________月________ 日 星期________ 实训操盘手：________

今日实训复盘：

（一）今日市场热点：________________________________

（二）今日交易异动：________________________________

（三）今日操作过程：________________________________

（四）今日操作总结：________________________________

（五）明日交易计划：________________________________

第十节 训练标的股：600489 中金黄金

一、历史上起涨点技术信号出现当天相关数据

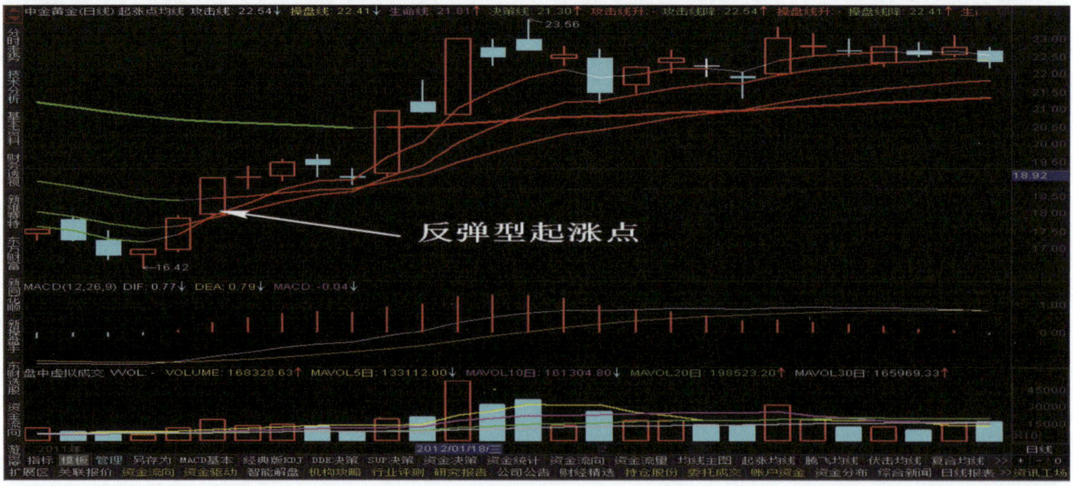

图例 180

打开软件，找到中金黄金（600489）在 2012 年 1 月 10 日的走势图，参见图例 180 所示，然后独立完成下边的基础训练题。

A. 涨幅：________

B. 换手：________

C. 振幅：________

D. 成交金额：________

E. 成交手数：________

F. 收盘价格：________

完成这道基础训练题之后，继续阅读下边的文字。

二、历史上起涨点技术信号出现当天技术特征

（一）K 线特征：标准中阳线。

（二）炒作题材：美元贬值概念。

（三）操作技术：起涨点精准操盘技术。

（四）波段目标：本波行情预计上涨目标价位 20 元左右。

（五）上涨趋势：中线主力可能以震荡盘升策略为主。

三、起涨点技术信号出现前后相关图表

（一）从月线图查看历史上走势全貌

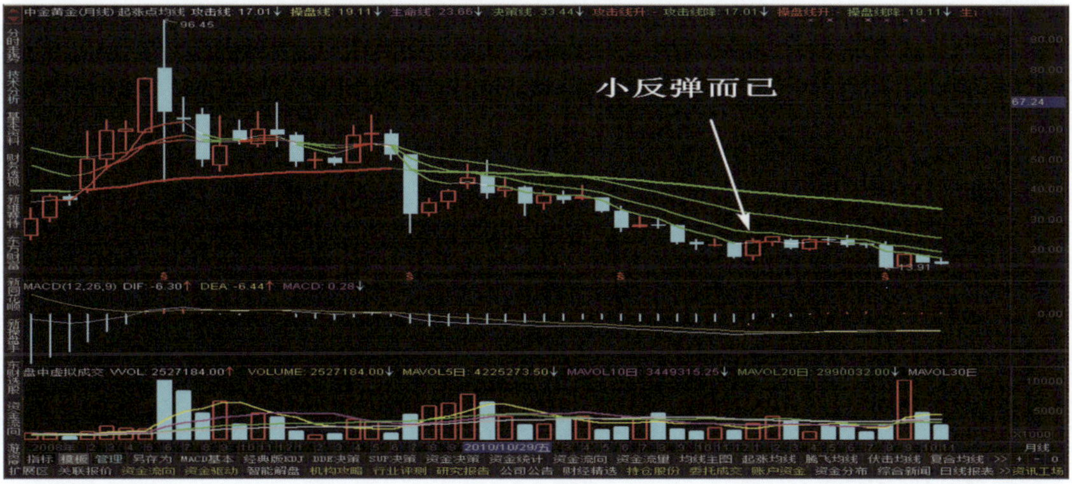

图例 181

（二）从周线图查看历史上走势全貌

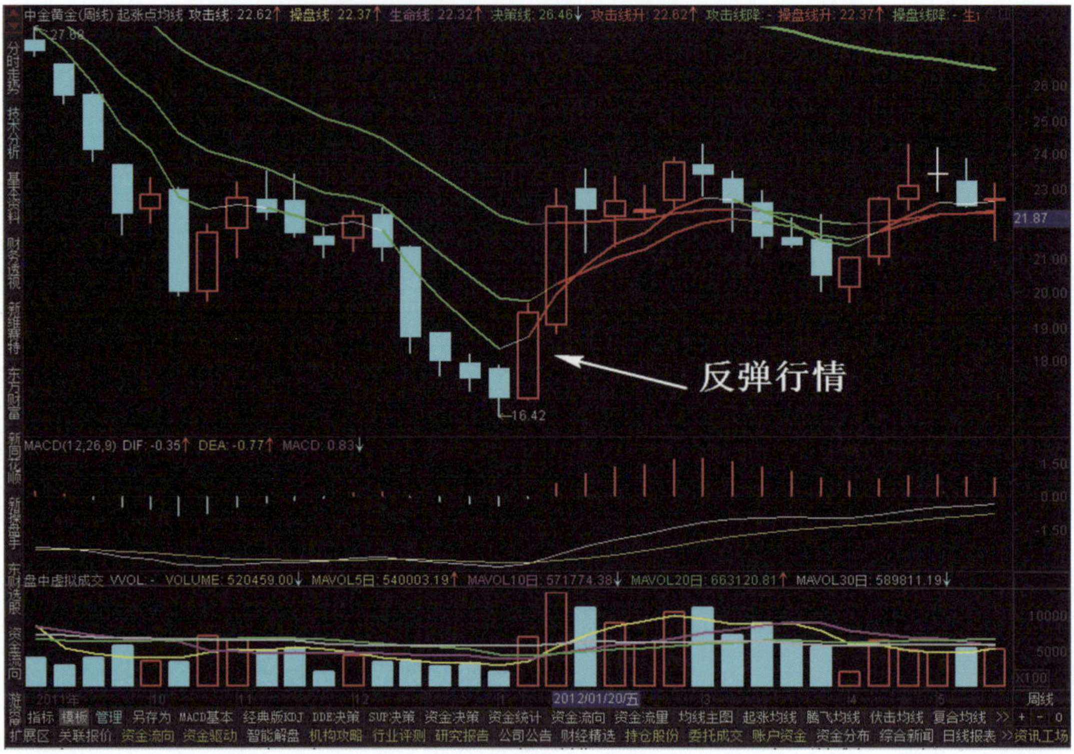

图例 182

（三）从日线图查看当前阶段性走势

认真观察下边的图例，并按要求撰写实训日记。

职业操盘手实训日记模版

________年________月________　日　星期________　实训操盘手：________

今日实训要点（请各位参加实训的交易员把当天的实训计划记录在下边，录以备忘）：

上午实训计划：

（一）____

（二）____

上午实训小结：

下午实训计划：

（一）＿＿＿＿＿＿＿＿＿＿＿＿＿＿＿＿＿＿＿＿＿＿＿＿＿＿＿＿＿＿＿＿

（二）＿＿＿＿＿＿＿＿＿＿＿＿＿＿＿＿＿＿＿＿＿＿＿＿＿＿＿＿＿＿＿＿

下午实训小结：

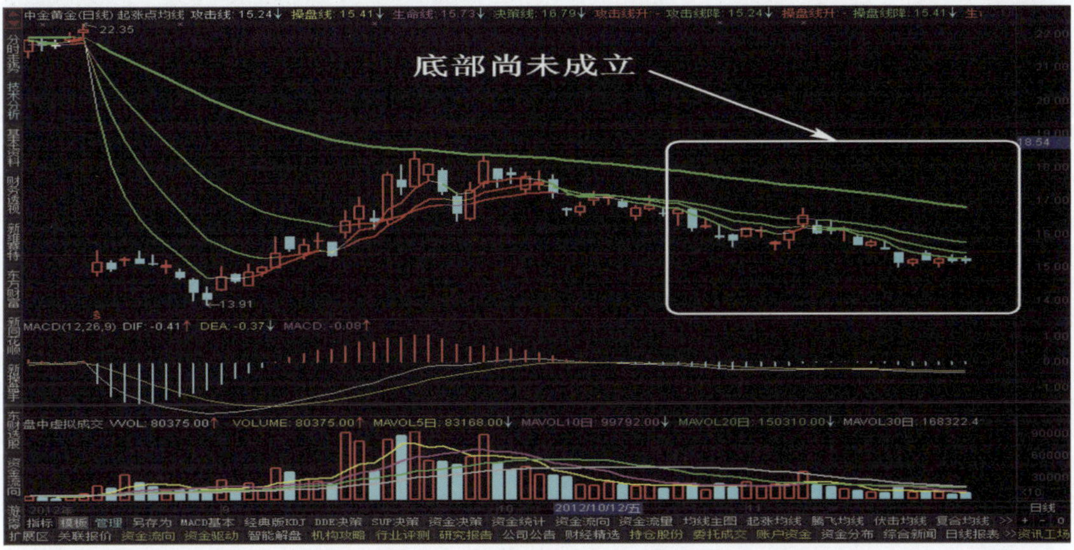

图例 183

（四）从 60 分钟图查看当前阶段性走势

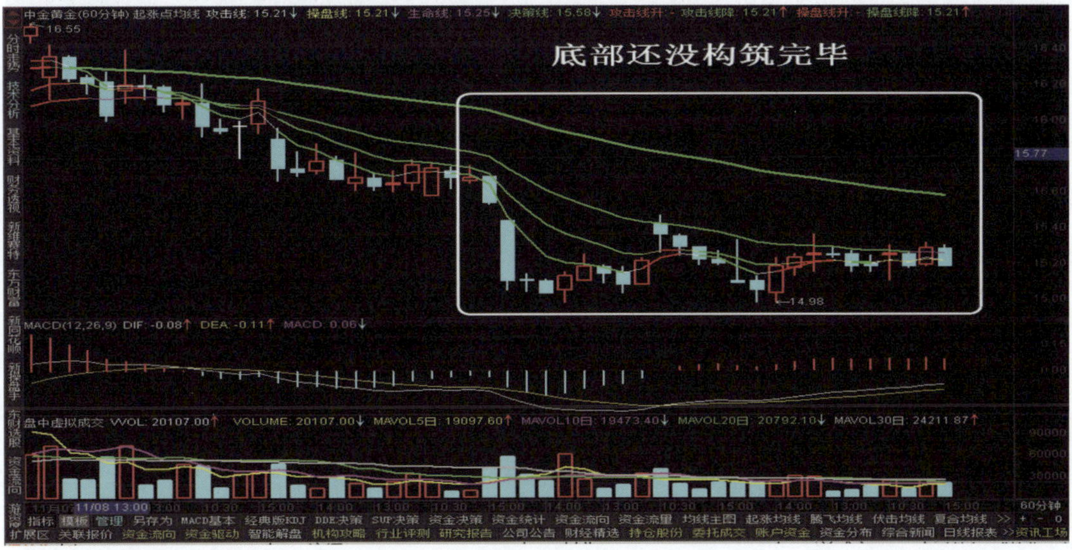

图例 184

（五）从分时图查看当前日内买卖点位置

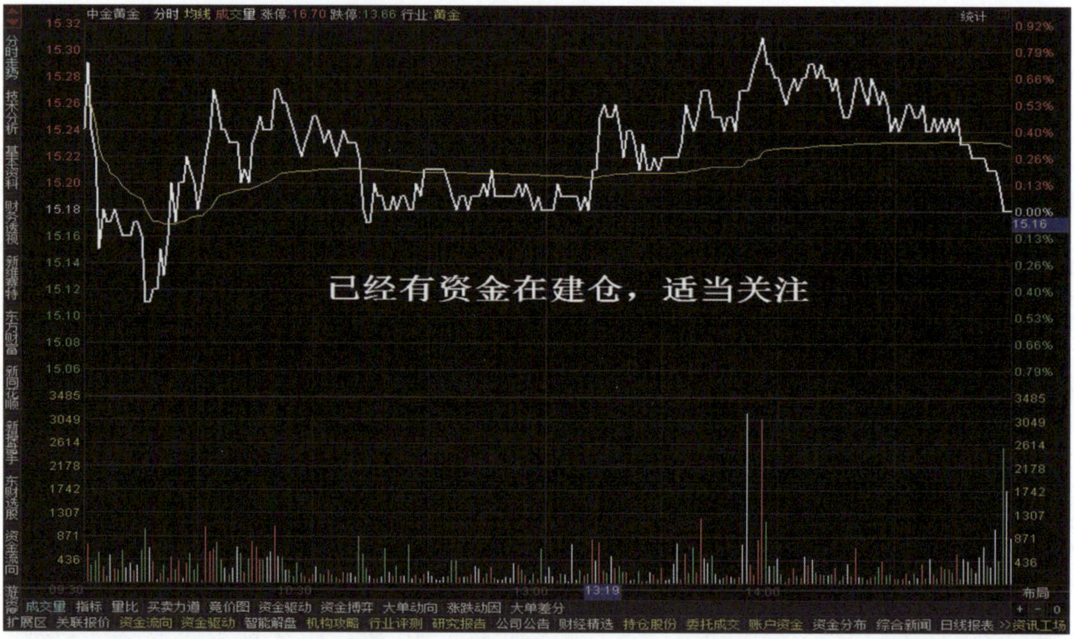

图例 185

（六）从多日分时图查看当前滚动套利区间

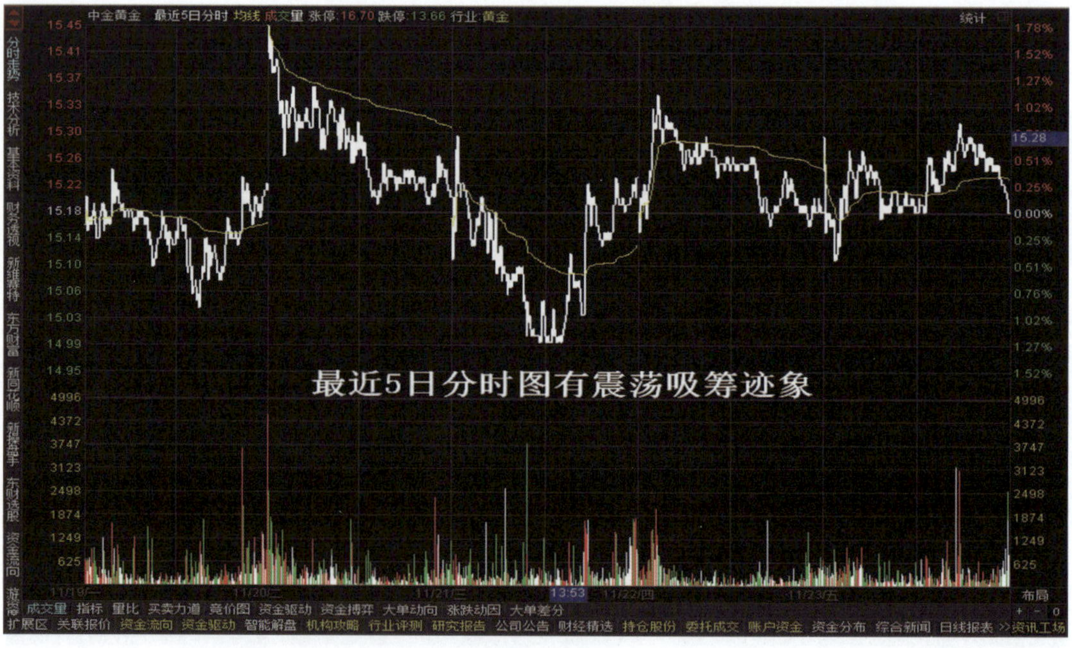

图例 186

实训复盘作业：

结合当天的实训操作，认真撰写实训复盘作业，并定期汇总成册，存档备查。

职业操盘手实训复盘作业模版

________年________月________ 日 星期________ 实训操盘手：________

今日实训复盘：

（一）今日市场热点：____

（二）今日交易异动：____

（三）今日操作过程：____

（四）今日操作总结：____

（五）明日交易计划：____

第九章
起涨点、伏击圈、腾飞点综合应用

本章学习要点

一、学习和掌握起涨点与伏击圈的关系。

二、学习和掌握起涨点与腾飞点的关系。

三、在操盘实战中反复演练并掌握起涨点技术。

第一节　职业投资者盈利最大化的利器

一、小型资金如何综合运用起涨点、伏击圈和腾飞点

小型资金是指规模很小的资金，比如1000万以下的个体投资者之类。

这些资金规模小，对股价走势不会构成影响，也不可能影响。

因此，在操作思路上，可以在起涨点形成之后，大胆狙击起涨点、伏击圈、腾飞点。在实战操作上，主要狙击主升型的、强力型的起涨点。对于反弹型的、普通型的起涨点，尽量不碰。因为小资金需要快速周转，需要参与强力拉升行情。

对于主升型起涨点形成之前的那一段，即反弹型的起涨点，尽量不参与。

那一段是鱼头，仅此而已，参与的意义不大。

对于主升型的起涨点形成之后出现的伏击圈，可以在关键技术点位狙击。

对于腾飞点，尤其是天梯型的腾飞点，要强力出击。

参见图例187、188、189、190所示。

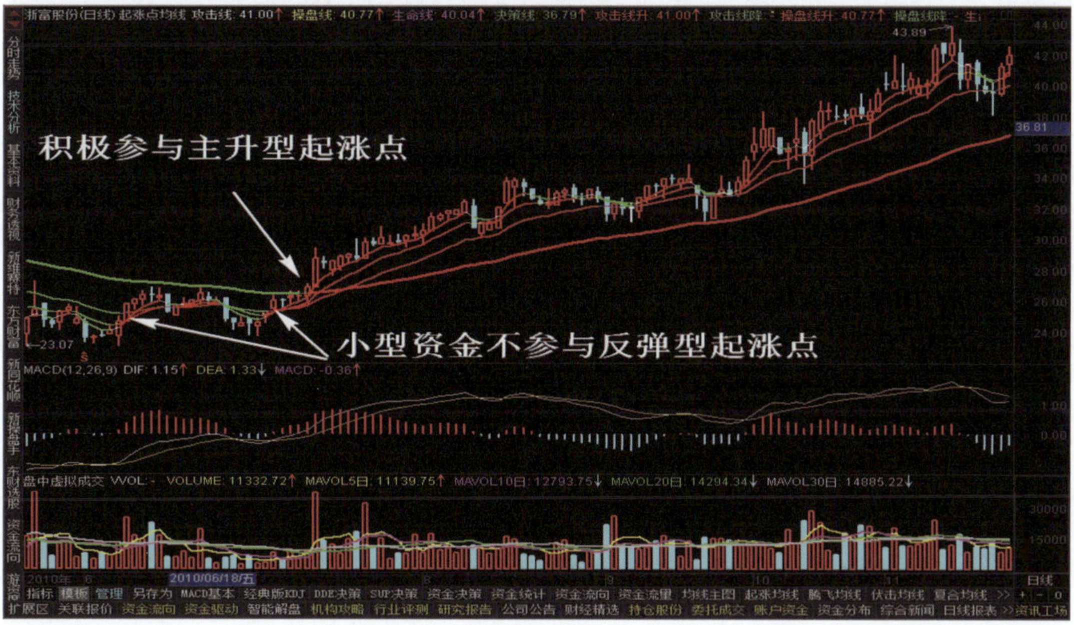

图例187

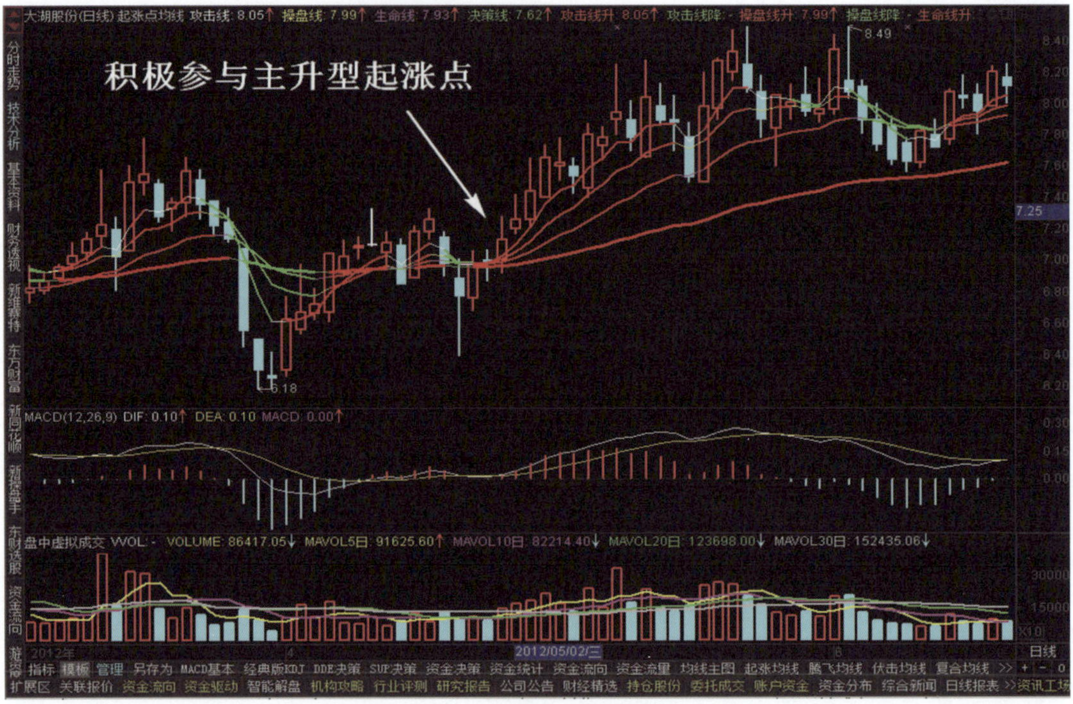
大湖股份(日线) 起涨点均线 攻击线: 8.05↑ 操盘线: 7.99↑ 生命线: 7.93↑ 决策线: 7.62↑
积极参与主升型起涨点
MACD(12,26,9) DIF: 0.10↑ DEA: 0.10 MACD: 0.00↑
盘中虚拟成交 VVOL: - VOLUME: 86417.05↓ MAVOL5日: 91625.60↑ MAVOL10日: 82214.40↓ MAVOL20日: 123698.00↓ MAVOL30日: 152435.06↓

图例 188

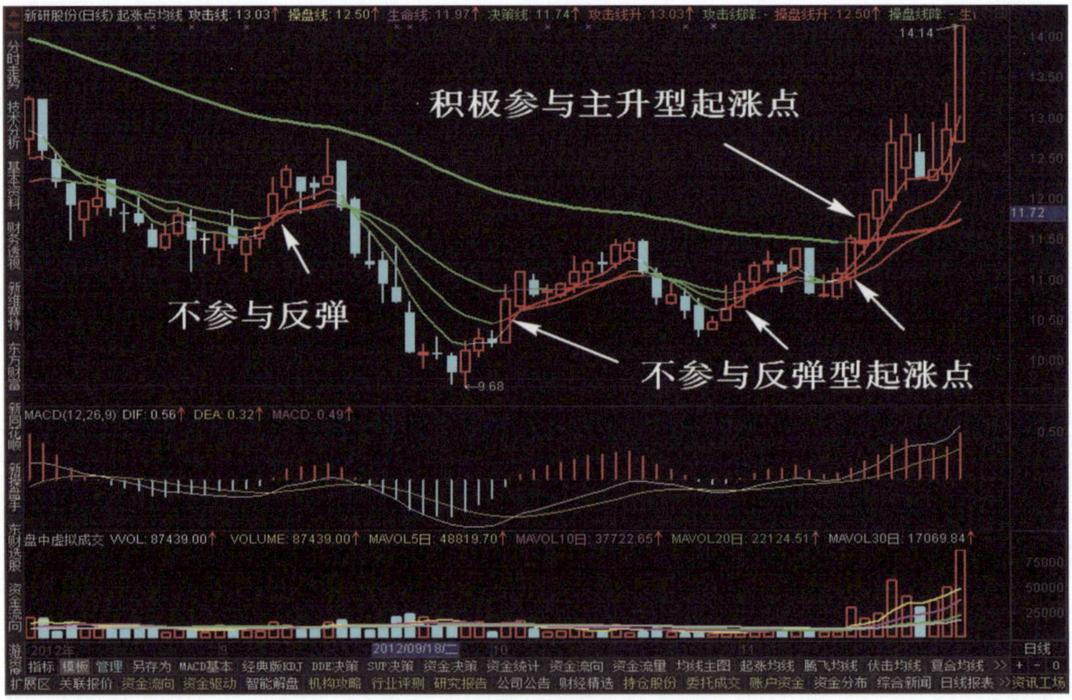
新研股份(日线) 起涨点均线 攻击线: 13.03↑ 操盘线: 12.50↑ 生命线: 11.97↑ 决策线: 11.74↑
积极参与主升型起涨点
不参与反弹
不参与反弹型起涨点
MACD(12,26,9) DIF: 0.56↑ DEA: 0.32↑ MACD: 0.49↑
盘中虚拟成交 VVOL: 87439.00↑ VOLUME: 87439.00↑ MAVOL5日: 48819.70↑ MAVOL10日: 37722.65↑ MAVOL20日: 22124.51↑ MAVOL30日: 17069.84↑

图例 189

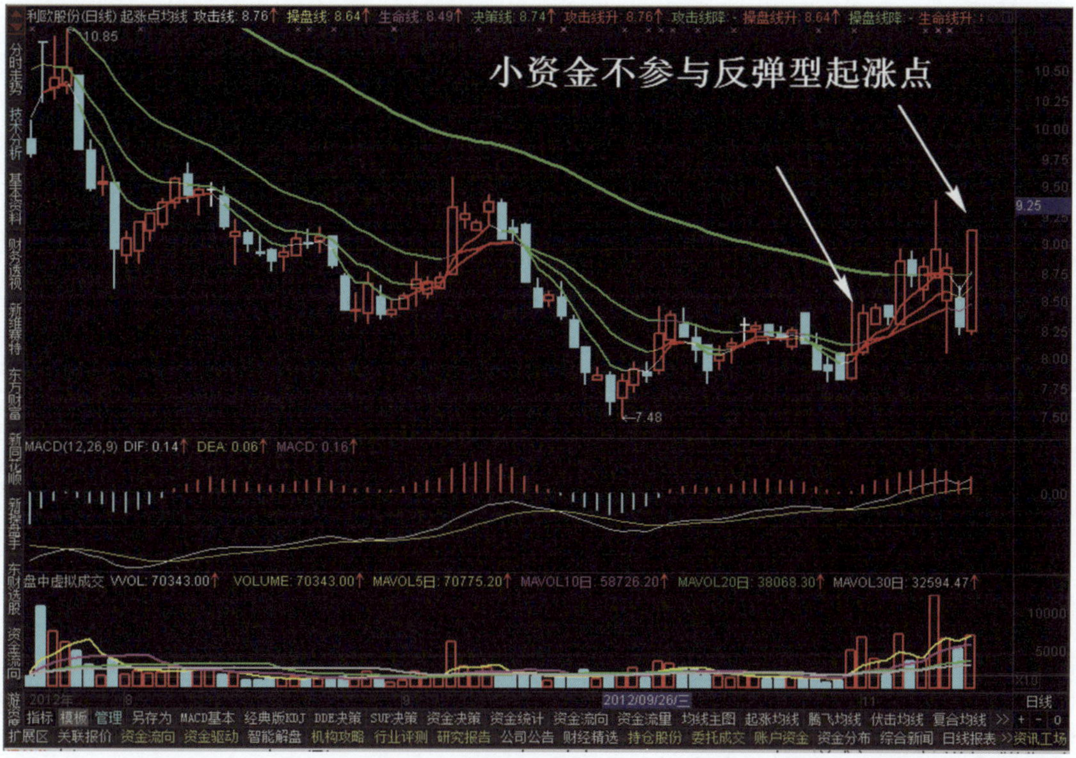

图例 190

二、中型资金如何综合运用起涨点、伏击圈和腾飞点

中型资金是指规模比较大的资金，比如 1000 万以上、1 个亿以下的各种资金。

这些资金规模比较大，对小盘股的走势会构成影响，要谨慎操作。

因此，在操作思路上，可以在起涨点形成之后，尽量不要用大单狙击起涨点、伏击圈、腾飞点。在实战操作上，主要狙击主升型的、强力型的起涨点。对于反弹型的、普通型的起涨点，也尽量不碰。因为中型资金还不具备操纵股价的能力和实力，还需要以跟进为主，需要参与强力拉升行情，而不能强出头，否则会死得很惨的。

对于主升型起涨点形成之前的那一段，即反弹型的起涨点，可以适量参与。

那一段虽然是鱼头，但是，对于中型资金来说，可以滚动建仓。

对于主升型的起涨点形成之后出现的伏击圈，可以在关键技术点位大胆狙击。

对于腾飞点，尤其是天梯型的腾飞点，也要强力出击。

参见图例 191、192、193、194 所示。

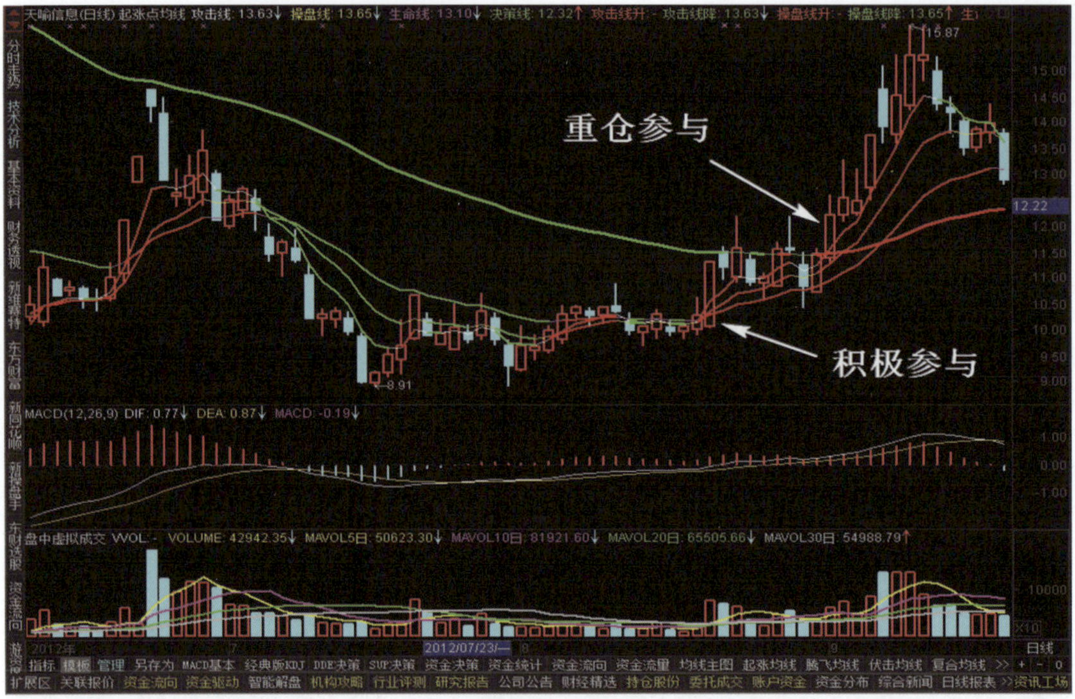
天喻信息(日线) 起涨点均线 攻击线: 13.63↓ 操盘线: 13.65↓ 生命线: 13.10↓ 决策线: 12.32↑
重仓参与
积极参与
MACD(12,26,9) DIF: 0.77↓ DEA: 0.87↓ MACD: -0.19↓
盘中虚拟成交 VVOL: - VOLUME: 42942.35↓ MAVOL5日: 50623.30↓ MAVOL10日: 81921.60↓ MAVOL20日: 65505.66↓ MAVOL30日: 54988.79↑

图例 191

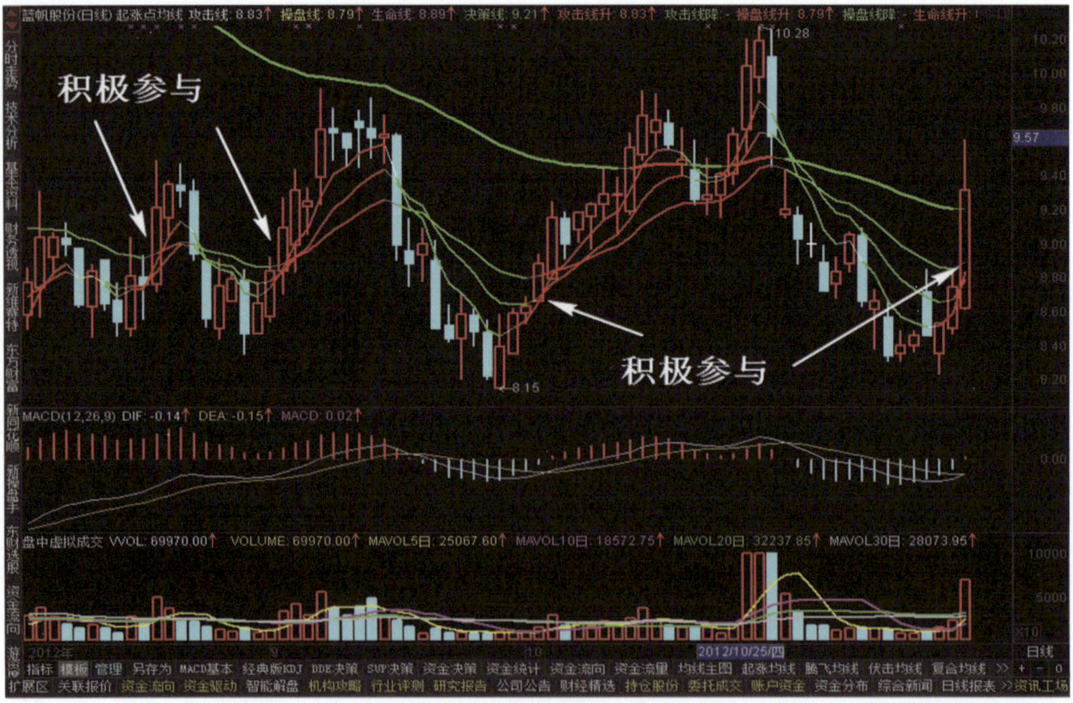
蓝帆股份(日线) 起涨点均线 攻击线: 8.83↑ 操盘线: 8.79↑ 生命线: 8.89↑ 决策线: 9.21↑
积极参与
积极参与
MACD(12,26,9) DIF: -0.14↑ DEA: -0.15↑ MACD: 0.02↑
盘中虚拟成交 VVOL: 69970.00↑ VOLUME: 69970.00↑ MAVOL5日: 25067.60↑ MAVOL10日: 18572.75↑ MAVOL20日: 32237.85↑ MAVOL30日: 28073.95↑

图例 192

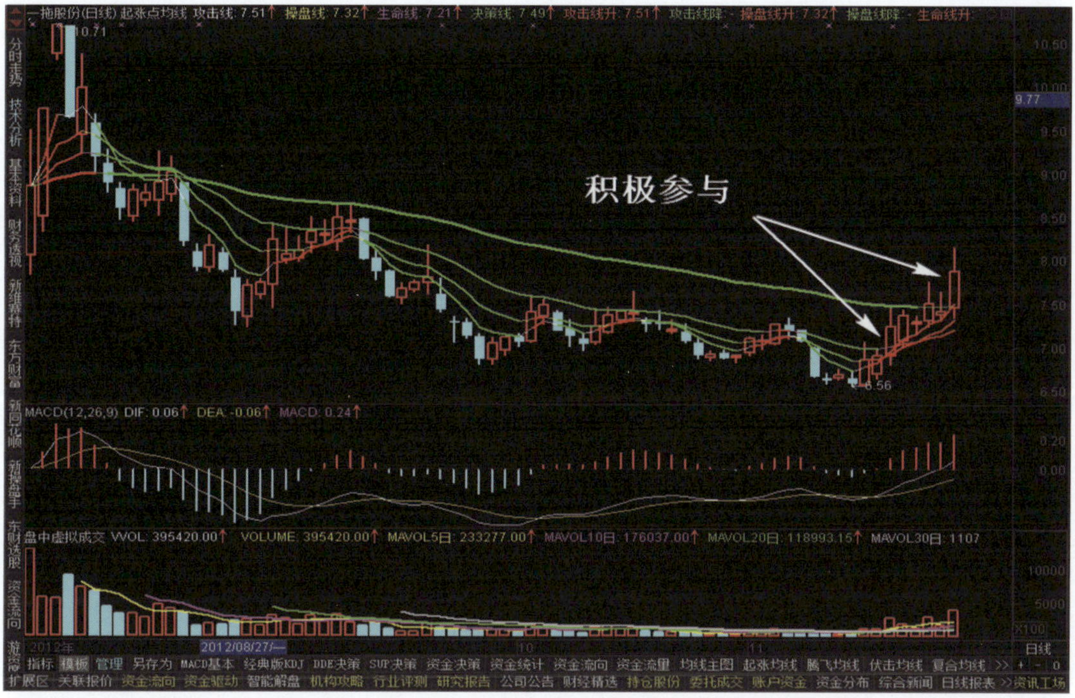

图例 193

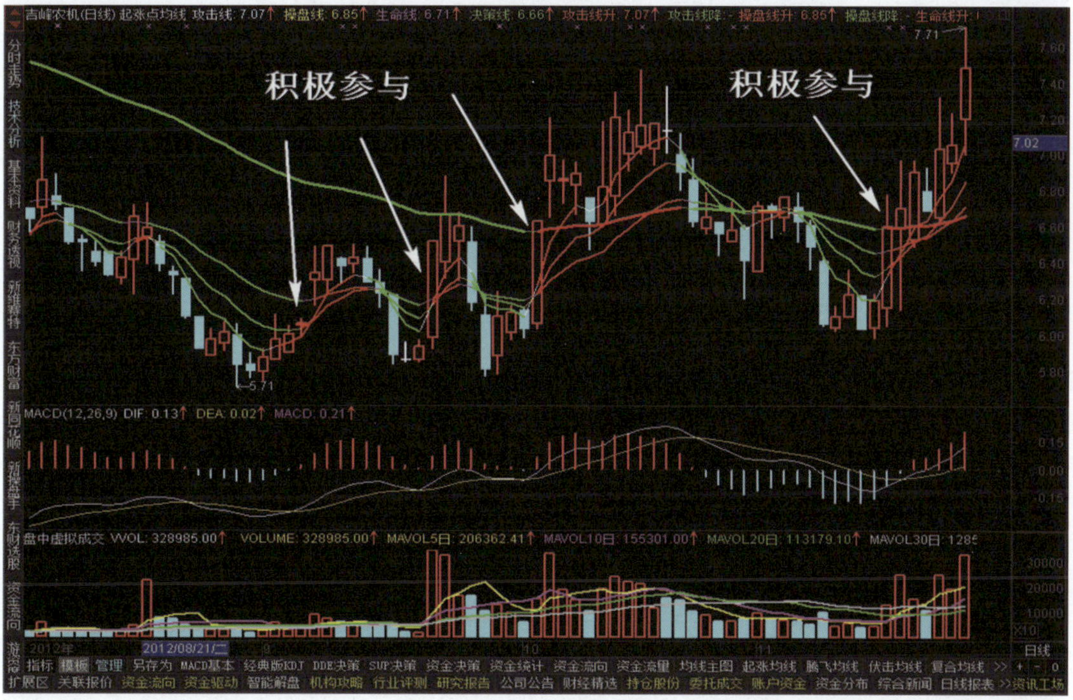

图例 194

三、大型资金如何综合运用起涨点、伏击圈和腾飞点

大型资金是指规模很大或者比较大的资金，比如 1 个亿以上的资金，可以成为比较大的资金。而 10 个亿以上的资金，则称为很大的资金。

这些资金规模大，对股价走势会构成影响，甚至直接主导了股价的走势。

因此，在操作思路上，可以在起涨点形成之前，积极布局起涨点、伏击圈、腾飞点。在实战操作上，主要制造主升型的、强力型的起涨点。对于反弹型的、普通型的起涨点，尽量建仓，择机拉升，制造行情。因为大资金实力雄厚，可以参与制造或者强力拉升行情。

对于主升型起涨点形成之前的那一段，即反弹型的起涨点，尽量积极参与布局。

那一段是鱼头，对小资金来说参与的意义不大。对大资金来说则不同。

对于主升型的起涨点形成之后出现的伏击圈，也可以在关键技术点位狙击。

对于腾飞点，尤其是跑道型的腾飞点，要坚决强力出击。

参见图例 195、196、197、198 所示。

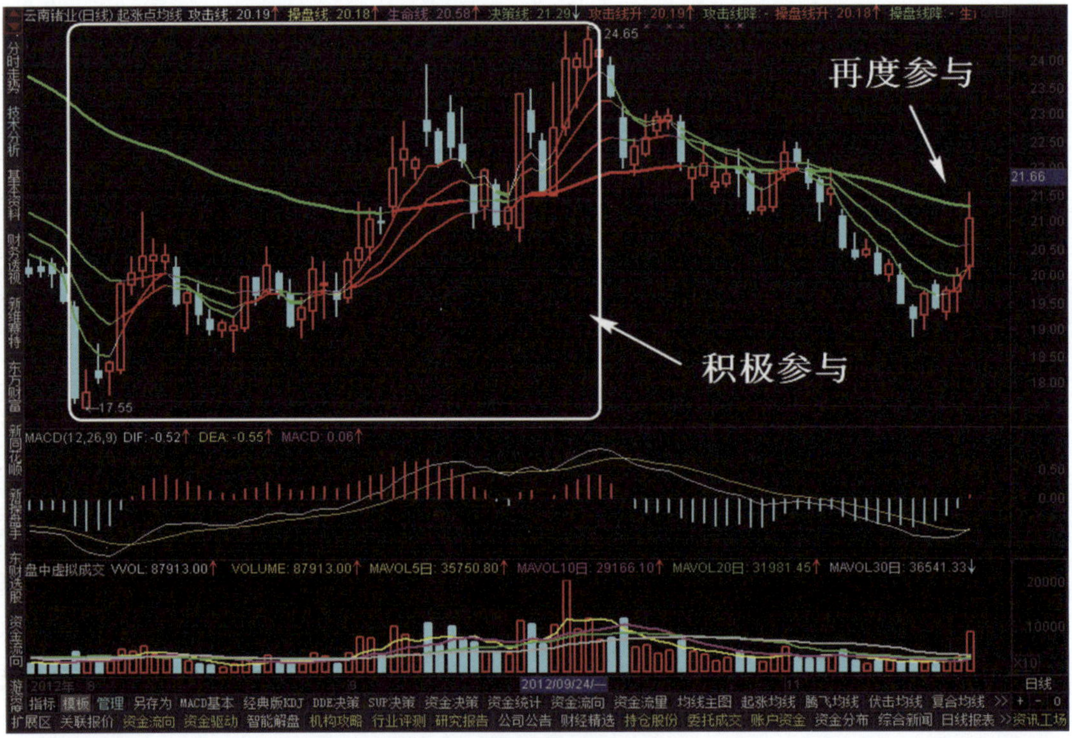

图例 195

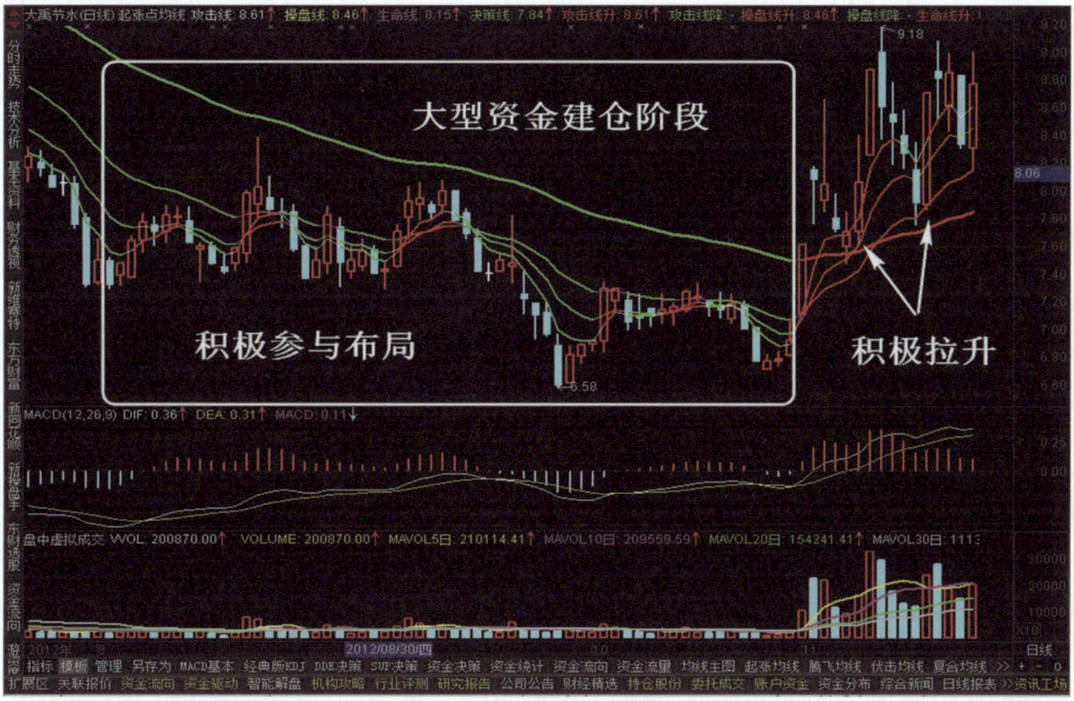

图例 196

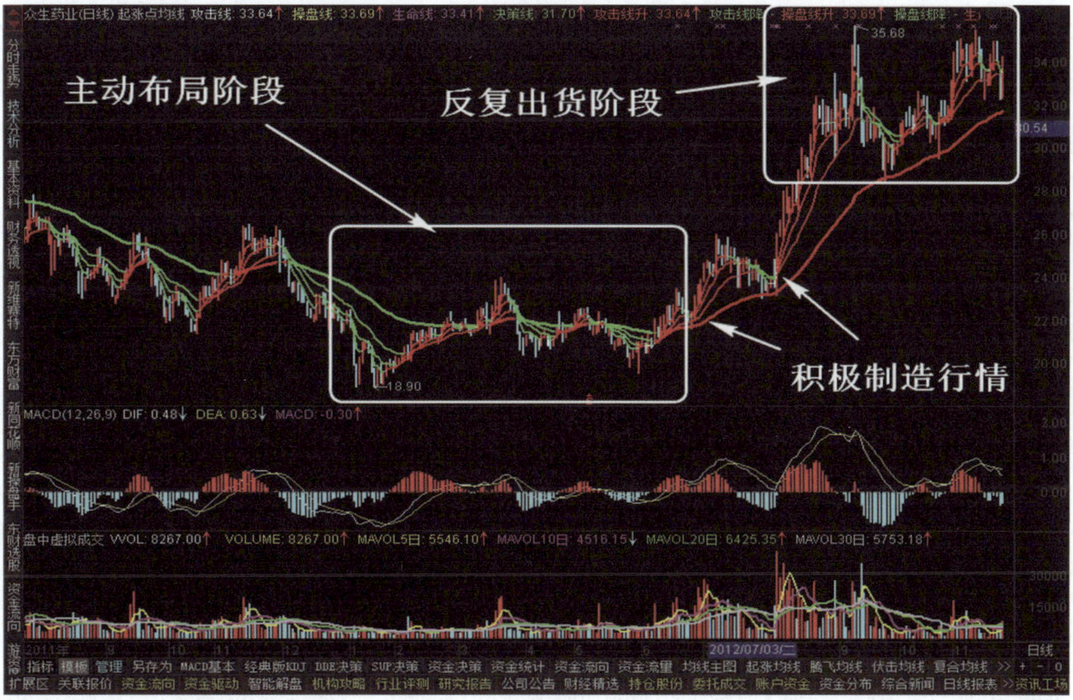

图例 197

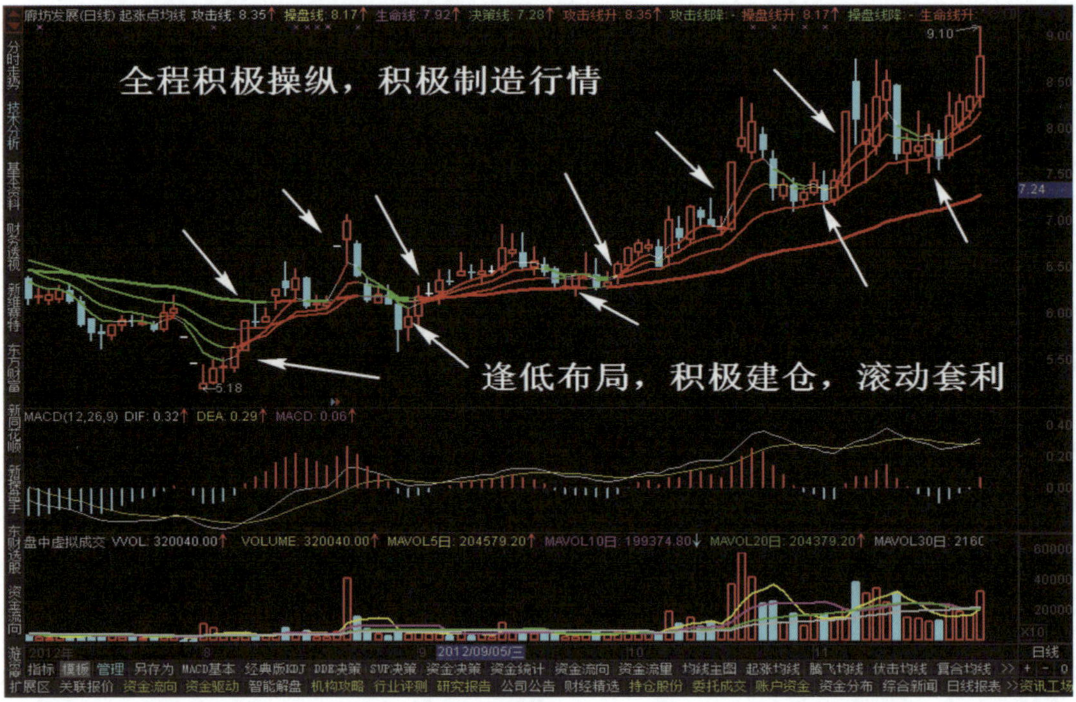

图例 198

第二节　起涨点、伏击圈、腾飞点综合应用图解

一、反弹型起涨点不涉及伏击圈

反弹型的起涨点是指决策线还没有走平向上的时候出现的起涨点。

这时候，攻击线、操盘线在低位金叉向上，仅仅是反弹行情。

如果生命线也没走平向上，那么行情的力度很小。

如果生命线金叉向上，那么行情的力度比较大。

这时候如果出现操盘线拐头向下，就不是伏击圈，而是反弹失败。

这时候不能参与，因为这不是伏击圈。

要记住伏击圈是指决策线已经金叉向上的时候，决策线坚挺向上，攻击线、操盘线出现向下拐头，那是拉升初期出现的洗盘、震仓。洗盘结束之后，还将继续拉升。

如果决策线还没走平，意味着主力的建仓还没完成。

这时候，如果操盘线拐头向下，就不是洗盘了。

因此，反弹型的起涨点不存在伏击圈。

参见图例 199、200、201、202 所示。

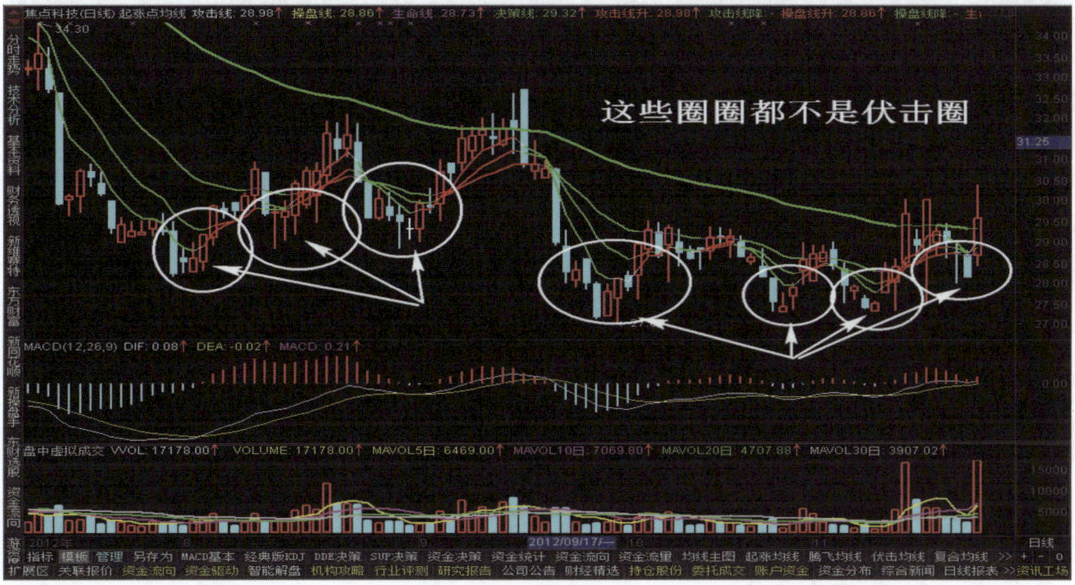

图例 199

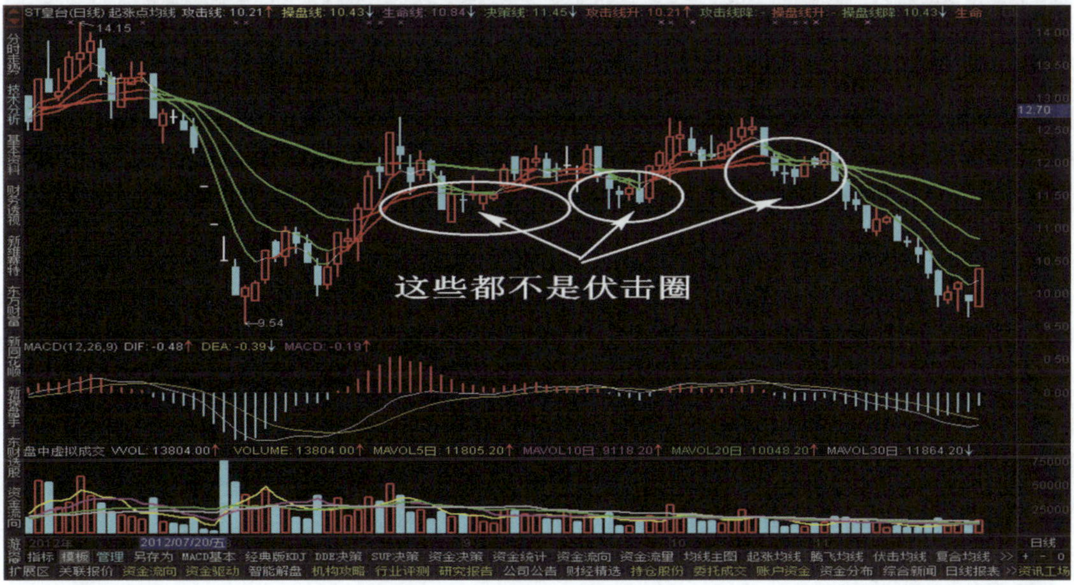

图例 200

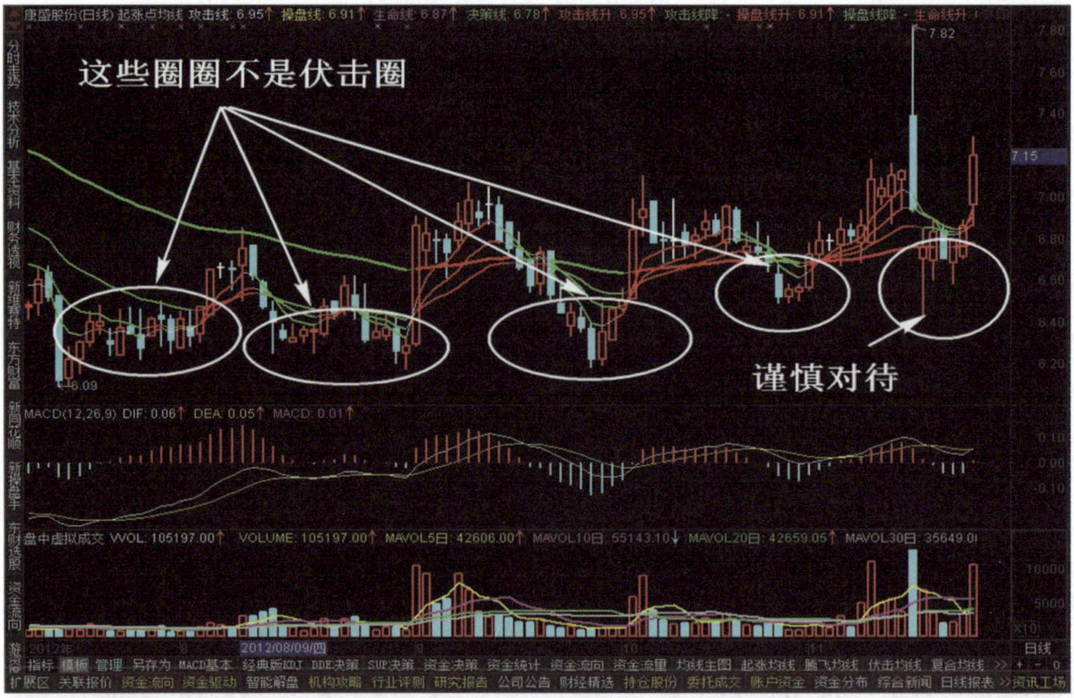

图例 201

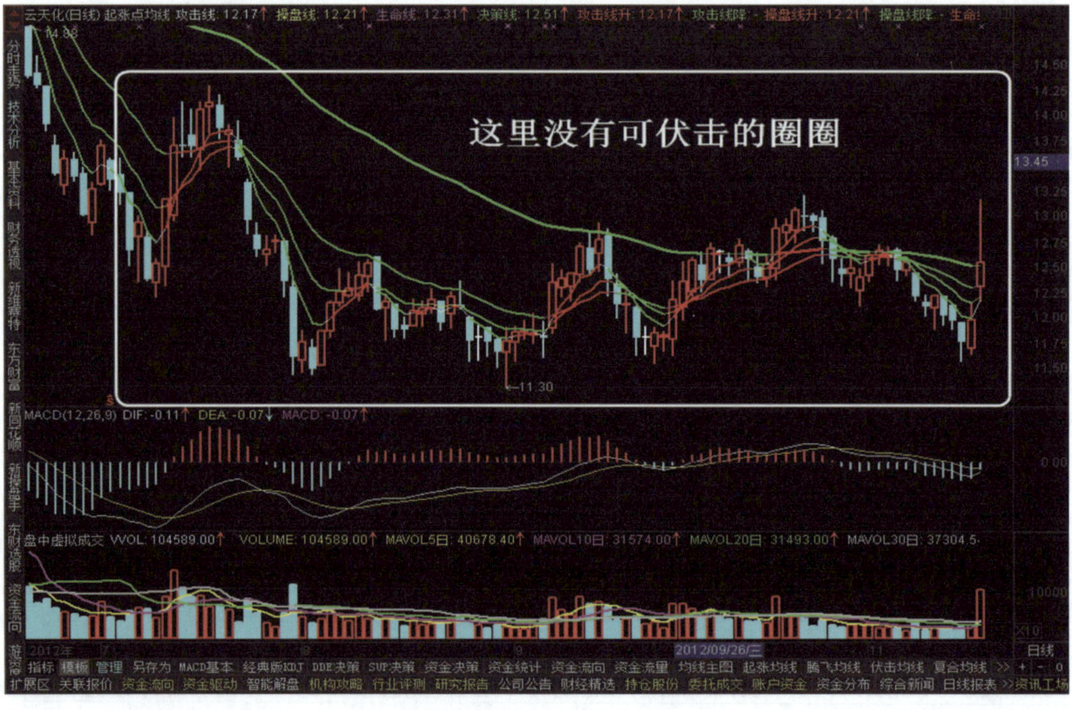

图例 202

二、从主升型起涨点到伏击圈

主升型的起涨点出现之后，决策线已经走平向上，说明主力已经完成了建仓。

这时候的拉升就不是反弹，而是主升行情，是大波段行情的开始。

主力启动大波段行情是有预谋的、有目的、有计划的。因此，一旦启动，就不会轻易放弃，通常不会出现弃庄而逃的现象。这时候，我们就可以结合量能结构，在出现操盘线下拐的时候，在关键技术点位出现地量站稳时，积极狙击。

这时候就属于伏击圈积极狙击，可以大胆参与。

参见图例 203、204、205、206 所示。

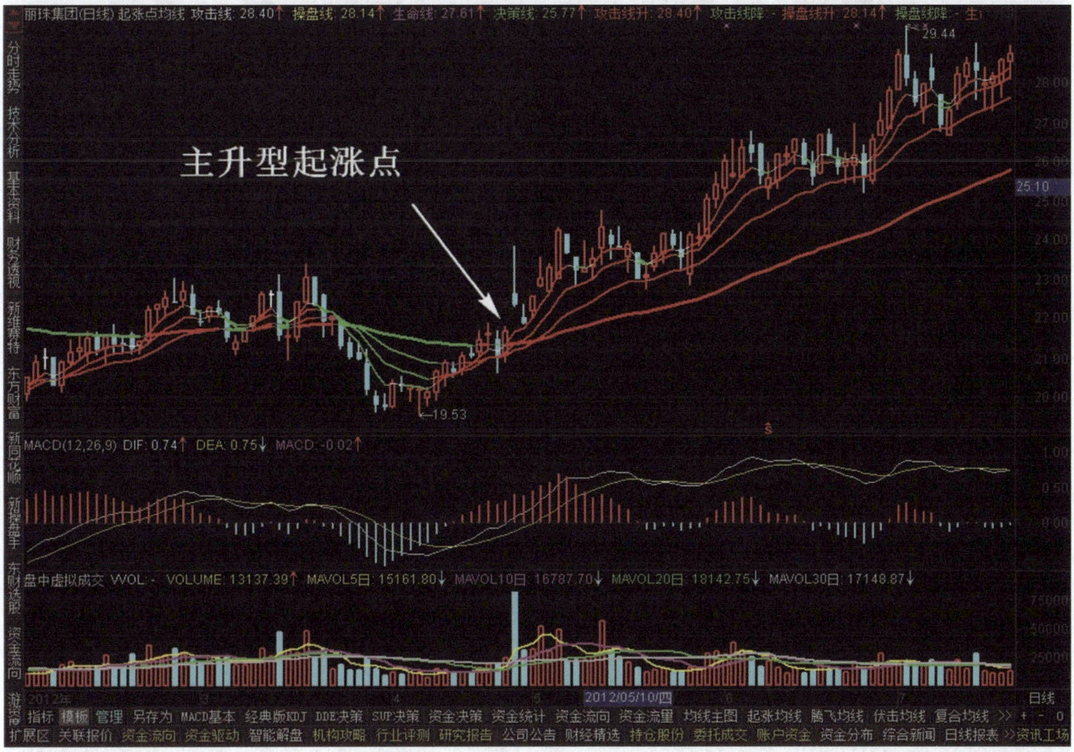

图例 203

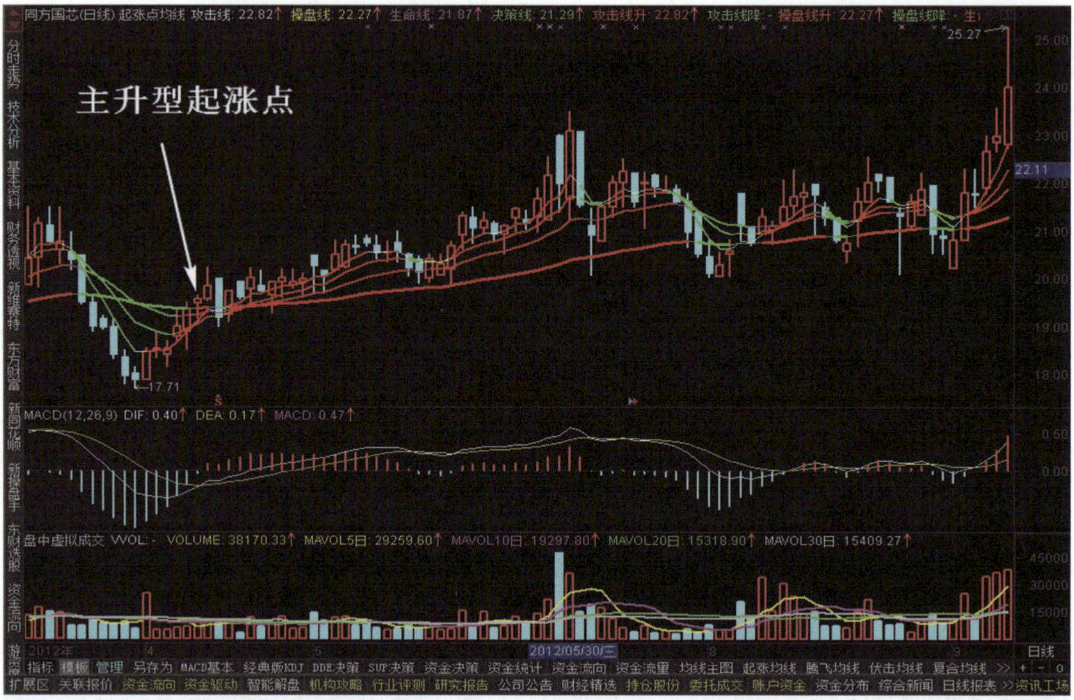

图例 204

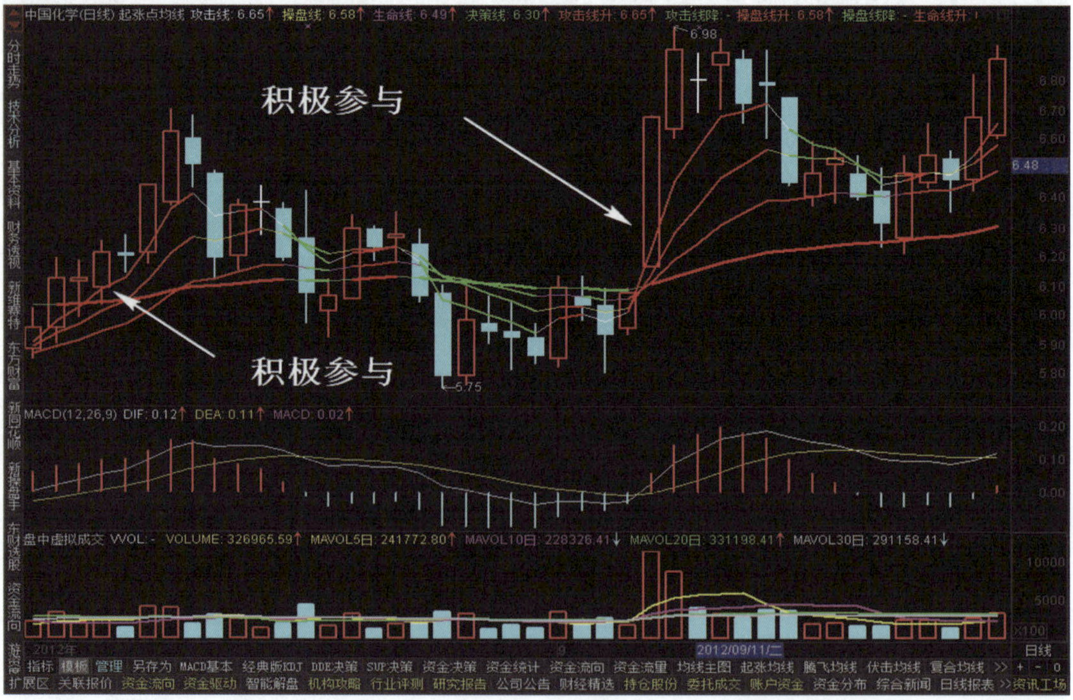

图例 205

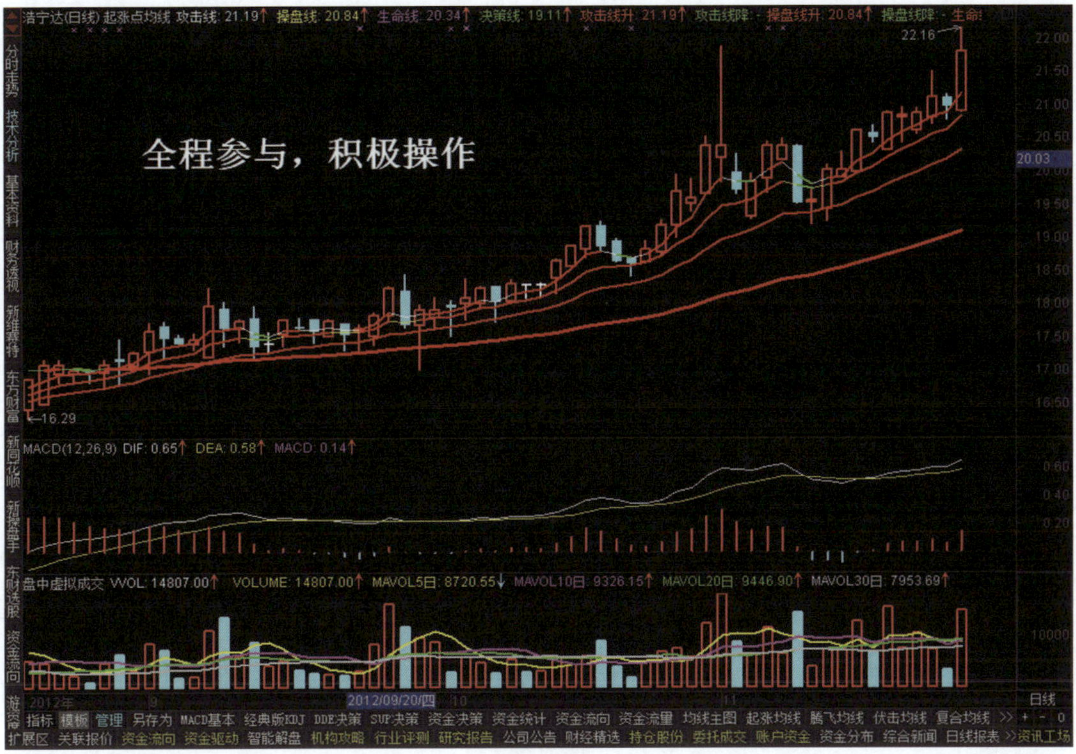

图例 206

三、起涨点、伏击圈、腾飞点的综合应用

起涨点、伏击圈、腾飞点三大技术是职业操盘手赖以生存的重要技术，也是我们每一位学员达成每周盈利20%的重要技术手段。为了达成我们的目标，每一位学员都必须要学会将这三种技术综合起来，反复熟练，做到运用自如的程度。

如果出现了反弹型的起涨点，我们要谨慎出击，要及时出击。

如果是出现了强力型起涨点，要大仓位出击，赚取更多的收益。

如果是主升型的起涨点，要及时大仓位出击，同时做好伏击准备。

如果是伏击圈之后出现腾飞点，更是要及时把握主升段，不要错过。

总而言之，从起涨点、到伏击圈、再到腾飞点，不管是出现哪一种技术信号，都要善于识别，及时把握其中的套利机会，赢得更多的财富。

参见图例207、208、209、210所示。

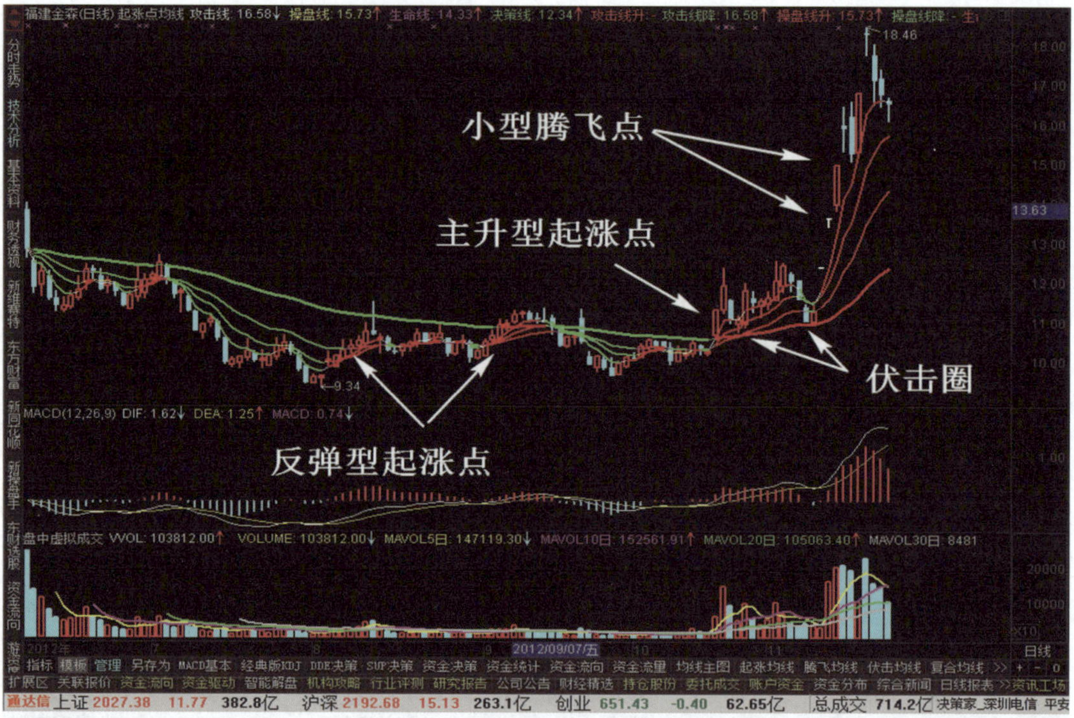
福建金森(日线) 起涨点均线
小型腾飞点
主升型起涨点
伏击圈
反弹型起涨点
18.46
9.34

图例 207

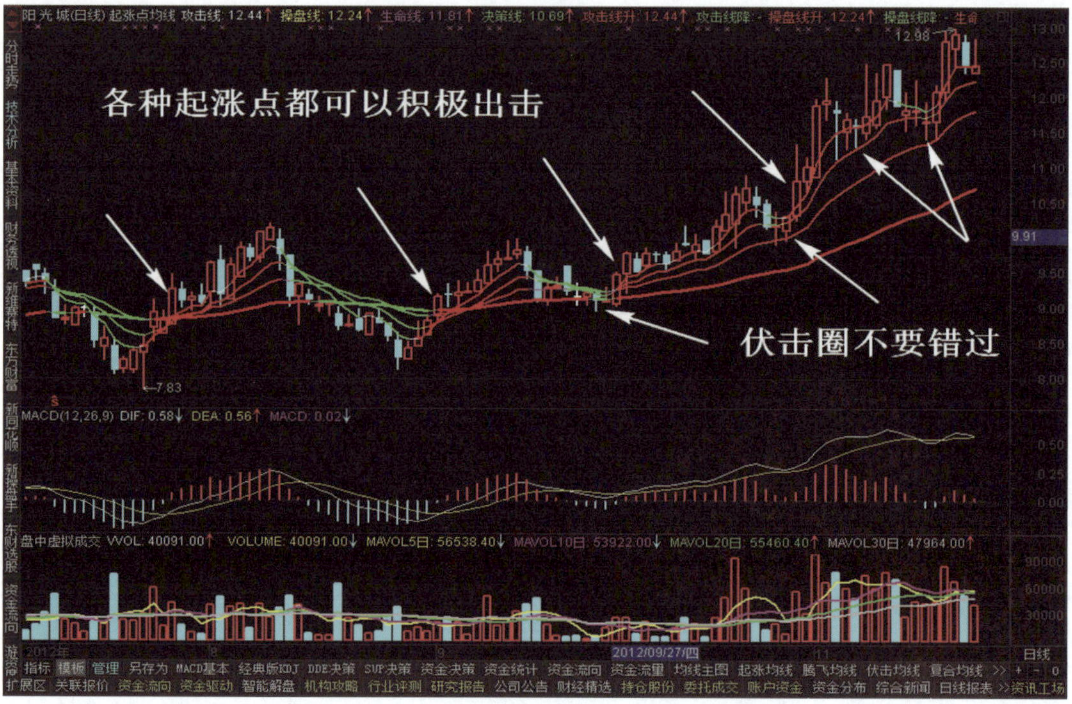
阳光城(日线) 起涨点均线
各种起涨点都可以积极出击
伏击圈不要错过
12.98
7.83

图例 208

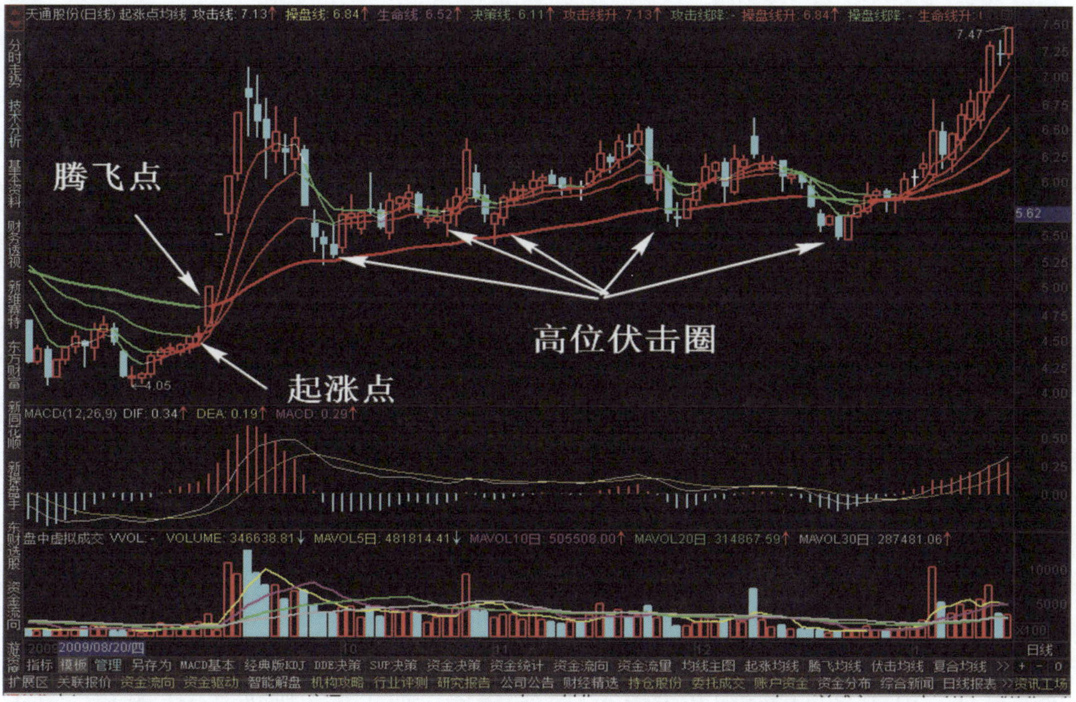
天通股份(日线) 起涨点均线 攻击线: 7.13↑ 操盘线: 6.84↑ 生命线: 6.52↑ 决策线: 6.11↑
腾飞点
高位伏击圈
起涨点
MACD(12,26,9) DIF: 0.34↑ DEA: 0.19↑ MACD: 0.29↑
盘中虚拟成交 VOL: - VOLUME: 346638.81↓ MAVOL5日: 481814.41↓ MAVOL10日: 505508.00↑ MAVOL20日: 314867.59↑ MAVOL30日: 287481.06↑

图例 209

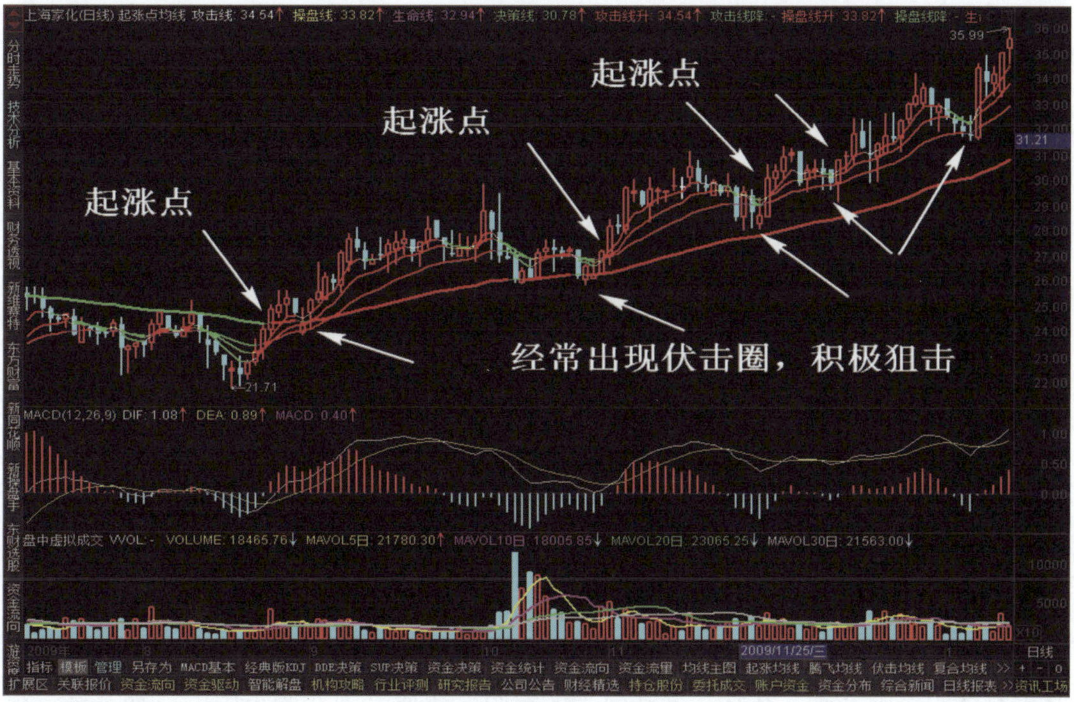
上海家化(日线) 起涨点均线 攻击线: 34.54↑ 操盘线: 33.82↑ 生命线: 32.94↑ 决策线: 30.78↑
起涨点
起涨点
起涨点
经常出现伏击圈，积极狙击
MACD(12,26,9) DIF: 1.08↑ DEA: 0.89↑ MACD: 0.40↑
盘中虚拟成交 VOL: - VOLUME: 18465.76↓ MAVOL5日: 21780.30↑ MAVOL10日: 18005.85↓ MAVOL20日: 23065.25↓ MAVOL30日: 21563.00↓

图例 210

后记　丛林

今天沽空股指期货，全天录得70余点/手的收益。IF1105合约自3396点下跌以来，至今已经完成了五次空头交易，共获得200余点/手的总收益。

当然，自去年四月开通股指期货以来，本次空头交易所获得的头寸收益实在不值得一提。

因此，不得不要说，股指期货真是个好产品。

除期指外，本轮大盘的下跌并未对自选股配置品种造成多大的冲击。五一第一个交易日，20余只自选股中共录得六只股票涨停。而今天，则仍有一只涨停，其余十只涨幅达到3%，另外几只也跌幅甚小。这样的状态，仍然不值得一提。

有朋友会说，老伍，你本来就是高手嘛。

可是于我，今天的这个结果实在来得不易。

你想过于若干年前，我曾日思夜想为了获得这个结果所付出的艰苦努力？

我把在股市中，辛苦学习孤苦操盘比喻为在“丛林”中的修行。

在丛林，你要忍受得了孤独无助的困苦。

在丛林，你要忍受得了失败创痛的滋味。

在丛林，你要忍受得了诱惑迷幻的干扰。

在丛林，你只能一个人享受成功的喜悦。

在丛林中的一切，你必须严肃认真冷静对待。

无独有偶。一次，我跟一位相熟的出家师父一起喝茶。他问我，你可愿意放下一切，就此出家？我笑笑，说，恐怕现在还放不下。出家师父说，看破，便能放下。我说，对于我，即使看破，也未必能放下啊。出家师父说，你是怕忍受不了丛林修行的艰苦吧。哦，丛林！多么熟悉的字眼。我原来把在股市中的一切苦学，也当作在丛林中的修炼了。

出家人之谓寺院为“丛林”。是因为，虽为出家，实在凡间。而丛者，众也。丛林，实是指出家人在一起修行的地方。并非凡人所理解为“森林”的意思。

身在丛林，心在人间。身虽入世，心却出世矣。

伍朝辉

2012 年 12 月 28 日

职业操盘基础训练核心课程

本课程共12讲，为时1年

学前摸底测试

第一部分　职业操盘技术基础

一、K线技术基础

二、均线技术基础

三、量能技术基础

第二部分　职业操盘战术基础

一、观局判势精要

二、择机套利精要

三、交易策略精要

第三部分　职业操盘战略基础

一、风控措施攻略

二、资金管理攻略

三、仓位布局攻略

第四部分　职业操盘实战演练

一、交易计划稽核

二、实盘操作点评

三、复盘作业评估

学后结业考核

职业操盘手晋级考核的最低标准

入门级：入门级考核标准是连续12周每周赢利在总资产的1%以上。这个标准是参加职业操盘手晋级训练课程考核的最低入门标准，是当前最流行的衡量一个人是否适合以操盘为职业的量化评估标准。只有顺利通过入门级考核，才可以正式开始职业操盘培训课程学习。

通过入门级考核之后，职业操盘手的晋级考核标准如下：

初级：初级考核标准是连续 12 周每周赢利在总资产的 5% 以上。

中级：中级考核标准是连续 12 周每周赢利在总资产的 10% 以上。

高级：高级考核标准是连续 12 周每周赢利在总资产的 20% 以上。

完成学业，顺利通过这全部考核，就算毕业，可以独立运作项目。

考核说明：以上考核总资产基准量为 100 万元人民币。

如果需要了解更多内容，请发邮件给 caopanxue@ qq. com 咨询。

职业操盘基础培训指定教材

第一部分　必读教材

一、证券分析技术

二、证券交易之道

三、证券交易方法

四、证券市场操作

五、股指期货交易

第二部分　速成教材

一、盘口技术图解

二、波段技术图解

三、解套技术图解

四、短线技术图解

五、涨停技术图解

六、趋势技术图解

第三部分　高级教程

一、滚动操盘技术

二、分时实战技术

三、反向博弈技术

职业操盘基础培训业务邮箱：caopanxue@ qq. com

新书推荐：

书号：978－7－5454－1204－8

定价：66.00 元

《盘口技术图解》（上册 基础知识篇）以图解的形式，全面系统介绍盘口技术的基础知识，帮助投资者切实掌握盘口技术的实战要领，以期在短线交易中取得良好的成绩。

书号：978－7－5454－1197－3

定价：98.00 元

“眼中只有图形，心中只有纪律”是范平生的寄予读者最珍贵的财富。《短线圣手》一书凝聚了作者十几年来的经验和铁打纪律。融会贯通，短线圣手范平生的纪律将为各位投资者在股市上盈利最锋利的武器。

《炒股精简易学实用》系列丛书：

《做精一张图》量价形态是技术分析的真谛，在复杂多变的技术图形里，您不需全部看懂，只需熟练两三种图形并能深入做精即可制胜。《做精一种手法》操作手法是在交易中的过程，能决定最终成败的因素。本书训练读者根据自己的风格培养出一种适合自己的手法。《做精一只股》一年中只操作三只股票比三天操作一只股票收益来得更大！如何将自己熟悉的一只个股通过滚动操作使其利润最大化是本书研究的重点，李志尚将在本书中悉心教会您。

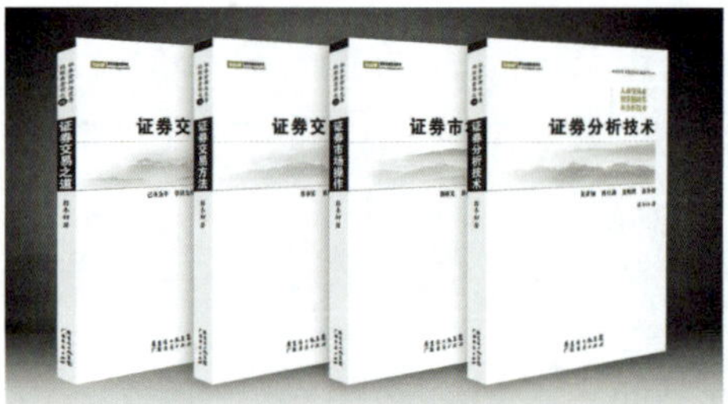

《证券交易之道》从谈道理、看市场、观技术、论方法、讲人为五个方面，告诉投资者如何树立正确的投资理念，如何用正确的投资理念指导自己的投资实践。《证券分析技术》从市场基础语言入手，全面讲解如何分析市场，制定科学、合理、可行的解决方案，为我们的投资服务。《证券市场操作》一书让您了解我们应该怎样在这个市场上长久生存，长期稳定盈利。《证券交易方法》一书将告诉您如何建立和完善自己的交易系统，成为顶尖的职业投资者。